A arte de pensar claramente

ROLF DOBELLI

A arte de pensar claramente

Como evitar as armadilhas do pensamento e tomar decisões de forma mais eficaz

Tradução
Karina Janini e Flávia Assis

11ª reimpressão

Copyright © 2011, 2012 by Carl Hanser Verlag München
Copyright © 2013 by Rolf Dobelli

*Grafia atualizada segundo o Acordo Ortográfico da Língua Portuguesa
de 1990, que entrou em vigor no Brasil em 2009.*

Título original
Die Kunst des klaren Denkens e Die Kunst des klugen Handelns

Capa
Adaptação de Barbara Estrada sobre design original de Christopher Tobias

Revisão
Fatima Fadel
Bruno Fiuza
Ana Grillo

CIP-Brasil. Catalogação na fonte
Sindicato Nacional dos Editores de Livros, RJ

D662a
    Dobelli, Rolf
       A arte de pensar claramente: como evitar as armadilhas do
    pensamento e tomar decisões de forma mais eficaz / Rolf Do-
    belli; tradução Karina Janini; Flávia Assis. – 2ª ed. – Rio de
    Janeiro: Objetiva, 2014.

       Tradução de: Die Kunst des klaren Denkens e Die Kunst
    des klugen Handelns.
    ISBN 978-85-390-0607-6

    1. Psicologia. I. Título.

	CDD: 150.1952
14-12709	CDU: 159.964.2

Todos os direitos desta edição reservados à
EDITORA SCHWARCZ S.A.
Praça Floriano, 19, sala 3001 – Cinelândia
20031-050 – Rio de Janeiro – RJ
Telefone: (21) 3993-7510
www.companhiadasletras.com.br
www.blogdacompanhia.com.br
facebook.com/editoraobjetiva
instagram.com/editora_objetiva
twitter.com/edobjetiva

Para Sabine

SUMÁRIO

Introdução	*11*
1 Por que você deveria visitar cemitérios	*15*
2 Harvard deixa você mais inteligente?	*18*
3 Por que você superestima sistematicamente seu conhecimento e suas capacidades	*20*
4 Quando 50 milhões de pessoas afirmam uma besteira, ela não deixa de ser uma besteira por conta disso	*23*
5 Por que você deveria esquecer o passado	*26*
6 Por que você não deve deixar que lhe paguem uma bebida	*29*
7 Fique atento quando ouvir a expressão "caso especial"	*31*
8 *Murder your darlings*	*34*
9 Por que você não deve respeitar as autoridades	*37*
10 Deixe suas amigas modelos em casa	*40*
11 Por que é preferível usar o mapa errado de uma cidade a não usar nenhum	*42*
12 Se alguém lhe falar que o caminho vai ser difícil, seus alarmes devem soar	*45*
13 Mesmo histórias verdadeiras são contos de fadas	*48*
14 Por que você deveria escrever um diário	*51*
15 Não leve a sério apresentadores de telejornais	*54*
16 Você controla menos do que pensa	*56*

17 Nunca pague seu advogado por hora 59

18 A eficácia duvidosa de médicos, consultores e psicoterapeutas 62

19 Por que pessoas racionais não apelam para a razão 64

20 Nunca julgue uma decisão com base no resultado 67

21 Menos é mais 69

22 Você age de modo irracional porque quer ser amado 72

23 Não se apegue às coisas 74

24 A inevitabilidade de acontecimentos improváveis 76

25 A calamidade da conformidade 78

26 Por que os prêmios se tornam cada vez maiores 80

27 Por que você paga caro demais pelo risco zero 83

28 Por que o último biscoito do pote deixa você com água na boca 86

29 Quando você ouvir um tropel, não espere ver uma zebra 88

30 Por que a chamada "força do universo" é uma bobagem 90

31 Por que a roda da fortuna vira nossa cabeça 92

32 Como fazer com que as pessoas percam seus milhões 95

33 Por que o mal impressiona mais que o bem 97

34 Por que equipes são preguiçosas 99

35 Surpreendido por uma folha de papel 102

36 Quanto você pagaria por um dólar? 105

37 Nunca pergunte a um escritor se seu romance é autobiográfico 108

38 Por que você não deve acreditar na cegonha 111

39 Por que pessoas atraentes têm mais facilidade para crescer na carreira 114

40 Parabéns! Você ganhou na roleta-russa 117

41 Falsos profetas 119

42 Por que histórias plausíveis podem seduzir 122

43 Não é o que você fala, mas como você fala 124

44 Por que esperar para ver é uma tortura 127

45 Por que você é a solução — ou o problema 130

46 Não me culpe 132

47	Tenha cuidado com o que você deseja	*135*
48	Não se espante por existir	*137*
49	Por que às vezes a experiência pode danificar seu poder de julgamento	*140*
50	Cuidado quando, no início, tudo der certo	*143*
51	Doces mentiras	*146*
52	*Carpe diem* — mas, por favor, só aos domingos	*148*
53	Desculpas esfarrapadas	*150*
54	Decida melhor — decida menos	*153*
55	Você usaria o suéter de Hitler?	*155*
56	Por que não existe algo como guerra média	*157*
57	Como os bônus acabam com a motivação	*160*
58	Se você não tem nada a dizer, não diga nada	*163*
59	Como aumentar o QI médio de dois Estados	*165*
60	Se você tem um inimigo, dê-lhe informação	*167*
61	Dói, mas eu gosto	*170*
62	Por que coisas pequenas assumem grandes dimensões	*173*
63	Frágil	*175*
64	Radar de velocidade à frente!	*177*
65	Como desmascarar um charlatão	*179*
66	Trabalho voluntário é para as aves	*181*
67	Por que você é escravo das suas emoções	*183*
68	Seja seu próprio herege	*186*
69	Por que você deve incendiar seus próprios navios	*189*
70	Descarte o novinho em folha	*191*
71	Por que propaganda dá certo	*193*
72	Por que sempre temos mais de duas opções	*196*
73	Por que miramos nos jovens talentos	*199*
74	Por que não se pode confiar em primeiras impressões	*202*
75	Por que o que é "feito em casa" é sempre melhor	*204*
76	Como lucrar com o improvável	*207*

77	Conhecimento é pessoal e intransferível	209
78	O mito do pensamento unânime	212
79	Você estava certo desde o princípio	214
80	Por que você se identifica com seu time de futebol	216
81	A diferença entre risco e incerteza	218
82	Por que seguimos o status quo	221
83	Por que entramos em pânico diante da "última chance"	224
84	Detalhes vistosos nos deixam cegos	226
85	O dinheiro não está nu	228
86	Por que resoluções de ano novo não funcionam	231
87	Construa seu próprio castelo	233
88	Por que você prefere novelas a estatística	235
89	Você não faz ideia do que está ignorando	237
90	Palavras ao vento	240
91	Cadê o botão de desligar?	242
92	Por que você assume tarefas demais	244
93	Martelos só enxergam pregos	246
94	Missão cumprida	249
95	O barco é mais importante do que a remada	252
96	Por que as listas de checagem enganam você	255
97	Desenhando o alvo em torno da flecha	258
98	A caça pré-histórica a bodes expiatórios	261
99	Por que os apressadinhos parecem ser motoristas cautelosos	264
100	Por que você não deve ler jornais	267

Epílogo	271
Agradecimentos	277
Notas e referências	279

INTRODUÇÃO

Tudo começou em uma noite de outono, em 2004. A convite do editor Hubert Burda, viajei a Munique para participar do chamado "intercâmbio voluntário com intelectuais". Nunca antes me sentira um "intelectual" (estudei administração de empresas e me tornei empresário — portanto, o contrário de um intelectual); no entanto, publiquei dois romances, e, pelo visto, isso era suficiente.

À mesa estava sentado Nassim Nicholas Taleb, que em outros tempos fora um obscuro investidor de Wall Street com inclinação para filosofia. Fui apresentado a ele como conhecedor do iluminismo inglês e escocês, em especial de David Hume. Aparentemente, tinham me confundido com outra pessoa. Eu não disse nada, sorri um pouco inseguro para o círculo de pessoas e deixei que o silêncio que surgiu agisse como prova de meus enormes conhecimentos de filosofia. De imediato, Taleb puxou uma cadeira vaga e, batendo no assento, convidou-me para sentar perto dele. Felizmente, após algumas frases, a conversa passou de Hume para Wall Street, assunto que, pelo menos, eu podia acompanhar. Divertimo-nos com os erros sistemáticos cometidos por diretores executivos, sem nos excluirmos. Conversamos sobre o fato de que, quando considerados retroativamente, acontecimentos improváveis parecem muito mais prováveis. Rimos dos investidores que mal conseguem separar-se de suas ações quando as cotações estão abaixo do preço de custo.

Posteriormente, ele me enviou páginas manuscritas, que comentei, critiquei em parte, e que foram inseridas no best-seller internacional

Introdução

A lógica do cisne negro. O livro catapultou Taleb à liga mundial das estrelas da intelectualidade. Com apetite intelectual crescente, devorei a bibliografia do *Heuristics and Biases* [Heurísticas e vieses]. Em paralelo, intensifiquei o intercâmbio com um sem-número de pessoas que poderiam ser designadas como a *intelligentsia* da Costa Leste americana. Anos mais tarde, percebi que, além do meu trabalho como escritor e empresário, havia concluído uma verdadeira graduação em psicologia social e cognitiva.

Erros de pensamento, tal como emprego o termo aqui, são desvios sistemáticos em relação à racionalidade, ao pensamento e ao comportamento ideais, lógicos e sensatos. A palavra "sistemático" é importante, pois nos enganamos muitas vezes na mesma direção. Por exemplo, é muito mais frequente superestimar nosso conhecimento do que subestimá-lo. Ou então, o perigo de perdermos alguma coisa: ele nos faz agir muito mais rápido do que a perspectiva de ganhar alguma coisa. Um matemático falaria de uma divisão *skewed* (assimétrica) de nossos erros de pensamento. Que sorte: às vezes, a assimetria torna os erros previsíveis.

Para não perder levianamente a capacidade que acumulei ao longo de minha atividade como escritor e empresário, comecei a listar os erros sistemáticos de pensamento, junto com anotações e histórias pessoais — sem a intenção de algum dia publicá-los. Fiz isso só para mim. Logo percebi que essa lista me era útil não apenas na área do investimento financeiro, mas também na vida empresarial e particular. Conhecer os erros de pensamento deixou-me mais tranquilo e cauteloso: reconheci as armadilhas do meu pensamento a tempo e pude evitá-las antes que elas me causassem grandes danos. E, pela primeira vez, consegui perceber quando outras pessoas agiam de modo insensato e pude opor-me a elas estando preparado — talvez até com alguma vantagem. Porém, o mais importante foi que, graças a esse conhecimento, o fantasma da irracionalidade estava banido — eu tinha categorias, conceitos e esclarecimentos à mão para afugentá-lo. Desde Benjamin Franklin, raios e trovões não se tornaram mais raros, mais fracos nem mais silenciosos, mas causam menos medo — e assim me sinto desde então com minha própria irracionalidade.

Em pouco tempo, os amigos aos quais falei a respeito começaram a se interessar por meu pequeno compêndio. Esse interesse me levou a uma coluna semanal no *Frankfurter Allgemeinen Zeitung* e no periódico suíço *SonntagsZeitung*, a inúmeras palestras (principalmente para médicos, investidores, conselhos administrativos e CEOs) e, por fim, a este livro. *Voilà.* Agora, você tem em mãos não sua felicidade, mas, pelo menos, uma garantia contra uma infelicidade muito grande, que pode ser causada por você mesmo.

Rolf Dobelli, 2011

1

Por que você deveria visitar cemitérios

Viés de sobrevivência

Não importa para onde Rick olhe, vê astros do rock por toda parte. Eles estão na televisão, nas capas de revistas, na programação de shows e nas páginas de fãs na internet. Suas músicas não passam despercebidas — nos shoppings, na sua playlist, na academia. Os astros do rock estão em todos os lugares. São muitos. E fazem sucesso. Animado pelo sucesso de inúmeros heróis da guitarra, Rick cria uma banda. Será que vai conseguir fazer sucesso? A probabilidade é pouco maior que zero. Como tantos, ele deverá acabar no cemitério dos músicos fracassados. Essa sepultura conta com 10 mil vezes mais músicos do que os palcos de shows; contudo, nenhum jornalista se interessa por fracassados — a não ser pelos superastros em decadência. Isso torna o cemitério invisível para quem está de fora.

O viés de sobrevivência significa: como no dia a dia o sucesso produz maior visibilidade do que o fracasso, você superestima sistematicamente a perspectiva de sucesso. Estando do lado de fora, você sucumbe (tal como Rick) a uma ilusão. Desconhece quão ínfima é a probabilidade de ser bem-sucedido.

Por trás de todo escritor de sucesso escondem-se outros cem, cujos livros não são vendidos. E por trás de cada um desses cem, outros tantos que não encontraram editora. E, por sua vez, por trás destes, mais cem com um manuscrito iniciado na gaveta. No entanto, só ouvimos falar dos bem-sucedidos e desconhecemos quão improvável é o sucesso de um escritor. O mesmo vale para fotógrafos, empresários, artistas, atletas, arquitetos, prêmios Nobel, apresentadores de programas de televisão e misses. A mídia não tem interesse em procurar nos cemitérios dos fracassados. Tampouco tem competência para isso. Em outros termos: esse trabalho intelectual tem de ser assumido por você, caso queira desativar o viés de sobrevivência [*survivorship bios*].

No mais tardar, você será surpreendido pelo viés de sobrevivência quando lidar com o tema "dinheiro". Um amigo cria uma start-up. Você também faz parte do círculo de investidores potenciais e fareja a oportunidade daquilo que poderia vir a ser a próxima Microsoft. Talvez você tenha sorte. Qual a situação no momento? O cenário mais provável é que a empresa não saia da linha de largada. A próxima probabilidade é a falência após três anos. Das empresas que sobrevivem aos três primeiros anos, a maioria encolhe e se transforma em pequena ou média com menos de dez funcionários. Moral da história: são ofuscadas pela presença midiática das empresas de sucesso. Isso significa que não se devem correr riscos? Não. Mas é bom corrê-los tendo consciência de que o diabinho chamado viés de sobrevivência deforma as probabilidades como um vidro facetado.

Tomemos o índice Dow Jones. Ele consiste apenas em sobreviventes. De fato, em um índice de ações não são representados os fracassados nem as empresas que não cresceram — ou seja, a maioria. Um índice de ações não é representativo para a economia de um país. Assim como a imprensa não relata de maneira representativa a totalidade dos músicos. A enorme quantidade de livros e treinadores de sucesso também deveria deixá-lo desconfiado: afinal, fracassados não escrevem livros nem dão palestras sobre seus fracassos.

O viés de sobrevivência torna-se bastante complicado quando você faz parte do grupo de "sobreviventes". Mesmo quando seu sucesso baseia-se em puro acaso, você descobrirá coisas em comum com outras pessoas bem-sucedidas e tenderá a explicá-las como "fatores de sucesso". Contudo, se visitasse o cemitério dos fracassados (pessoas, empresas etc.), iria constatar que, muitas vezes, os supostos "fatores de sucesso" também foram utilizados por eles.

Se um número razoável de cientistas pesquisar determinado fenômeno, alguns desses estudos terão resultados estatisticamente relevantes por puro acaso — por exemplo, sobre a relação entre o consumo de vinho tinto e o aumento da expectativa de vida. Desse modo, esses estudos (errôneos) obtêm de imediato um alto grau de notoriedade. Um viés de sobrevivência.

Mas agora chega de filosofia. O viés de sobrevivência significa o seguinte: você superestima sistematicamente a probabilidade de sucesso. Como contramedida, visite o máximo que puder as sepulturas dos projetos, dos investimentos e das carreiras que um dia foram muito promissores. É um passeio triste, mas saudável.

2

Harvard deixa você mais inteligente?

Ilusão do corpo de nadador

Quando o ensaísta e operador de ações Nassim Taleb tomou a decisão de fazer alguma coisa contra os quilos que não conseguia perder, levou em consideração os mais diferentes esportes. As pessoas que praticavam corrida lhe davam a impressão de serem muito magras e infelizes. As que faziam musculação pareciam largas demais e meio tolas. Os jogadores de tênis, ah, classe média alta! Mas gostou dos nadadores. Tinham um corpo bem-feito e elegante. Então, decidiu entrar duas vezes por semana na água clorada da piscina local e treinar para valer. Demorou um tempo até perceber que tinha caído na armadilha de uma ilusão. Os nadadores profissionais têm esse corpo perfeito não porque treinam muito. É o oposto. São bons nadadores porque são feitos assim. Sua constituição física é um critério seletivo, não o resultado de suas atividades.

Modelos femininas fazem propaganda de produtos de beleza. Assim, muitas consumidoras pensam que os produtos as deixarão mais bonitas. Porém, não são eles que fazem com que essas mulheres sejam modelos. Na verdade, elas nasceram bonitas, e somente por isso são levadas em conta para fazer propaganda de produtos de beleza. Como no caso dos nadadores, aqui, a beleza é um critério de seleção, não um resultado.

Quando confundimos critério de seleção e resultado, caímos na ilusão do corpo de nadador. Sem essa ilusão, metade das peças de publicidade não funcionaria.

Mas não se trata apenas de corpos sensuais. Harvard tem fama de ser uma universidade top de linha. Muitos entre os mais bem-sucedidos estudaram lá. Isso significa que Harvard é uma boa universidade? Não sabemos. Talvez seja péssima, mas recruta os estudantes mais inteligentes do mundo todo. Foi o que senti na Universidade de St. Gallen, na Suíça. Sua fama é excelente, mas as aulas (vinte anos atrás) eram medíocres. No entanto, por algumas razões — boa seleção de estudantes, o clima, a comida da cantina? —, muitos graduados se tornaram importantes.

Cursos de MBA no mundo inteiro atraem estudantes com estatísticas de salário. Aos interessados é mostrado, por meio de cálculos, que um MBA aumenta o salário, em média, em tantos por cento. O cálculo simples mostra que as altíssimas mensalidades se pagam em pouco tempo. Muitos caem nessa história. Não é minha intenção supor que as escolas tenham falsificado as estatísticas. No entanto, suas declarações não têm valor. Pessoas que não aspiram a um MBA pensam de forma completamente diferente daquelas que têm um MBA como objetivo. A diferença posterior de salário tem milhares de outras razões que não o diploma de MBA. Portanto, mais uma vez, temos um caso de ilusão de corpo de nadador: o critério de seleção é confundido com o resultado. Se você pensa em fazer uma pós-graduação, por favor, busque outras razões que não um salário maior.

Quando pergunto a pessoas felizes em que consiste o segredo de sua felicidade, costumo ouvir respostas do tipo: "É preciso ver o copo meio cheio em vez de meio vazio." Como se essas pessoas não pudessem aceitar que nasceram felizes, que simplesmente tendem a ver o lado positivo das coisas. Os felizes não querem ver que a felicidade é inata a boa parte das pessoas e permanece constante ao longo da vida. Portanto, a ilusão do corpo de nadador também existe como autoilusão. Quando os felizes escrevem livros de autoajuda, o engano se torna pérfido.

Por isso, a partir de agora, passe bem longe dos livros de autoajuda. Eles são escritos por pessoas que possuem uma tendência natural à felicidade. Em cada página, há um desperdício de dicas. Ainda não se sabe que para bilhões de pessoas essas dicas não funcionam, pois gente infeliz não escreve livros de autoajuda.

Moral da história: onde quer que se preconize algo pelo qual valha a pena esforçar-se — músculos de aço, beleza, salário maior, vida longa, aura, felicidade —, analise bem. Antes de entrar na piscina, dê uma olhada no espelho. E seja sincero consigo mesmo.

3

Por que você superestima sistematicamente seu conhecimento e suas capacidades

Efeito do excesso de confiança

A czarina Catarina II da Rússia não era conhecida por sua castidade. Inúmeros amantes deitaram-se em sua cama. Quantos foram, conto no próximo capítulo; aqui se trata, antes de tudo, de outra coisa: até que ponto devemos confiar em nosso conhecimento? Para responder-lhe, segue uma pequena tarefa: "Defina a margem do número de amantes da czarina, de maneira que, em sua estimativa, você esteja 98% certo e apenas 2% errado." Essa margem seria, por exemplo, de vinte e setenta. Isso significa que você estima que a czarina teve não menos de vinte e não mais de setenta amantes.

Nassim Taleb, que certa vez me propôs exatamente essa tarefa, fez essa mesma pesquisa com centenas de pessoas. Ora as indagava sobre o comprimento do Mississippi, ora sobre o consumo de querosene de um Airbus, ora sobre o número de habitantes de Burundi. Os que respondiam podiam escolher livremente a margem e, como já dito, errar no máximo 2%. O resultado foi surpreendente. Em vez de 2%, os interrogados erraram 40%. Os pesquisadores Marc Alpert e Howard Raiffa, que foram os primeiros a deparar com esse surpreendente fenômeno, chamaram-no de efeito do excesso de confiança.

O mesmo vale para prognósticos. Estimativas sobre a cotação da bolsa em um ano ou sobre o faturamento esperado no plano trienal de sua empresa estão sujeitas a exatamente o mesmo efeito. Superestimamos sistemática e maciçamente nosso conhecimento e nossa capacidade de prognosticar. No efeito do excesso de confiança [*overconfidence effect*] não se trata de saber se uma estimativa é verdadeira ou falsa. Ele prescinde da diferença entre aquilo que as pessoas realmente sabem e aquilo que pensam que sabem. O que de fato surpreende é que os especialistas sofrem bem mais do efeito do excesso de confiança do que os não especialistas. Em uma estimativa de cinco anos sobre o preço do petróleo, um professor de economia erra tanto quanto alguém que não é da área. No entanto, ele o faz com uma enorme confiança.

O efeito do excesso de confiança também desempenha um papel em relação a outras capacidades. Segundo algumas pesquisas, 84% dos franceses do sexo masculino dizem ser bons amantes acima da média. Sem o efeito do excesso de confiança, deveriam ser exatamente 50% — faz sentido, afinal, "média" significa que 50% está acima e 50%, abaixo dela.

Empresários são como aquelas pessoas que querem se casar: estão convencidos de não fazer parte das estatísticas. A atividade econômica estaria em um patamar mais baixo se não houvesse o efeito do excesso de confiança. Todo proprietário de restaurante sonha em abrir a casa mais prestigiada de sua cidade — e, após três anos, a maioria fecha as portas. No ramo de restaurantes, o retorno sobre o capital permanece cronicamente abaixo de zero. Em outros termos: os donos de restaurantes subvencionam sistematicamente seus clientes.

Quase não há grande projeto que seja concluído mais rapidamente e com custo menor do que o previsto. São lendários os atrasos e a extrapolação dos custos na construção do Airbus A400M, do Sydney Opera House e dos três túneis de São Gotardo. A lista pode ser ampliada.

Por que isso ocorre? Nesse caso, dois efeitos atuam ao mesmo tempo. Um deles é o clássico efeito do excesso de confiança. O outro é uma depreciação "incentivada" dos custos por pessoas que têm um interesse direto no projeto. Consultores, empresários da construção civil e fornecedores contam com encomendas ulteriores; construtoras sentem-se fortalecidas pelos números otimistas; e, por conseguinte, políticos angariam os votos dos eleitores. Analisaremos essa tendência em outro capítulo. O importante é a diferença: o excesso de confiança não é incentivado e, sim, naturalmente ingênuo e inato.

Para concluir, citemos três detalhes: a) não existe o contrário, ou seja, um efeito da falta de autoconfiança; b) nos homens, o efeito do excesso de confiança é mais expressivo do que nas mulheres — elas se superestimam menos; c) não apenas os otimistas sofrem desse efeito. Pessimistas esclarecidos também se superestimam, só que menos.

Moral da história: seja cético em relação a todas as previsões, especialmente quando provierem dos chamados especialistas. E, em todos os projetos, parta sempre de cenários pessimistas. Assim, em certa medida, você terá uma verdadeira chance de julgar a situação de modo realista.

4

Quando 50 milhões de pessoas afirmam uma besteira, ela não deixa de ser uma besteira por conta disso

Prova social

Você está a caminho de um concerto. Em um cruzamento, encontra um grupo de pessoas olhando para o céu. Sem pensar em nada, você também olha para cima. Por quê? Prova social [*social proof*]. No meio do concerto, em uma passagem executada com maestria, alguém começa a aplaudir e, de repente, a sala inteira também aplaude. Inclusive você. Por quê? Prova social. Após o concerto, você está diante do guarda-volumes para pegar seu sobretudo. Observa as pessoas à sua frente colocando uma moeda em um prato, embora, oficialmente, o guarda-volumes esteja incluído no preço do ingresso. O que você faz? Provavelmente também deixará uma gorjeta. Prova social, às vezes indistintamente designada como instinto gregário, significa: comporto-me de modo correto quando me comporto como os outros. Em outros termos: quanto mais pessoas acharem uma ideia correta, mais correta essa ideia será — o que, naturalmente, é absurdo.

A prova social é o mal por trás da bolha e do pânico na bolsa de valores. Encontra-se prova social na moda, em técnicas administrativas, no comportamento nas horas de lazer, na religião e nas dietas. A prova social pode paralisar culturas inteiras — pense no suicídio coletivo em algumas seitas.

O simples experimento de Solomon Ash, realizado pela primeira vez em 1950, mostra como a pressão do grupo desvirtua o bom senso. A um sujeito experimental são mostradas linhas de comprimentos diferentes. Ele tem de indicar se uma linha é mais comprida, igual ou mais curta do que uma linha de referência. Se estiver sozinho em uma sala, avaliará todas as linhas mostradas corretamente, pois a tarefa é realmente simples. Então, entram sete pessoas na sala — todos atores, mas o sujeito experimental não sabe. Um após o outro, dão uma resposta errada, dizendo que a linha é "mais curta", embora ela seja claramente mais longa do que a de referência. Em seguida, chega a vez do sujeito experimental. Em 30% dos casos, ele dará a mesma resposta errada das pessoas de antes — por pura pressão do grupo.

Por que agimos assim? Porque, em nosso passado evolucionário, esse comportamento mostrou-se uma boa estratégia de reflexão. Suponhamos que você viveu há 50 mil anos e saiu com seus amigos caçadores-coletores no Serengeti. De repente, seus companheiros saem correndo. O que você faz? Fica parado, coça a testa e pensa se aquilo que viram é mesmo um leão ou não seria, antes, um animal inofensivo que apenas parece um leão? Não, você segue seus amigos o mais rápido que consegue. Refletir, você pode posteriormente, quando já estiver em segurança. Quem agiu de outro modo desapareceu do patrimônio genético. Esse padrão de comportamento está tão profundamente arraigado em nós que ainda hoje o aplicamos, mesmo quando ele não traz nenhuma vantagem para a sobrevivência. Ocorre-me apenas um caso em que a prova social é útil: suponhamos que você tenha ingressos para uma partida de futebol em uma cidade que não conhece e, portanto, não sabe onde fica o estádio. Nesse caso, faz sentido seguir as pessoas que pareçam torcedoras.

Comédias e talk shows utilizam a prova social ao inserirem risadas em momentos estratégicos, o que comprovadamente incita os espectadores a rir. Um dos casos mais impressionantes de prova social é o discurso "Vocês querem a guerra total?", proferido por Joseph Goebbels, em 1943, do qual existe um vídeo no YouTube. Se essa pergunta tivesse sido feita individual e anonimamente, ninguém teria concordado com essa proposta absurda.

A publicidade se aproveita sistematicamente de nossa fraqueza para a prova social. Ela funciona muito bem quando a situação é pouco clara (uma quantidade infindável de marcas de automóvel, produtos de limpeza, cosméticos etc. sem vantagens nem desvantagens aparentes) e quando pessoas "como você e eu" aparecem. Por isso, na televisão, você não conseguirá encontrar uma dona de casa africana elogiando um produto de limpeza.

Desconfie sempre se a empresa afirmar que seu produto é "o mais vendido". Esse é um argumento absurdo, pois, por que um produto seria melhor só porque é "o mais vendido"? O escritor Somerset Maugham exprime essa ideia da seguinte forma: "Quando 50 milhões de pessoas afirmam uma besteira, ela não deixa de ser uma besteira por conta disso."

P. S. do capítulo anterior: a czarina Catarina II da Rússia teve cerca de quarenta amantes, vinte dos quais são conhecidos.

5

Por que você deveria esquecer o passado

Falácia do custo irrecuperável

O filme era uma porcaria. Depois de uma hora, cochichei no ouvido da minha mulher: "Vamos para casa." Ela respondeu: "De jeito nenhum. Não vamos jogar 30 dólares no lixo." "Isso não é argumento que se preze", protestei, "os 30 dólares já estão perdidos. Você caiu na armadilha da falácia do custo irrecuperável [*sunk cost fallacy*]". "Você e seus eternos erros de pensamento", disse ela, pronunciando "erros de pensamento" como se tivesse algo amargo na boca.

No dia seguinte, reunião de marketing. A campanha publicitária já estava correndo havia quatro meses — bem abaixo do sucesso previsto. Fui a favor de interrompê-la de imediato. O diretor de marketing foi contra e usou a seguinte justificativa: "Já investimos tanto dinheiro na campanha que, se a interrompermos agora, terá sido tudo em vão." Ele também foi vítima da falácia do custo irrecuperável.

Durante anos um amigo se queixou de um relacionamento problemático. Sua namorada o traiu várias vezes. Sempre que ele a pegava em flagrante, ela voltava arrependida, implorando perdão. Embora já não fizesse sentido manter um relacionamento com essa mulher, ele sempre acabava perdoando. Quando conversei com ele a respeito, ele me explicou o porquê: "Depositei tanta energia emocional nessa relação que seria errado deixá-la agora." Um caso clássico de falácia do custo irrecuperável.

Toda decisão, quer seja particular, quer seja comercial, sempre ocorre em meio à insegurança. Aquilo que imaginamos pode dar certo ou não. É possível deixar a qualquer momento o caminho tomado, por exemplo, interrompendo um projeto e arcando com as consequências. Essa ponderação em meio à insegurança é um comportamento racional. A falácia do custo irrecuperável nos abocanha quando já investimos, sobretudo, *muito* tempo, dinheiro, energia, amor etc. O dinheiro investido torna-se uma justificativa para continuar, mesmo quando, do ponto de vista objetivo, não faz nenhum sentido. Quanto maior o investimento, ou seja, quanto maiores forem "os custos irrecuperáveis", tanto mais forte será a pressão para continuar o projeto.

Geralmente, os investidores da bolsa de valores tornam-se vítimas dessa falácia. Muitas vezes, orientam-se pelas decisões de venda no preço de custo. Se a cotação de uma ação estiver acima do preço de custo, vende--se. Se estiver abaixo, não se vende. Isso é irracional. O preço de custo não pode desempenhar nenhum papel. O que conta é unicamente a perspectiva da futura evolução da cotação (e da futura evolução da cotação de investimentos alternativos). Qualquer um pode errar, especialmente na bolsa. A triste piada da falácia de custo irrecuperável é a seguinte: quanto mais dinheiro você já tiver perdido com uma ação, mais se apegará a ela.

Por que temos esse comportamento irracional? As pessoas se esforçam para parecer consistentes. Com consistência sinalizamos credibilidade. Para nós, as contradições são um horror. Quando decidimos interromper um projeto na metade, geramos uma contradição: reconhecemos que antes pensávamos de maneira diferente da que pensamos hoje. Levar um projeto absurdo adiante protela esse doloroso reconhecimento. Assim, parecemos consistentes por mais tempo.

O Concorde foi o exemplo paradigmático de um projeto estatal deficitário. Mesmo tendo reconhecido antecipadamente que a empresa do avião supersônico nunca seria lucrativa, ambos os parceiros, Inglaterra e França, continuaram a investir altas somas — simplesmente para manter as aparências. Desistir seria o mesmo que capitular. Por isso, a falácia do custo irrecuperável também é comumente chamada de "efeito Concorde". Ela leva a vieses de decisão não apenas dispendiosos, mas também devastadores. A guerra no Vietnã foi prolongada exatamente com a mesma justificativa: "Sacrificamos tantos soldados por essa guerra que seria um erro desistir agora."

"Agora que já fomos tão longe..." "Já li tantas páginas deste livro..." "Agora que já estou há dois anos neste curso..." Com base nessas frases, você percebe que a falácia do custo irrecuperável já mostrou os dentes em alguma parte do seu cérebro.

Existem muitas boas razões para continuar a investir e não dar fim a alguma coisa. Mas existe uma razão ruim: levar em conta o que já foi investido. Decidir racionalmente significa ignorar os custos acumulados. Pouco importa o que você já investiu; a única coisa que conta é o agora e sua estimativa do futuro.

6

Por que você não deve deixar que lhe paguem uma bebida

Reciprocidade

Há algumas décadas — a cultura hippie estava em pleno florescimento —, viam-se nas estações de trem e nos aeroportos jovens da seita religiosa Hare Krishna perambulando em trajes cor-de-rosa. A cada pessoa que passasse davam uma pequena flor. Não diziam muita coisa, cumprimentavam, sorriam, e era tudo. Ainda que não visse muita utilidade em uma pequena flor, um executivo não deixava de aceitá-la — provavelmente não queria ser indelicado. Caso não aceitasse o presente, ouvia-se uma frase afável: "Pegue, é nosso presente para você."

Quem jogasse a flor na lixeira da próxima rua lateral constataria que algumas já estavam lá. Porém, este ainda não era o fim. Enquanto a consciência pesada trabalhava essa pessoa era abordada por um jovem krishna pedindo uma contribuição. Em muitos casos, com sucesso. Esse tipo de pedido de contribuição foi tão lucrativo que muitos aeroportos proibiram a seita em sua área. O cientista Robert Cialdini pesquisou mais de perto o fenômeno da reciprocidade e constatou que o ser humano suporta mal sentir-se culpado.

Há alguns anos, minha mulher e eu fomos convidados por um casal para jantar. Nós os conhecíamos havia muito tempo, eram simpáticos, mas tudo menos divertidos. Não nos ocorreu nenhuma boa desculpa para recusar, então fomos. Aconteceu o que tinha de acontecer: a noite na casa deles foi entediante. Apesar disso, sentimo-nos obrigados a retribuir o convite alguns meses depois. A obrigação de reciprocidade nos rendeu duas noites enfadonhas. A eles, aparentemente, não, pois, algumas semanas depois, recebemos outro convite. Imagino que algumas pessoas há anos se encontrem periodicamente por pura reciprocidade, ainda que há muito tempo preferissem já ter saído desse círculo vicioso.

Muitas ONGs arrecadam contribuições segundo o modelo krishna — primeiro presenteiam, depois cobram. Na semana passada, recebi de uma organização de proteção à natureza um envelope cheio de belos cartões-postais com toda sorte de paisagens idílicas. Na carta que os acompanhava lia-se que eram um presente para mim. Quer eu contribuísse, quer não, poderia ficar com eles. Obviamente é necessário fazer certo esforço e ter certo sangue-frio para jogá-los no lixo. Essa chantagem branda, que também poderia ser chamada de corrupção, é amplamente difundida na economia. Um fornecedor de parafusos convida um cliente potencial para uma partida da Champions-League. Um mês depois, já está na hora de encomendar parafusos. O desejo de não se sentir culpado é tão forte que o comprador acaba se curvando.

A reciprocidade é uma técnica muito antiga. No fundo, ela diz o seguinte: "Eu o ajudo, e você me ajuda." Encontramos a reciprocidade em todas aquelas espécies de animais para as quais a quantidade de alimento está sujeita a elevadas oscilações. Suponhamos que você seja um caçador-coletor e que um dia tenha a sorte de abater uma corça. É muito mais do que você consegue comer em um dia. Ainda não existem refrigeradores. Portanto, você divide a corça com os membros do seu grupo. Isso lhe dá a possibilidade de aproveitar da presa dos outros no dia em que não tiver tanta sorte. A barriga do outro é seu refrigerador. Uma excelente estratégia de sobrevivência. Reciprocidade é administração de riscos. Sem reciprocidade, a humanidade — e inúmeras espécies de animais — já estaria extinta há muito tempo.

Também existe um lado ruim na reciprocidade: o da retaliação. A uma vingança segue-se outra, e logo se chega a uma guerra. O que Jesus pregou, ou seja, interromper o círculo vicioso oferecendo ao agressor a outra face é muito difícil porque há mais de 100 milhões de anos a reciprocidade pertence a nosso sólido programa de sobrevivência.

Recentemente, uma mulher me explicou por que não deixa que nenhum homem lhe pague uma bebida no bar: "Porque não quero ter essa obrigação subconsciente de ir para a cama com ele." É uma sábia decisão. Da próxima vez que você for abordado no supermercado para provar vinho, queijo, presunto ou azeitona, já saberá por que é melhor recusar.

7

Fique atento quando ouvir a expressão "caso especial"

Viés de confirmação (parte 1)

Gehrer quer emagrecer. Aposta na dieta XYZ. Toda manhã, sobe na balança. Se perdeu peso em relação ao dia anterior, permite-se um sorriso e atribui o resultado ao sucesso da dieta. Se ganhou, conclui que não passa de uma flutuação normal e esquece. Durante meses, vive na ilusão de que a dieta XYZ funciona, embora seu peso permaneça mais ou menos constante. Gehrer é vítima do viés de confirmação [*confirmation bias*] — uma forma inofensiva dessa ilusão.

O viés de confirmação é o pai de todos os erros de pensamento — a tendência de interpretar novas informações de modo que sejam compatíveis com nossas teorias, visões de mundo e convicções. Em outros termos: filtramos novas informações que estão em contradição com nossas visões (na sequência designadas "como evidência desconfirmatória" [*disconfirming evidence*]). Isso é perigoso. "Os fatos não deixam de existir só porque são ignorados", disse Aldous Huxley. No entanto, é exatamente o que fazemos. O superinvestidor Warren Buffett também sabe disso: "O que as pessoas mais sabem fazer é filtrar novas informações de tal forma que as concepções existentes permaneçam intactas." É bem possível que Buffett tenha sido tão bem-sucedido justamente porque tinha consciência do viés de confimação e forçou-se a pensar de outro modo.

Na economia, o viés de confirmação é especialmente devastador. Por exemplo: o conselho administrativo de uma empresa delibera uma nova estratégia. Em seguida, todos os indícios que apontam para o êxito dessa estratégia são comemorados com euforia. Para onde quer que se olhe, veem-se muitos indícios de que ela está funcionando. Indícios contrários não são absolutamente notados ou são desconsiderados sem hesitação como "casos especiais" e "dificuldades imprevistas". O conselho administrativo é cego em relação à evidência desconfirmatória.

O que fazer? Quando a expressão "caso especial" é formulada, vale a pena prestar mais atenção. Muitas vezes, por trás dela esconde-se uma evidência desconfirmatória totalmente normal. É melhor ater-se a Charles Darwin, que, desde a juventude, se preparou para combater de maneira sistemática o viés de confirmação. Quando as observações de sua teoria se contradiziam, ele as levava especialmente a sério. Carregava sempre um caderno de apontamentos consigo e obrigava-se a anotar, dentro de trinta minutos, as observações que contradissessem sua teoria. Sabia que, após trinta minutos, o cérebro "esqueceria" ativamente a evidência desconfirmatória. Quanto mais sólida ele estimasse sua teoria, mais ativa era sua busca por observações contraditórias. É de tirar o chapéu!

O seguinte experimento mostra o quanto é necessário dominar-se para questionar a própria teoria. Um professor universitário apresentou a seus alunos a sequência numérica 2 — 4 — 6. Eles deveriam descobrir a regra de base que o professor escrevera no verso de uma folha de papel. Os participantes tinham de dar o próximo número, e o professor responderia se ele "se adaptava à regra" ou "não se adaptava à regra". Podiam dizer quantos números quisessem, mas só tinham uma chance para adivinhar a regra. A maioria dos alunos disse "8", e o professor respondeu "adapta-se à regra". Para se assegurarem, tentaram ainda "10", "12" e "14". O professor respondeu sempre "adapta-se à regra", e os alunos chegaram a uma conclusão simples: "Então a regra é: adicione 2 ao próximo número." O professor balançou negativamente a cabeça: "Não é esta a regra que está no verso da folha."

Um único aluno astuto desempenhou a tarefa de outro modo. Ele tentou com "4". O professor disse: "Não se adapta à regra." "Sete?" "Adapta-se à regra." O aluno tentou por mais um tempo com números diferentes, "24", "9", "43". Aparentemente, ele tinha uma ideia e estava tentando refutá-la. Somente quando já não conseguiu encontrar nenhum contraexemplo, anunciou: "A regra é: o próximo número tem de ser maior do que o anterior." O professor virou a folha de papel e era exatamente o que estava escrito nela. O que distinguiu a mente engenhosa desse aluno da mente de seus colegas? Enquanto os outros simplesmente queriam confirmar sua teoria, ele tentou refutá-la — e o fez de modo totalmente consciente segundo a evidência desconfirmatória. Ser vítima do viés de confirmação não é nenhum pecado intelectual. Como ele influencia nossa vida é o que veremos no próximo capítulo.

8

Murder your darlings
Viés de confirmação (parte 2)

No capítulo anterior, ficamos conhecendo o pai de todos os erros de pensamento, o viés de confirmação. Aqui, daremos alguns exemplos dele. Todos nós somos obrigados a apresentar teorias sobre o mundo, a vida, a economia, os investimentos, a carreira etc. Não é possível fazer isso sem suposições. Porém, quanto mais vaga for uma teoria, tanto mais forte será o viés de confirmação. Quem passar a vida achando que "as pessoas são boas" encontrará confirmação suficiente para essa teoria. Quem passar a vida achando que "as pessoas são más" terá a mesma experiência. Filantropo e misantropo irão filtrar a evidência desconfirmatória e obter toneladas de confirmações para sua concepção de mundo.

Astrólogos e especialistas em economia atuam seguindo o mesmo princípio. Suas declarações são tão vagas que atraem confirmações como um ímã: "Nas próximas semanas, você viverá momentos tristes" ou, então: "A médio prazo, aumentará a pressão para a desvalorização do dólar." O que significa "a médio prazo"? E "pressão para a desvalorização"? Desvalorização medida com base em quê — ouro, iene, pesos, trigo, moradia no bairro berlinense de Kreuzberg, no preço da salsicha ao curry?

Devido à sua inconsistência, convicções religiosas e filosóficas são solos extremamente férteis para o viés de confirmação. É onde ele se espalha descontroladamente. Os que creem sentem a existência de Deus confirmada a cada passo. O fato de Ele não se apresentar diretamente — a não ser diante de analfabetos em regiões desertas e em aldeias remotas nas montanhas, mas nunca em uma cidade como Frankfurt ou Nova York — deixa claro quão forte é o viés de confirmação. Mesmo a objeção mais concludente é filtrada e descartada.

A arte de pensar claramente

Nenhuma profissão sofre mais os efeitos do viés de confirmação do que a dos jornalistas de economia. Muitas vezes, eles apresentam uma teoria aceitável, acrescentam duas ou três "provas", e o artigo está pronto. Por exemplo: "O Google é bem-sucedido porque a empresa vive uma cultura da criatividade." Então, o jornalista sai em busca de duas ou três empresas que também são criativas e, portanto, que são bem-sucedidas (evidência de confirmação). No entanto, não se dá ao trabalho de desenterrar a evidência desconfirmatória, ou seja, de procurar aquelas empresas que cultivam uma cultura da criatividade, mas que *não* são bem-sucedidas — ou, antes, aquelas que são bem-sucedidas, mas que *não* vivem uma cultura da criatividade. Há uma grande quantidade de ambos os tipos, mas o jornalista a ignora intencionalmente. Se citasse uma delas, seu artigo de jornal iria para o brejo. Eu, ao contrário, emolduraria esse artigo — uma pérola no mar das pesquisas inúteis feitas pela metade.

Segundo o mesmo princípio, são escritos manuais sobre como ter sucesso e ser feliz. As teorias mais banais são apresentadas — algo como: "A meditação é a chave para a felicidade." Obviamente, o sábio autor conta com uma montanha de exemplos para confirmá-las. Em contrapartida, de acordo com a evidência desconfirmatória, é inútil procurar: há pessoas que são felizes sem meditação e pessoas que, apesar da meditação, são infelizes. É lamentável que muitos leitores acreditem nesse tipo de livro.

A maldição consiste no fato de que o viés de confirmação permanece inconsciente. É claro que não gostamos quando disparam contra nossas convicções. No entanto, não erguemos escudos para protegê-las. Antes, é como se atirassem em nós com um silenciador: os tiros são dados, mas não os ouvimos.

A internet facilita nosso encontro com pessoas que pensam como nós. Lemos blogs que reforçam nossas teorias. A personalização de notícias faz com que opiniões divergentes nem sequer apareçam na tela de nosso radar. Movemo-nos cada vez mais em comunidades de pessoas que pensam como nós e que intensificam ainda mais o viés de confirmação.

Como podemos nos proteger? Uma frase de Arthur Quiller-Couch é útil: "*Murder your darlings.*"* O crítico literário refere-se aos trechos de uma obra que, embora belos, são superficiais e, portanto, devem ser supri-

---

* Assassine os seus adorados.

Murder your darlings

midos. O apelo de Quiller-Couch vale não apenas para escritores indecisos, mas também para todos nós. Moral da história: lute contra o viés de confirmação. Escreva seus dogmas — em relação à visão de mundo, aos investimentos, ao casamento, aos cuidados com a saúde, às dietas ou às estratégias de carreira — e comece a procurar pela evidência desconfirmatória. Matar suas teorias preferidas é trabalho árduo; porém, como espírito esclarecido, você não terá como evitá-lo.

9

Por que você não deve respeitar as autoridades

Viés de autoridade

O primeiro livro da *Bíblia* deixa claro o que acontece quando já não se obedece à grande autoridade: a expulsão do paraíso. As pequenas autoridades — especialistas em várias áreas, cientistas, médicos, CEOs, economistas, chefes de governo, comentaristas esportivos, consultores executivos e gurus da bolsa — também querem que acreditemos nisso.

As autoridades lançam dois problemas. Em primeiro lugar, o saldo de êxitos, muitas vezes decepcionante. Há cerca de um milhão de economistas formados no planeta. Nenhum deles previu com exatidão a crise financeira, menos ainda o modo como se daria o estouro da bolha imobiliária, passando pela decadência dos *credit default swaps* [CDS — swaps de crédito] até a crise completa da economia. Nunca um grupo de especialistas falhou de forma tão espetacular. Um exemplo extraído da medicina: até 1900, era comprovadamente melhor não ir ao médico quando se estava doente, pois o médico só pioraria o estado do paciente (por falta de higiene, sangrias e outras práticas equivocadas).

O fato de as autoridades se enganarem com frequência e de maneira notória é apenas um dos problemas. Errar é humano. Grave é o fato de que, na presença de uma autoridade, levamos nosso pensamento a um nível inferior. Em relação às opiniões de especialistas, somos muito menos cautelosos do que em relação a outras opiniões. Como se não bastasse, obedecemos às autoridades, mesmo quando, do ponto de vista racional ou moral, não faz nenhum sentido. Esse é o viés de autoridade.

Em 1961, o jovem psicólogo Stanley Milgram demonstrou esse fato com extrema clareza em um experimento. Nele, os sujeitos experimentais

Por que você não deve respeitar as autoridades

foram instruídos a dar impulsos de corrente cada vez mais fortes em outra pessoa, sentada do outro lado de um vidro. Começaram com 15 volts; depois, passaram para 30 volts, 45 volts e assim por diante, até os quase mortais 450 volts. Mesmo quando a pessoa maltratada gritava e tremia de dor (não havia corrente; tudo foi encenado por um ator) e o sujeito experimental queria interromper a experiência, o professor Milgram dizia tranquilamente: "Continue, é necessário para a experiência." E a maioria continuava. Mais da metade dos sujeitos experimentais foi até a intensidade máxima de corrente — por pura obediência a uma autoridade.

Nas últimas décadas, as companhias aéreas aprenderam que o viés de autoridade pode ser perigoso. Muitos acidentes provêm do fato de o copiloto, mesmo tendo percebido o erro cometido pelo comandante, não ter ousado notificá-lo por pura confiança em sua autoridade. Há cerca de 15 anos, pilotos de quase todas as companhias aéreas são formados de acordo com o chamado "Crew Resource Management" (gerenciamento dos recursos da tripulação). Com ele, aprendem a comunicar, de maneira rápida e aberta, todo tipo de disparates. Em outras palavras: treinam arduamente para se livrarem do viés de autoridade.

Muitas empresas estão décadas atrasadas em relação às companhias aéreas. Especialmente quando o CEO é dominante, é grande o perigo de os colaboradores estarem sujeitos ao viés de autoridade. Para grande prejuízo das empresas.

Especialistas querem ser reconhecidos. Para tanto, precisam mostrar seu status de alguma forma. Médicos e pesquisadores o fazem com seu jaleco branco. Diretores de banco, com o terno e a gravata. Não têm nenhuma função, são apenas símbolos. Reis usam coroas. No exército existem as insígnias. Na Igreja católica, os sinais de autoridade são marcados de forma especialmente bela. Hoje ainda existem outros símbolos: convites para talk shows, livros e publicações.

A cada época há diferentes autoridades na moda. Ora são sacerdotes, ora reis, guerreiros, papas, filósofos, poetas, estrelas do rock, apresentadores de televisão, fundadores de empresas ponto-com, empresários de hedge funds, presidentes de bancos centrais. Existe, portanto, uma moda de autoridade, e a sociedade gosta de segui-la. A situação torna-se completamente confusa quando as autoridades querem ser levadas a sério em setores que ultrapassam suas competências. Por exemplo, quando um profissional do tênis recomenda uma máquina de café ou uma atriz indica comprimidos para enxaqueca. Falarei mais a esse respeito no capítulo sobre o efeito halo.

Sempre que encontro um especialista, tento desafiá-lo. Faça isso também. Quanto mais crítico você se mostrar em relação às autoridades, tanto mais livre será. E tanto mais poderá confiar em si mesmo.

10

Deixe suas amigas modelos em casa

Efeito de contraste

Em seu livro *Influência — A psicologia da persuasão*, Robert Cialdini descreve a história de dois irmãos, Sid e Harry, que, nos anos 1930, administravam uma loja de roupas. Sid cuidava das vendas, e Harry dirigia o ateliê de alfaiataria. Sempre que Sid percebia que o cliente na frente do espelho realmente havia gostado do terno, fingia que não estava escutando direito. Então, quando o cliente perguntava o preço, Sid chamava o irmão: "Harry, quanto custa este terno?" De sua mesa de alfaiate, Harry olhava para ele e gritava: "Esse belo terno de lá custa 42 dólares" — para a época, um preço completamente exorbitante. Sid fingia que não tinha entendido: "Quanto?" E Harry repetia o preço: "Quarenta e dois dólares!" Então Sid se virava para o cliente e dizia: "Ele disse 22 dólares." A essa altura, o cliente colocava o quanto antes os 22 dólares sobre a mesa e apressava-se em sair da loja com a preciosa peça, antes de o pobre Sid perceber o "erro" que havia cometido.

Talvez você conheça o experimento seguinte do seu tempo de escola: pegue dois baldes. Encha o primeiro com água morna e o segundo com água gelada. Mergulhe a mão direita por um minuto na água gelada. Em seguida, coloque as duas mãos ao mesmo tempo na água morna. O que você sente? A mão esquerda parece morna, enquanto a direita está quente.

Tanto a história de Sid e Harry quanto o experimento com a água baseiam-se no efeito de contraste: julgamos algo mais bonito, mais caro, maior e assim por diante quando, ao mesmo tempo, temos alguma coisa feia, barata e pequena à nossa frente. É trabalhoso fazer julgamentos absolutos.

O efeito de contraste é um erro frequente de pensamento. Você encomenda assentos de couro para seu novo automóvel, pois, comparados aos

60 mil dólares que custa o carro, 3 mil são uma pechincha. Todos os ramos que vivem de opções de equipamentos jogam com essa ilusão.

No entanto, o efeito de contraste também atua em outras áreas. Experimentos mostram que algumas pessoas aceitam caminhar por dez minutos para economizar 10 dólares em comida. Porém, a ninguém ocorre andar por dez minutos para comprar um terno que, na outra extremidade da rua, custa 979 dólares em vez de 989 dólares. Um comportamento irracional, pois 10 minutos são 10 minutos e 10 dólares são 10 dólares.

Totalmente inconcebível sem o efeito de contraste é a loja de descontos. Um produto reduzido de 100 para 70 dólares parece mais barato do que um produto que sempre custou 70 dólares. Nesse caso, não interessa qual era o preço inicial. Recentemente, um investidor me disse: "A ação está barata, pois está 50% abaixo da cotação máxima." Balancei a cabeça. Uma cotação na bolsa nunca é "baixa" ou "alta". É o que é, e a única questão que importa é se, a partir deste ponto, irá subir ou cair.

Por contraste, reagimos como pássaros a um tiro de arma de fogo. Levantamos voo e nos tornamos ativos. O reverso: não notamos pequenas e graduais alterações. Um mágico lhe rouba o relógio exercendo uma forte pressão em outra parte do seu corpo, de maneira que você nem sequer registra o leve toque em seu pulso. Também mal notamos como nosso dinheiro vai embora. Ele perde valor continuamente, mas não percebemos porque a inflação se dá de maneira gradual. Se nos fosse imposta sob a forma de um imposto brutal — o que, no fundo, ela não deixa de ser —, ficaríamos indignados.

O efeito de contraste pode arruinar vidas inteiras: uma mulher deslumbrante se casa com um homem bastante mediano. Por quê? Seus pais eram muito feios, então o sujeito mediano lhe pareceu melhor do que na verdade ele é. E, para terminar: com o bombardeio de supermodelos nas campanhas publicitárias, até mesmo mulheres bonitas parecem moderadamente atraentes. Por isso, se você é mulher e está procurando um marido, não saia acompanhada de sua amiga modelo. Os homens vão achar você menos atraente do que na verdade você é. Saia sozinha. Melhor ainda: leve duas amigas feias para a festa.

11

Por que é preferível usar o mapa errado de uma cidade a não usar nenhum

Viés de disponibilidade

"Durante toda a vida, ele fumou três maços de cigarros por dia e passou dos 100 anos. Portanto, fumar não pode ser tão prejudicial assim." Ou: "Hamburgo é uma cidade segura. Conheço uma pessoa que vive em pleno bairro de Blankenese e nunca tranca a porta de casa, nem mesmo quando sai de férias, e nunca entraram na casa dela." Tais frases pretendem provar alguma coisa — mas não provam nada. Pessoas que proferem esse tipo de discurso estão à mercê do viés de disponibilidade.

Em alemão, há mais palavras que começam ou que terminam com *r*? Resposta: as palavras alemãs que terminam com *r* são o dobro daquelas que começam com essa letra. Por que a maioria das pessoas à qual essa pergunta foi feita errou a resposta? Porque nos ocorrem mais facilmente palavras que começam com *r*. Em outros termos: estão mais disponíveis.

O viés de disponibilidade quer dizer o seguinte: fazemos uma ideia do mundo com base na facilidade com a qual exemplos nos ocorrem. O que, evidentemente, é uma tolice, pois na realidade algo não acontece com mais frequência só porque podemos imaginá-lo mais facilmente.

Graças ao viés de disponibilidade, passeamos pelo mundo com um mapa falso de riscos na cabeça. Assim, superestimamos sistematicamente o risco de morrer pela queda de um avião, por um acidente de carro ou assassinados. E subestimamos o risco de morrer por formas menos sensacionalistas, como diabetes ou câncer de estômago. Atentados a bomba são bem mais raros do que pensamos, e casos de depressão, muito mais comuns. A tudo que é espetacular, ofuscante ou barulhento atribuímos uma probabilidade muito alta. A tudo que é silencioso e invisível, uma probabilidade muito baixa. O espetacular, o ofuscante e o barulhento estão mais disponíveis ao cérebro do que seu contrário. Nosso cérebro pensa de maneira dramática, não quantitativa.

Os médicos tornam-se vítimas do viés de disponibilidade com especial frequência. Possuem suas terapias preferidas, que empregam em todos os casos possíveis. Talvez haja tratamentos mais adequados, mas eles não os têm em mente. Portanto, praticam o que conhecem. Consultores executivos não são melhores que isso. Quando se deparam com uma situação inteiramente nova, não arrancam os cabelos nem suspiram: "Realmente não sei o que lhe aconselhar." Não, eles colocam em ação um dos processos de aconselhamento que lhes são familiares — quer ele seja adequado, quer não.

Se alguma coisa é repetida com frequência, fica fácil para nosso cérebro evocá-la novamente. E ela nem precisa ser verdadeira. Quantas vezes a liderança nazista não repetiu a expressão "questão judaica", até as massas se convencerem de que se tratava de um problema sério? Basta repetir as palavras extraterrestre, energia de vida ou carma o suficiente para, de repente, começar a acreditar nelas.

Bem no interior das cadeiras do conselho administrativo de uma empresa esconde-se o verme do viés de disponibilidade. Os senhores discutem sobre o que a direção lhes apresenta — em geral, números trimestrais —, em vez de discutirem sobre o que a direção *não* põe em pauta, mas que seria importante, como uma estratégia hábil da concorrência, a diminuição da motivação da equipe ou uma alteração inesperada do comportamento dos clientes. Sempre observo que as pessoas utilizam, em primeira instância, dados ou receitas que podem ser facilmente obtidos. Com base neles, tomam decisões — com resultados muitas vezes devastadores. Por exemplo: há dez anos se sabe que a chamada fórmula de Black-Scholes para o cálculo do preço justo de um derivativo não funciona. Entretanto, não se dispõe de outra. Assim, prefere-se empregar uma fórmula errônea a não empregar nenhuma. O mesmo ocorre com a "volatilidade". Adotá-la como critério de risco de um produto financeiro é errado. Porém, ela é fácil de ser calculada. Assim, acaba sendo empregada em quase todos os modelos financeiros. Desse modo, o viés de disponibilidade proporcionou aos bancos prejuízos de bilhões. É como estar sem mapa em uma cidade desconhecida, mas usar o mapa de outra cidade que você encontrou no bolso. Melhor um mapa errado do que nenhum.

Como já cantava Frank Sinatra: "Oh, my heart is beating wildly/ And it's all because you're here./ When I'm not near the girl I love,/ I love the girl I'm near."* Exemplo perfeito de viés de disponibilidade. Como contra-medida: junte-se a pessoas que pensam de modo diferente de você, pessoas com experiências totalmente diferentes. Pois, sozinho, você não tem chance alguma de vencer o viés de disponibilidade.

---

* Oh, meu coração está batendo como louco/ porque você está aqui./ Se não tenho por perto a garota que amo,/ amo a garota que tenho por perto. (N.T.)

12

Se alguém lhe falar que o caminho vai ser difícil, seus alarmes devem soar

A falácia do tipo "vai piorar antes de melhorar"

Há alguns anos estive de férias na Córsega e fiquei doente. Os sintomas eram novos para mim. As dores pioravam a cada dia. Por fim, decidi buscar ajuda numa clínica local. Um jovem médico começou me auscultando e me apalpando, apertou vários pontos da minha barriga, depois os ombros e os joelhos. Apalpou vértebra por vértebra. Aos poucos, suspeitei de que ele não fazia a menor ideia do diagnóstico, mas não tinha tanta certeza, então simplesmente suportei o estranho exame. Como sinal de que a consulta finalmente tinha chegado ao fim, ele pegou seu bloco e disse: "Antibiótico. Tome um comprimido três vezes ao dia. Antes de melhorar, vai ficar pior." Feliz com o resultado, voltei me arrastando para o quarto do hotel.

As dores realmente pioraram — como previsto. Portanto, o médico sabia do que estava falando. Depois de três dias, como o sofrimento não cedia, liguei para ele. "Aumente a dose para cinco vezes ao dia. Ainda vai doer por um tempo", respondeu. Fiz como o ordenado. Após mais dois dias, liguei para o serviço de socorro aéreo. O médico na Suíça constatou apendicite e me operou na hora. "Mas por que diabos você esperou tanto tempo?", perguntou-me após a operação. "A evolução da doença correspondeu exatamente ao previsto, então, confiei no jovem médico." "Você foi vítima da armadilha *vai piorar antes de melhorar*. O médico corso não fazia ideia do que estava dizendo. Devia ser um auxiliar de enfermagem, como costuma ser o caso em todos os locais de turismo na alta estação."

Tomemos outro caso: um CEO totalmente desorientado. As vendas em baixa. Os vendedores desmotivados. Atividades de marketing sem nenhum efeito. Em meio ao desespero, ele contratou um consultor. Por 5 mil dólares por dia, este analisou a empresa e chegou ao seguinte resultado: "Seu departamento de vendas não tem visão, e sua marca não está claramente posicionada. A situação é complicada. Posso consertá-la para você, mas não da noite para o dia. O problema é complexo, e as medidas exigem tato. Antes de melhorar, as vendas vão se retrair novamente." O CEO contratou o consultor. Um ano depois, as vendas realmente se retraíram. O mesmo se deu no segundo ano. O consultor continuou a ressaltar que a evolução da empresa estava correspondendo exatamente à sua previsão. No terceiro ano, quando as vendas entraram em colapso, o CEO finalmente demitiu o consultor.

A falácia do tipo vai piorar antes de melhorar é uma variante do chamado viés de confirmação. Um especialista que na verdade não entende de sua área ou é inseguro faz bem em recorrer a esses macetes. Se as coisas piorarem, sua previsão se confirma. Se repentinamente melhorarem, o cliente fica feliz, e o especialista pode atribuir a melhora à sua competência. De um modo ou de outro, ele sempre tem razão.

Suponhamos que você se torne presidente de um país e não faça a menor ideia de como governá-lo. O que faz? Prognostica "anos difíceis", exige que seus cidadãos "apertem o cinto" e promete uma melhora da situação somente após essa "fase difícil" de "faxina", "desintoxicação", "reestruturação". Conscientemente, deixa em aberto o período e a profundidade do vale de lágrimas que está por vir.

A melhor prova do sucesso dessa estratégia é dada pelo cristianismo: segundo se diz, antes que o paraíso chegue à Terra, o mundo precisa arruinar-se. A catástrofe, o dilúvio, o incêndio do mundo, a morte — tudo é parte de um plano maior e tem de acontecer. O fiel reconhecerá toda piora da situação como confirmação da profecia e toda melhora como dádiva de Deus.

Moral da história: se alguém disser: "Vai piorar antes de melhorar", seus alarmes devem soar. Mas cuidado: de fato há situações em que primeiro as coisas pioram para somente então voltarem a melhorar. Eventualmente, uma mudança de carreira custa tempo e está ligada a uma diminuição de salário. A reorganização de determinada área de uma empresa precisa de certo tempo. Porém, em todos esses casos, percebe-se relativamente rápido se as medidas estão dando certo. Os momentos críticos são claros e controláveis. Olhe para eles, e não para o céu.

13

Mesmo histórias verdadeiras são contos de fadas

Viés de história

"Provamos histórias como provamos roupas", lê-se em Max Frisch.

A vida é uma confusão, pior do que um novelo de lã. Imagine um marciano invisível que caminha ao seu lado com um bloco de notas igualmente invisível na mão e anota tudo que você faz, pensa e sonha. A ata da sua vida consiste em observações como "tomou café com dois cubinhos de açúcar", "pisou em uma tachinha e amaldiçoou o mundo", "sonhou que beijava a vizinha", "marcou a viagem de férias nas Maldivas, custou os olhos da cara", "pelos na orelha, arrancou na hora" e assim por diante. Trançamos esse caos de detalhes em uma história. Queremos que nossa vida forme um cordão que possamos seguir. Muitos chamam esse fio condutor de "sentido". Se nossa história corre durante anos em linha reta, passamos a chamá-la de "identidade".

Fazemos o mesmo com os detalhes da história universal, modelando-os em uma história sem contradições. O resultado? De repente, "entendemos", por exemplo, por que o Tratado de Versalhes levou à Segunda Guerra Mundial ou por que a política monetária branda de Alan Greenspan levou à falência do Lehman Brothers. Entendemos por que a Cortina de Ferro teve de cair ou por que Harry Potter se tornou um best-seller. Obviamente, o que hoje chamamos de "entender" ninguém entendia no passado. Ninguém podia entender. Construímos o "sentido" a posteriori. Portanto, as histórias são uma coisa questionável — porém, aparentemente, não podemos ficar sem elas. Por que não, é uma incógnita. O que sabemos é que as pessoas explicaram o mundo primeiro através de histórias, antes de começarem a pensar cientificamente. A mitologia é mais antiga do que a filosofia. Eis o viés de história: as histórias distorcem e simplificam a realidade. Elas reprimem tudo que não se encaixa direito.

Nos meios de comunicação de massa, o viés de história se propaga como uma epidemia. Exemplo: um automóvel atravessa uma ponte. De repente, a ponte desaba. O que vamos ler nos jornais do dia seguinte? Ouviremos falar da história de má sorte daquele que estava no automóvel, de onde ele vinha e para onde estava indo. Conheceremos sua biografia: nasceu em tal lugar, cresceu em outro, tinha tal profissão. Caso ele sobreviva e consiga dar entrevistas, ouviremos exatamente como se sentiu no momento em que a ponte desabou. O absurdo: nenhuma dessas histórias é relevante. Relevante não é o homem azarado, e sim a construção da ponte: onde exatamente estava seu ponto fraco? O material perdeu a resistência? Em caso afirmativo, onde? Em caso negativo, a ponte estava avariada? Em caso afirmativo, o que causou sua avaria? Ou teria sido empregado um princípio de construção fundamentalmente impróprio? O problema em todas essas questões relevantes: não cabem em uma história. Sentimos atração por histórias e aversão a fatos abstratos. Isso é uma maldição, pois aspectos relevantes são desvalorizados em favor de outros irrelevantes. (E, ao mesmo tempo, é uma sorte, pois, do contrário, só haveria livros técnicos e nenhum romance.)

De qual das seguintes histórias você se lembraria melhor? a) "O rei morreu e, em seguida, morreu a rainha." b) "O rei morreu e, em seguida, a rainha morreu de tristeza." Se você respondeu como a maioria das pessoas, irá memorizar melhor a segunda. Aqui, as duas mortes não se sucedem simplesmente, mas têm uma ligação emocional. A história A é o relato de um fato. A história B produz "sentido". Segundo a teoria da informação, na verdade, a história A é mais fácil de ser arquivada. É mais curta. Mas nosso cérebro não entende assim.

Uma propaganda que conta uma história funciona melhor do que a enumeração racional das vantagens de um produto. Observadas objetivamente, as histórias sobre um produto são secundárias. Mas não é assim que nosso cérebro funciona. Ele quer histórias. O Google comprova muito bem esse fato no spot americano do Super-Bowl de 2010, que pode ser encontrado no YouTube com o título "Google Parisian Love".

Moral da história: da própria biografia até a história universal, modelamos tudo em histórias "que fazem sentido". Assim, deturpamos a realidade, o que prejudica a qualidade de nossas decisões. Como contramedida: pense em cada história separadamente. Pergunte a si mesmo: o que essa história está querendo esconder? E, para treinar, tente ver sua própria biografia fora de contexto. Você vai se surpreender.

14

Por que você deveria escrever um diário

Viés retrospectivo

Encontrei os diários do meu tio-avô. Em 1932, ele emigrou de Lenzburg para Paris, em busca da felicidade na indústria cinematográfica. Em agosto de 1940 — um mês após a ocupação alemã de Paris —, anotou: "Aqui estão todos contando com o fato de que vão se retirar novamente no fim do ano. Foi o que também me confirmou um oficial alemão. Do modo como a França caiu rápido, a Inglaterra também vai cair. E depois, finalmente teremos nosso dia a dia parisiense de volta — ainda que como parte da Alemanha."

Hoje, quem folhear um livro de história sobre a Segunda Guerra Mundial irá se confrontar com histórias totalmente diferentes. A ocupação de quatro anos da França parece seguir uma lógica de guerra convincente. Ao se lançar um olhar retrospectivo, a evolução real da guerra parece o mais provável de todos os cenários possíveis. Por quê? Porque somos vítimas do viés retrospectivo [*hindsight bias*].

Atualmente, quem consultar os prognósticos econômicos de 2007 ficará surpreso ao ver como as perspectivas para os anos de 2008 a 2010 eram positivas. Um ano depois, em 2008, o mercado financeiro implodiu. Indagados sobre as causas da crise financeira, os mesmos especialistas responderam com uma história convincente: aumento da quantidade de capital sob Greenspan, transferência menos rigorosa de hipotecas, agências corruptas de *rating*, requisitos de capital negligentes e assim por diante. Em um olhar retrospectivo, a crise financeira parece totalmente lógica e inevitável. No entanto, nem um único economista — há cerca de um milhão em todo o mundo — a previu de forma exata. Ao contrário: raras foram as vezes em que um grupo de especialistas caiu tão profundamente na armadilha do viés retrospectivo.

Este é um dos mais obstinados erros de pensamento. Pode-se designá-lo oportunamente como um *fenômeno* do tipo *eu sempre soube disso*: do ponto de vista retrospectivo, tudo parece ter uma clara consequência necessária.

Ao fazer uma retrospecção, um CEO que, graças a circunstâncias felizes, foi bem-sucedido, avalia a probabilidade de seu sucesso como muito maior do que objetivamente foi. Comentaristas acharam a gigantesca vitória eleitoral de Ronald Reagan sobre Jimmy Carter, em 1980, perfeitamente compreensível e até inevitável a posteriori — embora, poucos dias antes da data marcada, a eleição estivesse na corda bamba. Atualmente, jornalistas de economia escrevem que a preponderância do Google foi inevitável — não obstante, todos eles teriam rido se, em 1998, fosse prognosticado um futuro como esse para a start-up da internet. Outro exemplo flagrante: do ponto de vista retrospectivo, o fato de que, em 1914, um único tiro em Sarajevo tenha revirado completamente o mundo pelos trinta anos seguintes e tenha custado a vida de 50 milhões de pessoas parece trágico, mas plausível. Toda criança aprende isso na escola. No entanto, na época, em 1914, ninguém chegou a temer essa escalada, que teria soado absurda demais.

Por que o viés retrospectivo é tão perigoso? Porque nos faz acreditar que somos melhores vaticinadores do que na verdade somos. Isso nos torna arrogantes e nos conduz a decisões errôneas. Inclusive no que se refere a "teorias" particulares: "Você ficou sabendo da última? A Sílvia e o Klaus não estão mais juntos. Do jeito que esses dois são diferentes, só podia dar errado mesmo." Ou: "Do jeito que esses dois são parecidos, só podia dar errado mesmo." Ou então: "Do jeito que esses dois vivem grudados, só podia dar errado mesmo." Ou ainda: "Só podia dar errado mesmo; eles quase não se viam."

Não é fácil lutar contra o viés retrospectivo. Estudos demonstraram que pessoas que o conhecem caem com a mesma frequência na armadilha quanto as que o ignoram. Nesse sentido, você perdeu seu tempo lendo este capítulo.

Contudo, segue mais uma dica, mais por experiência pessoal do que científica: faça um diário. Escreva suas previsões — sobre a política, sua

A arte de pensar claramente

carreira, seu peso, a bolsa de valores. Compare suas anotações de tempos em tempos com a evolução real. Você ficará surpreso ao perceber que previu tudo pessimamente. E mais: leia histórias também. Não as teorias posteriores e compactas, e sim diários, recortes de jornal, relatos de outra época. Isso lhe dará uma sensação muito melhor quanto à imprevisibilidade do mundo.

15

Não leve a sério apresentadores de telejornais

O conhecimento do motorista

Depois de receber o Prêmio Nobel de Física, em 1918, Max Planck viajou por toda a Alemanha. Sempre que era convidado para dar uma palestra, apresentava o mesmo texto sobre a nova mecânica quântica. Com o tempo, seu motorista já sabia a palestra de cor. "Deve ser monótono, professor Planck, proferir sempre o mesmo discurso. Que tal se eu o substituir em Munique e o senhor ficar sentado na primeira fila com meu quepe de motorista? Assim, nos revezamos um pouco." Planck achou a proposta divertida e concordou. E o motorista deu a longa palestra sobre mecânica quântica para um público de altíssimo nível. Após um momento, um professor de física fez uma pergunta. O motorista respondeu: "Nunca poderia imaginar que em uma cidade tão desenvolvida como Munique alguém fosse fazer uma pergunta tão simples. Vou pedir a meu motorista que responda à sua questão."

De acordo com Charlie Munger, um dos melhores investidores do mundo e de quem obtive a história sobre Max Planck, há dois tipos de conhecimento. Um deles é o *autêntico*. Provém de pessoas que investiram muito tempo e trabalho mental para consegui-lo. O outro é justamente o conhecimento do motorista. No sentido da história de Munger, os motoristas são pessoas que agem como se tivessem algum conhecimento. Aprenderam a se apresentar, como em um show. Talvez possuam uma ótima voz ou tenham uma aparência convincente. Contudo, o conhecimento que divulgam é oco. Eloquentes, desperdiçam palavras vazias.

Infelizmente, é cada vez mais difícil separar o conhecimento autêntico daquele do motorista. Nos apresentadores de telejornais é fácil. Eles são atores, ponto final. Todo mundo sabe disso. No entanto, é surpreendente o respeito que se presta a esses mestres do floreio. São convidados e muito bem pagos para atuarem como mediadores em debates e tribunas, cujos temas praticamente não dominam.

Nos jornalistas já é mais difícil. Alguns adquiriram conhecimentos sólidos. Com frequência, são os mais velhos, que durante anos se especializaram em um número delimitado de temas. Esforçam-se seriamente para compreender e retratar a complexidade de determinada circunstância. Costumam escrever longos artigos que iluminam uma multiplicidade de casos e exceções.

Infelizmente, a maioria dos jornalistas entra na categoria do motorista. Em brevíssimo tempo, tiram da cartola, ou melhor, da internet, artigos para qualquer tema. Seus textos são parciais, curtos e muitas vezes, como compensação por seu conhecimento de motorista, irônicos.

Quanto maior uma empresa, mais se espera que o CEO tenha uma habilidade fundamental — a chamada competência comunicativa. Um funcionário dedicado, silencioso, obstinado, mas sério, não funciona, pelo menos não no topo. Aparentemente, os acionistas e os jornalistas de economia acreditam que um showman é capaz de produzir resultados melhores — o que, naturalmente, não é o caso.

Warren Buffett, sócio de Charlie Munger, emprega um conceito maravilhoso: "círculo de competência". O que está dentro desse círculo é entendido como um profissional. O que está fora não é entendido ou o é apenas em parte. O lema de vida de Buffett: "Conheça seu círculo de competência e permaneça dentro dele. O tamanho desse círculo não é muito importante. No entanto, é muito importante saber por onde exatamente corre a linha do círculo." Charlie Munger completa: "Você precisa descobrir onde estão seus talentos. Caso tente a sorte fora do seu círculo de competência, terá uma carreira insignificante. Posso quase garantir."

Moral da história: desconfie do conhecimento do motorista. Não confunda o porta-voz da empresa, o showman, o apresentador de telejornal, o tagarela, o artesão de palavras vazias, o portador de clichês com alguém que realmente tem conhecimento. Como reconhecê-lo? Há um sinal claro. Verdadeiros conhecedores sabem o que sabem — e o que não sabem. Se alguém desse calibre estiver fora de seu "círculo de competência", não dirá nada ou então admitirá: "Não sei." Dirá essa frase sem dificuldade e até com certo orgulho. Dos motoristas se ouvirá de tudo, menos isso.

16

Você controla menos do que pensa

Ilusão de controle

Todos os dias, pouco antes das nove horas, um homem de gorro vermelho fica plantado em uma praça e começa a agitar o gorro de um lado para o outro. Após cinco minutos, volta a desaparecer. Um dia, um policial se postou diante dele: "Afinal, o que você está fazendo?" "Estou afugentando as girafas." "Não há girafas aqui." "Claro, faço um bom trabalho."

Um amigo com a perna quebrada e sem poder sair da cama me pediu para ir até a loteria lhe comprar um bilhete. Marquei seis números, escrevi seu nome no papel e paguei. Quando lhe entreguei a cópia do bilhete, ele perguntou contrariado: "Por que *você* preencheu o bilhete? *Eu* é que queria preenchê-lo. Com os seus números eu certamente não vou ganhar nada!" "Acha mesmo que é capaz de influenciar o sorteio de alguma forma só porque é você quem está marcando?", respondi. Ele me olhou sem entender.

No cassino, a maioria das pessoas procura lançar os dados com força quando precisa de um número alto e com delicadeza quando torcem por um número menor. Naturalmente, esses gestos são tão despropositados quanto os movimentos das mãos e dos pés dos torcedores de futebol, que agem como se eles próprios pudessem intervir no jogo. Compartilham essa ilusão com muitas pessoas: querem influenciar o mundo enviando pensamentos positivos (vibrações, energia, carma).

A ilusão de controle é a tendência a acreditar que podemos controlar ou influenciar alguma coisa sobre a qual, objetivamente, não temos nenhum poder. Foi descoberta em 1965 pelos pesquisadores Jenkins e Ward.

O método experimental era simples: dois interruptores e uma luz, que ficava acesa ou apagada. Jenkins e Ward podiam regular a intensidade com que os interruptores e a luz estavam correlacionados. Mesmo nos casos em que a lâmpada acendia ou apagava ocasionalmente, os participantes do experimento ficavam convencidos de que, de algum modo, tinham certa influência sobre a luz quando apertavam o interruptor.

Um cientista americano pesquisou a sensibilidade acústica à dor encerrando pessoas em uma câmara acústica e aumentando continuamente o volume do som até os sujeitos experimentais fazerem sinal para que ele interrompesse o som. Havia à disposição duas câmaras acústicas idênticas, A e B, com uma única diferença: a B tinha um botão vermelho antipânico na parede. O resultado? As pessoas na câmara B suportaram nitidamente mais barulho. O engraçado é que o botão antipânico nem sequer funcionava. A ilusão sozinha bastou para elevar o limite da dor. Se você já leu Alexander Soljenítsin, Viktor Frankl ou Primo Levi, esse resultado não deveria surpreendê-lo. A ilusão de que é possível influenciar um pouco o próprio destino permitiu que esses prisioneiros sobrevivessem de novo a cada dia.

Quem quiser atravessar a pé uma rua em Manhattan e apertar o botão do semáforo para pedestres estará apertando um botão sem função. Por que, então, ele existe? Para fazer com que os pedestres acreditem que têm alguma influência sobre a sinalização. Assim, conforme se comprovou, suportam melhor a espera para atravessar. O mesmo ocorre com os botões de abrir e fechar a porta em muitos elevadores, que não estão ligados a seu comando. A ciência os chama de "botões placebo". Ou com a regulagem de temperatura nas grandes salas de escritórios: um sente calor, o outro sente frio. Técnicos inteligentes utilizam a ilusão de controle instalando em cada andar um botão falso para controlar a temperatura. O número de reclamações diminui visivelmente.

Presidentes de bancos centrais e ministros da Economia tocam um verdadeiro teclado de botões placebo. O fato de que esses botões não funcionam é o que se vê há vinte anos no Japão e há alguns anos nos Estados Unidos. No entanto, concedemos aos líderes econômicos a ilusão — e eles a concedem a nós. Seria insuportável para todos os envolvidos admitir que a economia mundial é um sistema fundamentalmente incontrolável.

E você? Tem o comando da sua vida? Provavelmente menos do que pensa. Não vá achar que é um controlador estoico como Marco Aurélio. Você é, antes, o homem do gorro vermelho. Por isso, concentre-se nas poucas coisas que você pode de fato influenciar — e, delas, por conseguinte, apenas nas mais importantes. Deixe todo o restante acontecer.

17

Nunca pague seu advogado por hora

Tendência à hipersensibilidade ao incentivo

O domínio colonial francês em Hanói aprovou uma lei: para cada rato morto entregue haveria uma recompensa em dinheiro. Com isso, pretendia-se controlar a infestação de ratos. Sim, muitos ratos foram mortos, mas muitos também foram criados especialmente para esse propósito.

Em 1947, quando os rolos de pergaminho do Mar Morto foram descobertos, os arqueólogos prometeram uma recompensa para cada pergaminho encontrado. Resultado: os pergaminhos foram divididos, para que houvesse um número maior deles. O mesmo aconteceu na China, no século XIX, quando se prometeu uma recompensa em troca de ossos de dinossauro. Os camponeses desenterravam ossos inteiros, os fragmentavam e embolsavam o dinheiro.

O conselho administrativo de uma empresa prometeu à direção um bônus caso as metas fossem alcançadas. O que aconteceu? Os executivos empregaram energia para estabelecer metas inferiores em vez de realizar uma administração que trouxesse lucros.

Esses são exemplos da tendência à hipersensibilidade ao incentivo [*incentive super-response tendency*]. Em primeiro lugar, ela descreve uma circunstância banal: as pessoas reagem a sistemas de estímulos. Não é de surpreender. As pessoas fazem o que é de seu interesse. Surpreendentes são dois aspectos colaterais. O primeiro: com que rapidez e até que ponto as pessoas mudam seu comportamento quando incentivos entram em jogo ou são alterados. O segundo: o fato de que as pessoas reagem aos incentivos, mas não à intenção por trás deles.

Bons sistemas de incentivos pressupõem intenções e recompensas. Um exemplo: na Roma antiga, o engenheiro de uma ponte tinha de ficar em pé embaixo do seu arco quando ela fosse inaugurada. Um belo estímulo para construir a ponte com estabilidade suficiente. Em contrapartida, sistemas ruins de estímulo passam ao largo da intenção ou simplesmente a desvirtuam. Assim, por exemplo, normalmente a censura de um livro acaba divulgando ainda mais seu conteúdo. Ou, no que se refere a gerentes de bancos, que são pagos por contrato de crédito que conseguem concluir, o portfólio de crédito que acabam acumulando é pífio.

Você quer influenciar o comportamento das pessoas ou das organizações? Então pode pregar valores e visões. Pode apelar para a razão. Mas quase sempre será mais fácil ir além dos estímulos, que não precisam, necessariamente, ser financeiros. Das notas escolares, passando pelos prêmios Nobel até um tratamento especial em outra vida, tudo é concebível.

Por muito tempo me perguntei por que na Alta Idade Média pessoas mentalmente sãs, pertencentes sobretudo à nobreza, subiram em seus cavalos para participar das cruzadas. A penosa cavalgada até Jerusalém durava pelo menos seis meses e atravessava território inimigo. Tudo isso era conhecido dos participantes. Por que então se arriscar? Uma questão relacionada ao sistema de incentivo. Se voltassem vivos, podiam ficar com os despojos de guerra. Se morressem, iriam automaticamente como mártires para o além — com todos os benefícios que o status de mártir prometia. Só se tinha a ganhar.

Pagar advogados, arquitetos, consultores, auditores ou professores de autoescola por hora não faz o menor sentido. Combine um preço fixo de antemão. Um médico especialista sempre terá interesse em tratá-lo, se possível, de maneira abrangente e em operá-lo — mesmo que não seja necessário. Consultores de investimentos "recomendam-lhe" aqueles produtos financeiros sobre os quais recebem comissão pela venda. E os planos de negócios de empresários e diretores de bancos de investimento não têm nenhum valor, uma vez que essas pessoas têm um interesse direto em determinada transação. Como é mesmo que diz o velho ditado? "Nunca pergunte ao cabeleireiro se você está precisando cortar o cabelo."

Moral da história: tenha cuidado com a tendência à hipersensibilidade ao incentivo. Se você se surpreender com o comportamento de uma

A arte de pensar claramente

pessoa ou de uma organização, pergunte-se qual sistema de incentivo está por trás dele. Garanto-lhe que 90% dos comportamentos podem ser explicados dessa forma. Paixão, fraqueza mental, distúrbios psíquicos ou maldade constituem, no máximo, 10%.

O investidor Charlie Munger visitou uma loja de acessórios de pesca. De repente, parou diante de uma estante, pegou uma isca de plástico brilhante que chamou sua atenção e perguntou ao proprietário da loja: "Diga uma coisa: os peixes realmente fisgam este negócio?" O proprietário riu: "Charlie, não vendemos para os peixes."

18

A eficácia duvidosa de médicos, consultores e psicoterapeutas

Regressão à média

As dores nas suas costas ora estavam mais fortes, ora mais fracas. Havia dias em que ele se sentia um filhote de corça, e outros em que mal conseguia se mexer. Quando era o caso — felizmente raras vezes —, sua mulher o levava ao quiroprático. No dia seguinte, ele se sentia visivelmente melhor. E recomendava seu terapeuta a todo mundo.

Outro homem, mais jovem e com um handicap considerável no golfe (média de 12), exaltava com semelhante entusiasmo seu professor de golfe. Sempre que seu jogo não terminava bem, dedicava uma hora de seu tempo com o professor e — bingo! —, na próxima vez, voltava a dar tacadas melhores.

Um terceiro homem, consultor de investimentos em um renomado banco, inventou uma espécie de "dança da chuva", que ele sempre realizava no banheiro, depois que seu desempenho na bolsa resvalava no vermelho. A dança lhe parecia tão absurda quanto benéfica: seu desempenho na bolsa melhorava comprovadamente. O que une os três homens é uma falácia: o erro da regressão à média [*regression to mean*].

Suponhamos que você experimente um frio recorde no lugar onde vive. Muito provavelmente, a temperatura subirá nos dias posteriores — rumo à média do mês. O mesmo ocorre em períodos de extremo calor, seca ou chuva. O tempo oscila em torno de uma média. O mesmo vale para dores crônicas, handicaps no golfe, desempenhos na bolsa de valores, sorte no amor, bem-estar subjetivo, sucesso profissional, notas nas provas. Em resumo, muito provavelmente as terríveis dores nas costas também teriam diminuído sem o quiroprático. Mesmo sem aulas adicionais, o handicap teria voltado a se equilibrar em 12. E o desempenho do consultor de investimentos voltaria a caminhar na direção da média mesmo sem a "dança da chuva".

Resultados extremos alternam-se de maneira menos extremada. Dificilmente a ação mais bem-sucedida dos últimos três anos será a mais bem-sucedida dos próximos três anos. Eis a razão para o medo de muitos esportistas quando veem seu sucesso estampado nas manchetes dos jornais: inconscientemente, intuem que, na próxima competição, não alcançarão o mesmo recorde — o que, por certo, nada tem a ver com a manchete, e sim com a oscilação natural de seu rendimento.

Tome-se o exemplo do diretor de um departamento que quer motivar os colaboradores em sua empresa enviando 3% dos mais desmotivados de sua equipe para um curso de motivação. O resultado? Da próxima vez que ele levantar dados sobre a motivação, nem todas essas pessoas estarão entre os míseros 3% — mas estarão outras. O curso valeu a pena? É difícil dizer, pois, ao que tudo indica, a parca motivação dessas pessoas se manteria em torno da sua média pessoal mesmo sem treinamento. Algo semelhante ocorre com pacientes hospitalizados devido à depressão. Em geral, deixam a clínica menos depressivos. Contudo, é bem possível que a permanência na clínica tenha sido completamente inútil.

Outro exemplo: em Boston, as escolas com os piores resultados nos exames foram submetidas a um dispendioso programa de incentivo. No ano seguinte, essas escolas já não estavam nos níveis mais baixos — uma melhora que o órgão de fiscalização atribuiu ao programa de incentivo, e não à natural regressão à média.

Ignorar a regressão à média pode ter consequências devastadoras: desse modo, professores (ou executivos) chegam à conclusão de que punições são mais efetivas do que o elogio. O aluno com os melhores resultados nos exames é elogiado. Aquele com as piores notas é criticado. Na próxima prova, é de supor que, de maneira puramente estocástica, outros alunos ocuparão os extremos superior e inferior. E o professor concluirá: criticar ajuda e elogiar prejudica. Uma falácia.

Moral da história: se você ouvir frases como: "Eu estava doente, fui ao médico, agora estou bom; portanto, o médico me ajudou" ou: "A empresa teve um ano ruim, empregamos alguns consultores, e agora o resultado se normalizou", a regressão à média pode estar em jogo.

19

Por que pessoas racionais não apelam para a razão

Tragédia dos comuns

Imagine um belo pedaço de terra disponível a todos os camponeses de uma cidade. É de se esperar que cada um deles mande o maior número possível de gado para esse pasto. No entanto, isso só é viável quando há doenças disseminadas e algumas cabeças de gado acabem morrendo. Em resumo: enquanto o número de vacas não ultrapassar certa quantidade e, portanto, o pasto não tiver uma superpopulação. No entanto, se o gado estiver em boas condições de saúde, a bela ideia do pasto comunitário se transformará em tragédia. Como ser racional, todo camponês tentará maximizar seu lucro. Irá se perguntar: "Qual não será meu proveito se eu mandar mais uma vaca para o pasto comunitário?" Esse camponês terá um proveito adicional de uma vaca, que ele poderá vender, portanto, "+1". A desvantagem de explorar o pasto em demasia com uma vaca a mais será arcada por todos. Para o camponês em questão, a perda relacionada à vaca será apenas uma fração de "-1". De seu ponto de vista, é racional mandar o animal extra para o pasto. E mais outro. E mais outro. Até o pasto comunitário entrar em colapso.

A tragédia dos comuns — no mais verdadeiro sentido do termo — é um lugar-comum. O grande erro consiste em esperar que ela seja banida do mundo através da educação, do esclarecimento, das campanhas de informação, dos apelos aos "sentimentos sociais", de bulas papais ou de sermões de popstars. Não será. Quem realmente quiser enfrentar o problema do pasto comunitário terá apenas duas possibilidades: privatizar ou administrar. Em termos concretos: o belo pedaço de terra será colocado em mãos privadas ou o acesso ao pasto será regularizado. Segundo o biólogo americano Garrett Hardin, todas as outras possibilidades cairão em desgraça. Administrar pode significar, por exemplo, que um Estado estabeleça regras: talvez seja introduzido um imposto sobre a utilização; talvez haja limitações temporais; talvez se decida pela cor dos olhos (dos camponeses ou das vacas) quem terá a preferência.

A privatização é a solução mais simples, mas também se pode argumentar em favor da administração. Por que tornamos ambas tão difíceis? Por que estamos sempre entregues à ideia do pasto comunitário? Porque a evolução não nos preparou para esse dilema social. Por duas razões: a primeira é que, durante quase toda a história da humanidade, houve recursos ilimitados à nossa disposição; a segunda é que, até 10 mil anos atrás, vivíamos em pequenos grupos de cerca de cinquenta pessoas. Todos se conheciam. Se alguém pensasse apenas na própria vantagem e explorasse a comunidade, isso logo seria registrado, vingado e punido com o pior dos castigos: a difamação. Em grupos menores, a sanção através da vergonha ainda funciona: em uma festa, evito esvaziar a geladeira dos meus amigos, embora não haja nenhum policial ao lado dela. Entretanto, em uma sociedade anônima, isso já não faz diferença.

Em toda parte onde o proveito recai sobre o indivíduo, mas os custos recaem sobre a comunidade, a tragédia dos comuns põe-se à espreita: emissão de CO_2, desmatamento, poluição da água, irrigação, uso excessivo das frequências de rádio, banheiros públicos, sucata espacial, bancos que são "too big to fail".* Porém, isso não significa que o comportamento que visa ao proveito próprio seja absolutamente imoral. O camponês que manda uma vaca extra para o pasto comunitário não é um monstro. A tragédia é um mero efeito que surge quando o tamanho do grupo supera cerca de cem pessoas e beira o limite da capacidade de regeneração dos sistemas. Não é necessário ter uma inteligência especial para reconhecer que seremos cada vez mais confrontados com esse tema.

Na verdade, a tragédia dos comuns é a contrapartida da "mão invisível" de Adam Smith. Em determinadas situações, a mão invisível do mercado não leva a uma condição ideal — ao contrário.

---

* Grandes demais para falir. (N.T.)

Obviamente, há pessoas que se preocupam bastante em levar em conta o efeito de suas ações sobre a humanidade e o ecossistema. Entretanto, toda política que aposta nesse tipo de responsabilidade individual é ingênua. Não podemos contar com a razão ética do ser humano. Como bem diz Upton Sinclair: "É difícil fazer alguém entender alguma coisa quando seu salário depende de que ele não a entenda."

Em resumo, existem apenas as duas soluções mencionadas: privatização ou administração. O que não se pode privatizar — a camada de ozônio, os mares, as órbitas dos satélites — tem de ser administrado.

20

Nunca julgue uma decisão com base no resultado

Viés de resultado

Um pequeno experimento mental. Suponhamos que um milhão de macacos especulem na bolsa. Compram e vendem ações como loucos e, claro, de maneira puramente ocasional. O que acontece? Após um ano, cerca de metade dos macacos obteve algum lucro com seus investimentos; a outra metade sofreu perdas. Também no segundo ano, metade do bando terá um lucro abaixo do esperado, e a outra metade terá prejuízo. E assim por diante. Após dez anos, restam cerca de mil macacos que sempre investiram em suas ações corretamente. Após vinte anos, apenas um macaco terá feito o investimento certo — ele fica bilionário. Vamos chamá-lo de "macaco de sucesso".

Como reagem os meios de comunicação de massa? Irão se atirar sobre esse animal para descobrir seus "princípios de sucesso". E irão encontrá-los: talvez o macaco de sucesso coma mais bananas do que os outros; talvez se sente em outro canto da jaula; talvez se dependure de cabeça para baixo pelos galhos ou faça longas pausas de reflexão enquanto cata piolhos. Alguma receita de sucesso ele tem de ter, não é? Afinal, como poderia apresentar um desempenho tão fulminante? Um sujeito que, durante vinte anos, sempre apostou certo é um macaco ignorante? Impossível!

A história dos macacos ilustra o viés de resultado: nossa tendência a avaliar decisões com base no resultado — e não com base no processo anterior à decisão. Um erro de pensamento que também é conhecido como falácia do historiador. Um exemplo clássico é o ataque dos japoneses a Pearl Harbor. A base militar deveria ou não ter sido evacuada? Do ponto de vista atual: obviamente, pois tudo indicava que um ataque direto era iminente. Todavia, somente em retrospectiva os sinais parecem tão claros. Na época, em 1941, havia uma enorme quantidade de indicações contraditórias. Algumas apontavam para um ataque; outras, não. Para avaliar a qualidade da decisão (evacuar ou não), é necessário colocar-se na situação de informação daquela época e abstrair tudo que soubemos posteriormente a respeito (sobretudo o fato de que Pearl Harbor foi efetivamente atacado).

Outro experimento mental. Você deve avaliar o desempenho de três cirurgiões cardíacos. Para tanto, cada cirurgião deverá realizar cinco cirurgias difíceis. Ao longo dos anos, a mortalidade nesse tipo de intervenção manteve-se em 20%. O resultado concreto: com o cirurgião A, nenhum dos cinco pacientes morre. Com o cirurgião B, morre um. Com o cirurgião C, dois. Como você avalia o desempenho de A, B e C? Se você responder como a maioria das pessoas, indicará A como o melhor, B como o segundo melhor e C como o pior. E, assim, terá caído justamente no viés de resultado. Você já deve imaginar por quê: as amostras são muito pequenas, e o resultado correspondente nada prova. Como, então, avaliar os três cirurgiões? Você só poderá julgá-los corretamente se entender alguma coisa da profissão deles e observar minuciosamente a operação ser preparada e realizada. Ou seja, na medida em que você julgar o *processo*, e não o resultado. Ou então, em segundo lugar, se partir de um número de amostras bem maior: cem ou mil cirurgias. Em outro capítulo, entraremos no problema das amostras muito reduzidas. Por enquanto, basta-nos entender: nas mãos de um cirurgião mediano, a probabilidade de ninguém morrer é de 33%; a de morrer um paciente, 41%; e a de morrerem dois pacientes, 20%. Julgar os três cirurgiões com base no resultado seria não apenas negligente, mas também antiético.

Moral da história: nunca julgue uma decisão apenas com base no resultado. Um resultado ruim não significa automaticamente que a decisão foi errada — e vice-versa. Portanto, em vez de questionar uma decisão que se mostrou errada ou de se gabar por uma decisão tomada que talvez tenha conduzido ao sucesso por puro acaso, é melhor entender *por que* você decidiu desse modo. Por razões sensatas e compreensíveis? Nesse caso, você fará bem em agir da mesma forma da próxima vez. Mesmo que, da última, não tenha tido sorte.

21

Menos é mais

Paradoxo da escolha

Minha irmã e seu marido compraram um apartamento em construção. Desde então, não conseguimos conversar normalmente. Há dois meses tudo gira em torno de azulejos para o banheiro. Cerâmica, granito, mármore, metal, pedra artificial, madeira, vidro e laminado de todo tipo a serem escolhidos. Raras vezes vi minha irmã tão atormentada. "Há muita opção!", diz ela, horrorizada, voltando-se novamente para o catálogo dos modelos de revestimento, que sempre a acompanha.

Recontei e me informei. A mercearia próxima à minha casa oferece 48 tipos de iogurte, 134 vinhos tintos diferentes, 64 tipos de produtos de limpeza e um total de 30 mil artigos. Na livraria virtual Amazon, há 2 milhões de títulos disponíveis. Atualmente, as pessoas têm à disposição mais de quinhentos sintomas psíquicos, milhares de profissões diferentes, 5 mil destinos de férias e uma variedade infinita de estilos de vida. Nunca houve tanta opção.

Quando eu era criança, havia três tipos de iogurte, três canais de televisão, duas igrejas, dois tipos de queijo (Tilsit picante ou suave), um tipo de peixe (truta) e um tipo de aparelho telefônico — disponibilizado pelo correio suíço. A caixa preta com o disco seletor só permitia que se telefonasse, e antigamente isso era suficiente. Hoje, quem entra em uma loja de celulares corre o risco de ser sufocado por uma avalanche de modelos e opções de tarifa.

E, no entanto, a escolha é o termômetro do progresso. A escolha é o que nos distingue da economia planificada e da Idade da Pedra. Isso mesmo: a escolha traz felicidade. Contudo, há um limite em que a escolha adicional acaba com a qualidade de vida. O conceito técnico para isso é o paradoxo da escolha.

Em seu livro *O paradoxo da escolha*, o psicólogo americano Barry Schwartz descreve por que isso acontece. Há três razões: a primeira é que ter muita opção leva a uma paralisia interior. Um supermercado disponibilizou 24 tipos de doces para serem degustados. Os clientes podiam saboreá-los à vontade e comprar os produtos com desconto. No dia seguinte, o supermercado realizou o mesmo experimento com apenas seis tipos. O resultado? Venderam-se dez vezes mais doces do que no primeiro dia. Por quê? Com uma oferta muito ampla, o cliente não consegue decidir e acaba não comprando nada. A tentativa foi repetida várias vezes com diferentes produtos, e o resultado foi sempre o mesmo.

A segunda razão é que ter muita opção leva a decisões piores. Se perguntarmos aos jovens o que consideram importante no parceiro, eles enumerarão todas as características louváveis: inteligência, bons modos, bom coração, capacidade de ouvir, humor e um físico atraente. Mas será que esses critérios são realmente levados em conta na hora da escolha? Enquanto antigamente, em uma cidade de porte médio, havia potencialmente vinte mulheres para um homem da mesma faixa etária, que em geral ele conhecia da escola e podia avaliar relativamente bem, hoje, na era dos encontros virtuais, existem à disposição milhões de parceiras em potencial. O estresse da escolha é tão grande que o cérebro masculino reduz-se a um único critério — que, conforme se comprovou empiricamente, baseia-se na "atração física". Talvez até por experiência própria você já deva conhecer as consequências desse processo de escolha.

A terceira razão é que ter muita opção leva à insatisfação. Como você pode ter certeza de fazer a escolha perfeita a partir de duzentas opções? Resposta: não pode. Quanto mais opções, mais insegurança e, portanto, mais insatisfação você terá após a escolha.

O que fazer? Pense bem a respeito do que quer antes de examinar as ofertas existentes. Ponha seus critérios no papel e atenha-se incondicionalmente a eles. E parta do princípio de que você nunca fará a escolha perfeita. No que se refere à torrente de possibilidades, maximizar é um perfeccionismo irracional. Dê-se por satisfeito com uma "boa solução". Isso também vale no que diz respeito ao parceiro. Só o melhor é bom o suficiente? Na era da escolha ilimitada, vale, antes, o oposto: "Bom o suficiente" é o melhor (a não ser, é claro, no seu e no meu caso).

22

Você age de modo irracional porque quer ser amado

Viés de afeição

Kevin comprou duas caixas do seleto vinho Margaux. Raramente bebe vinho — menos ainda Bordeaux. Mas a vendedora foi muito simpática, nem superficial nem irritante, simplesmente simpática. Por isso, ele acabou comprando.

Joe Girard é conhecido como o vendedor de automóveis mais bem-sucedido do mundo. O segredo do seu sucesso: "Nada funciona melhor do que fazer o cliente acreditar que você realmente gosta dele." Sua arma: um cartãozinho mensal a todos os clientes e ex-clientes. Nele, uma única frase: "I like you."

O viés de afeição [*liking bias*] é fácil demais de entender, e, no entanto, sempre caímos nele. Significa que, quanto mais simpático alguém é conosco, tanto mais tendemos a comprar dessa pessoa ou ajudá-la. Resta a pergunta: o que significa simpático? A ciência elenca uma série de fatores. Uma pessoa nos é simpática quando: A) tem a aparência atraente; B) se assemelha a nós em relação à origem, à personalidade e aos interesses; C) nos acha simpáticos. Nessa ordem. A publicidade está cheia de pessoas atraentes. Pessoas feias causam um efeito de antipatia. Por isso, não servem como garotos-propaganda (ver A). Além de apostar nos superatraentes, a publicidade também aposta em "pessoas como você e eu" (ver B) — aparência, dialeto e histórico semelhantes. Em resumo, quanto mais parecido, tanto melhor. E, não raro, a publicidade distribui elogios — "porque você vale muito". Aqui passa a ter efeito o fator C: tendemos a achar simpático quem demonstra que nos acha simpáticos. Elogios fazem milagres, mesmo quando são descaradamente mentirosos.

O "espelhamento" [*mirroring*] está entre as técnicas-padrão de venda. Com ele, o vendedor tenta copiar os gestos, a linguagem e a mímica de seu oposto. Se o comprador fala muito baixo e devagar e coça sempre a testa, é importante para o vendedor falar igualmente baixo e devagar e coçar a testa de vez em quando. Aos olhos do comprador, isso o torna simpático, e, portanto, haverá maior probabilidade de fechar o negócio.

O chamado marketing multinível só funciona graças ao viés de afeição. Embora no supermercado haja excelentes potes plásticos por um quarto do preço, a Tupperware gera uma venda anual de 2 bilhões de dólares. Por quê? As amigas que organizam as festas Tupperware preenchem perfeitamente as condições de simpatia.

As organizações de assistência utilizam o viés de afeição. Suas campanhas mostram quase exclusivamente crianças ou mulheres simpáticas. Você nunca verá cartazes com um guerrilheiro ferido e de olhar hostil — embora ele também mereça ajuda. Até mesmo organizações de proteção à natureza apostam no viés de afeição. Você já viu algum prospecto da WWF em que se fizesse propaganda de aranhas, vermes, algas ou bactérias? Talvez eles estejam tão ameaçados de extinção quanto pandas, gorilas, coalas e focas — e sejam ainda mais importantes para o ecossistema. Entretanto, nada sentimos por eles. Um animal nos parecerá tão mais simpático quanto mais semelhante aos humanos for seu olhar. A mosca de cabeça alaranjada desapareceu da Europa Central? Pois é, que pena.

Os políticos se mostram verdadeiros virtuoses no teclado do viés de afeição. Dependendo do público, ressaltam outras características em comum. Ora enfatizam o bairro residencial, ora a origem social, ora o interesse econômico. E fazem muitos elogios: cada indivíduo deve ter a sensação de ser irrenunciável: "Seu voto conta!" Claro, todo voto conta, mas muito pouco.

Um amigo, representante de bombas de petróleo, contou-me como fechou um contrato milionário para um oleoduto na Rússia. "Suborno?", perguntei. Ele abanou negativamente a cabeça. "Estávamos batendo papo e, de repente, começamos a falar sobre velejar. Descobrimos que nós dois — o comprador e eu — somos velejadores apaixonados por vela 470. A partir desse momento, ganhei a simpatia dele e virei amigo. E, assim, o negócio foi selado. A simpatia funciona melhor do que o suborno."

Moral da história: é sempre bom julgar um negócio independentemente do vendedor. Imagine que ele não existe ou, melhor ainda, pense nele como alguém antipático.

23

Não se apegue às coisas

Efeito dotação

A BMW reluzia no estacionamento da loja de carros usados. Embora já tivesse rodado alguns quilômetros, parecia impecável. Só que, por 50 mil dólares, era decididamente cara demais para mim. Entendo um pouco de carros usados e, a meu ver, ela valia, no máximo, 40 mil dólares. Mas o vendedor não cedeu. Uma semana depois, quando ele me ligou dizendo que eu poderia levar o carro por 40 mil, fechei o negócio. No dia seguinte, parei em um posto de gasolina. O dono do posto veio falar comigo e me ofereceu 53 mil em dinheiro pelo carro. Recusei, agradecendo. Somente no caminho para casa é que me dei conta de quão irracional havia sido meu comportamento. Eu deveria ter vendido na hora uma coisa que, a meus olhos, valia no máximo 40 mil e de repente passou a valer 53 mil depois de se tornar minha. O erro por trás do meu comportamento chama-se efeito dotação [*endowment effect*]. Damos mais valor ao que possuímos do que ao que não possuímos. Em outros termos: quando vendemos alguma coisa, cobramos mais por ela do que nós próprios pagaríamos se fôssemos comprá-la.

O psicólogo Dan Ariely realizou o seguinte experimento: sorteou entre seus alunos ingressos para um jogo de basquete importante. Depois, perguntou àqueles que não haviam sido sorteados quanto estariam dispostos a pagar por um ingresso. A maioria pagaria 170 dólares. Depois, perguntou aos alunos sorteados por quanto estariam dispostos a vender seu ingresso. A média do preço de venda ficou em torno de 2.400 dólares. Aparentemente, o simples fato de possuir alguma coisa lhe agrega valor.

No mercado imobiliário, o efeito dotação é claramente aplicado. De maneira sistemática, o vendedor superestima o valor de sua casa em relação ao mercado. Com frequência, o preço de mercado parece injusto ao proprietário, sim, um desaforo — porque ele possui um vínculo emocional com sua casa. Um eventual comprador deve pagar por essa mais-valia emocional — o que, obviamente, é um absurdo.

Charlie Munger, braço direito de Warren Buffett, conhece o efeito dotação por experiência própria. Quando jovem, recebeu a oferta de um investimento bastante lucrativo. Infelizmente, naquele momento, já tinha investido tudo, ou seja, não tinha dinheiro à disposição. Teria de vender uma de suas participações para entrar no novo investimento, mas não o fez. O efeito dotação o impediu. Assim, Munger deixou que lhe escapasse um lucro de mais de 5 milhões de dólares, simplesmente por não ter conseguido se desvencilhar de um único investimento.

Ao que parece, desapegar-se é mais difícil do que acumular. Isso explica não apenas por que entulhamos nossas casas de tranqueiras, mas também por que é tão raro que aficcionados por selos, relógios ou obras de arte troquem ou vendam seus objetos de coleção.

Surpreendentemente, o efeito dotação enfeitiça não apenas a propriedade, mas também a quase propriedade. Casas de leilões como a Christie's e a Sotheby's vivem disso. Quem faz lances até o fim tem a sensação de que a obra de arte (quase) já lhe pertence. De modo análogo, para o futuro comprador, o objeto cobiçado ganha valor. De repente, ele está disposto a pagar um preço mais elevado do que se propôs. A saída da competição entre lançadores é sentida como perda — contra toda razão. Por isso, em grandes leilões, por exemplo, de direitos de prospecção ou de frequências de telefonia móvel, geralmente se chega à maldição do vencedor [*winner's curse*]: quem vence mostra-se como um perdedor econômico, pois pagou um valor mais alto do que o item realmente valia. Falarei mais sobre a maldição do vencedor em outro capítulo.

Se você se candidatar a um trabalho e não o conseguir, terá todas as razões para ficar decepcionado. Se chegar à última fase da seleção e for dispensado, sua decepção será ainda maior — sem razão. Conseguir ou não o trabalho não deveria ter importância.

Moral da história: não se apegue demais às coisas. Veja o que você já tem como algo que lhe foi transferido provisoriamente pelo "universo" — sabendo que tudo pode ser tomado de você a qualquer momento.

24

A inevitabilidade de acontecimentos improváveis

Coincidência

No dia 1º de março de 1950, às 19h15, 15 membros do coro da igreja de Beatrice, em Nebraska, deveriam encontrar-se para o ensaio. Por diversas razões, todos se atrasaram. A família do pastor chegou atrasada porque a mulher ainda teve de passar o vestido da filha; um casal não conseguiu chegar na hora porque o carro não queria pegar; o pianista bem que queria ter chegado meia hora antes, mas acabou pegando no sono depois do jantar e assim por diante. Às 19h25, a igreja explodiu. Pôde-se ouvir o estouro em toda a cidadezinha. As paredes voaram pelos ares, e o telhado desabou no mesmo instante. Como por milagre, ninguém morreu. O comandante do corpo de bombeiros atribuiu a explosão a um vazamento de gás. Porém, os membros do coro estavam convencidos de que tinham recebido um sinal divino. Mão de Deus ou coincidência?

Por alguma razão, na semana passada não pude deixar de me lembrar de Andreas, meu ex-colega de escola, com quem eu não tinha contato havia muito tempo. De repente, tocou o telefone. Era justamente esse Andreas. "Deve ser telepatia!", exclamei com um toque de entusiasmo. Telepatia ou coincidência?

No dia 5 de outubro de 1990, o *San Francisco Examiner* relatou que a empresa Intel processaria a concorrente AMD. A Intel descobrira que a AMD planejava lançar um chip com o nome AM386, denominação que, aparentemente, inspirava-se no Intel 386. O interessante é como a Intel descobriu isso: por coincidência, ambas as empresas haviam contratado duas pessoas chamadas Mike Webb. Os dois Mike Webbs fizeram check-in no mesmo dia e no mesmo hotel na Califórnia. Depois que ambos fizeram o check-out, o hotel recebeu uma encomenda para um tal de Mike Webb. A encomenda, que continha a documentação confidencial do chip AM386, foi enviada por engano pelo hotel ao Mike Webb da Intel, que imediatamente encaminhou o conteúdo ao departamento jurídico da empresa.

Qual a probabilidade de essas histórias ocorrerem? O psiquiatra suíço C. G. Jung via nisso o efeito de uma força desconhecida, que ele chamou de sincronicidade. Como uma pessoa esclarecida aborda essas histórias? De preferência com uma folha de papel e um lápis. Tomemos o primeiro caso, o da explosão da igreja. Desenhemos quatro campos para as quatro possíveis combinações. O primeiro campo é o caso apresentado: "coro atrasa-se e igreja explode". Mas ainda há três combinações possíveis: "coro atrasa-se e igreja não explode", "coro não se atrasa e igreja explode" e "coro não se atrasa e igreja não explode". Escreva nos campos as frequências estimadas. Pense em quantas vezes o último caso já aconteceu: diariamente, em milhões de igrejas, um coro ensaia no horário marcado, e a igreja não explode. De repente, a história da explosão nada mais tem de extraordinário. Ao contrário, seria improvável se, com tantos milhões de igrejas, não acontecesse uma vez no século um evento como esse. Portanto, nada de mão de Deus. Além do mais, por que Deus iria querer mandar uma igreja pelos ares? Que Deus mais paradoxal para querer se comunicar desse modo!

O mesmo se pode dizer em relação ao telefonema. Considere as muitas situações em que Andreas pensa em você e não liga; em que você pensa em Andreas e ele não liga; nas quais ele liga e você não estava pensando nele; nas quais você liga e ele não estava pensando em você; e nos momentos quase infinitos em que você não está pensando nele e ele não liga. Como as pessoas passam 90% do seu tempo pensando em outras, seria improvável nunca acontecer de duas pessoas pensarem uma na outra e uma delas pegar o telefone para ligar. Acrescente-se a isso o fato de que não necessariamente vá ser Andreas. Se você tiver outros cem conhecidos, a probabilidade aumenta ao fator 100.

Moral da história: acasos improváveis são justamente isto — embora raros, são acontecimentos totalmente possíveis. Não é surpreendente que ocorram. Surpreendente seria se nunca ocorressem.

25

A calamidade da conformidade
Pensamento de grupo

Alguma vez você já deixou de dar sua opinião em uma reunião? Com certeza. Você nada diz e só concorda com a cabeça; afinal, não quer ser o (eterno) desmancha-prazeres. Além disso, talvez você não esteja totalmente seguro de sua opinião divergente, e os outros, unânimes na deles, tampouco são tolos. Desse modo, você fica calado. Quando todos agem assim, surge o pensamento de grupo: um grupo de pessoas inteligentes toma decisões absurdas porque cada um ajusta sua própria opinião ao suposto consenso. Dessa forma, entram em vigor decisões que, individualmente, cada membro do grupo rejeitaria em circunstâncias normais. O pensamento de grupo é um caso especial de prova social, erro de pensamento que tratamos em um capítulo precedente.

Em março de 1960, o serviço secreto americano começou a preparar exilados cubanos anticomunistas para empregá-los contra o regime de Fidel Castro. Dois dias após tomar posse, em janeiro de 1961, o presidente Kennedy foi informado pelo serviço secreto do plano também secreto de invadir Cuba. No início de abril de 1961, deu-se o encontro decisivo na Casa Branca. Kennedy e todos os seus conselheiros concordaram com o plano de invasão. Em 17 de abril de 1961, uma brigada de 1.400 cubanos exilados desembarcou com o auxílio da Marinha dos Estados Unidos, da Força Aérea e da CIA na Baía dos Porcos, na costa meridional de Cuba. Objetivo: derrubar o governo de Fidel Castro. Nada funcionou como planejado. No primeiro dia, nem um único navio chegou à costa com provisões. Os dois primeiros foram capturados pela força aérea cubana, e os dois seguintes deram meia-volta e fugiram. Um dia depois, a brigada já tinha

A arte de pensar claramente

sido completamente cercada pelo exército de Fidel Castro. No terceiro dia, os 1.200 soldados sobreviventes foram conduzidos a prisões de guerra.

A invasão de Kennedy à Baía dos Porcos é considerada um dos maiores fiascos da política externa americana. O surpreendente não é a invasão ter dado errado, mas um plano tão absurdo ter sido traçado. Todas as suposições que falavam em favor dessa invasão estavam erradas. Por exemplo, subestimou-se completamente a capacidade da força aérea cubana. Ou então se contou com o fato de que, em caso de emergência, a brigada dos 1.400 cubanos exilados conseguiria esconder-se nas montanhas Escambray, para de lá preparar uma guerrilha contra Fidel Castro. Uma olhada no mapa de Cuba teria mostrado que o local de fuga fica a 150 quilômetros da Baía dos Porcos e que, entre ambos, há um pântano intransponível. No entanto, Kennedy e seus conselheiros estavam entre os homens mais inteligentes que um governo americano jamais reuniu. O que deu errado entre janeiro e abril de 1961?

O professor de psicologia Irving Janis estudou muitos fiascos. Entre eles, há o seguinte em comum: membros de um grupo coeso desenvolvem um espírito de corpo ao construir ilusões. Inconscientemente. Uma dessas ilusões é a crença na invulnerabilidade: "Se nosso líder (nesse caso, Kennedy) e o grupo estiverem convictos de que o plano irá funcionar, então a sorte estará do nosso lado." Há também a ilusão de unanimidade: "Se todos os outros são da mesma opinião, minha opinião divergente deve estar errada." E ninguém quer ser o desmancha-prazeres que acaba com a unanimidade. Por fim, fica-se feliz de pertencer a um grupo. Ressalvas poderiam significar a expulsão dele.

O pensamento de grupo também ocorre na economia. Um exemplo clássico é o colapso da Swissair, em 2001, quando um grupo coeso de conselheiros em torno do antigo CEO, levados pela euforia de êxitos passados, construiu um consenso tão forte que opiniões divergentes em relação a uma estratégia de expansão altamente arriscada nem chegaram a ser expressas.

Moral da história: sempre que você se encontrar em um grupo coeso e com um forte consenso, não deixe de exprimir sua opinião — mesmo que ela não seja ouvida de bom grado. Questione as suposições tácitas. Em caso extremo, você correrá o risco de ser expulso do caloroso ninho do grupo. E, se for o líder de um grupo, determine alguém para ser o advogado do diabo. Ele não será a pessoa mais amada no time. Mas talvez seja a mais importante.

26

Por que os prêmios se tornam cada vez maiores

Negligência com a probabilidade

Dois jogos de azar: no primeiro, você pode ganhar 10 milhões de dólares; no segundo, 10 mil. Em qual você vai jogar? Se ganhar no primeiro, sua vida vai mudar: poderá pendurar as chuteiras e, a partir de então, viver só dos rendimentos. Se levar a bolada no segundo jogo, poderá passar umas belas férias no Caribe, nada mais. A probabilidade de ganhar no primeiro jogo é de uma a cada 100 milhões; no segundo, uma a cada 10 mil. Então, qual você escolhe? Nossas emoções nos atraem para o primeiro jogo, embora o segundo, visto objetivamente, seja dez vezes melhor. Eis por que a moda de prêmios cada vez maiores — milhões, bilhões, trilhões —, não importa quão ínfimas forem as chances de ganhar.

Em um estudo clássico de 1972, os participantes de um experimento de laboratório foram divididos em dois grupos. Àqueles do primeiro grupo foi dito que receberiam um choque elétrico. No segundo grupo, o perigo de levar um choque era de apenas 50%, ou seja, a metade. Os pesquisadores mediram a tensão corporal (frequência cardíaca, nervosismo, suor nas mãos e assim por diante) pouco antes do momento mencionado. O resultado foi surpreendente: não houve diferença. Os participantes de ambos os grupos experimentais estavam igualmente tensos. Por essa razão, os pesquisadores reduziram a probabilidade de um impulso de corrente no segundo grupo de 50% para 20%, depois para 10% e para 5%. Resultado: ainda nenhuma diferença! Contudo, quando os pesquisadores aumentaram a *intensidade* do impulso de corrente esperado, a tensão corporal aumentou nos dois grupos. Mas nunca houve uma diferença entre ambos. Isso significa que provavelmente reagimos à *extensão* esperada de um evento (total do prêmio e, respectivamente, intensidade da tensão elétrica), mas não à sua probabilidade. Em outros termos: falta-nos uma compreensão intuitiva para probabilidades.

Fala-se de negligência com a probabilidade [*neglect of probability*], que conduziria a vieses de decisão. Investimos em uma start-up porque o possível lucro nos deixa tentados, mas nos esquecemos (ou somos preguiçosos demais para nos lembrar) de determinar a probabilidade com a qual empresas jovens obtêm um lucro como esse. Ou então: após uma catástrofe aérea relatada por todos os meios de comunicação de massa, perdemos a passagem de avião que havíamos comprado, sem realmente levar em conta a ínfima probabilidade da queda de um avião (que, aliás, após uma catástrofe, é exatamente tão grande ou tão pequena quanto antes dela).

Muitos dos que investem por hobby comparam seus investimentos apenas com base nos rendimentos. Para eles, uma ação do Google com um rendimento de 20% é duas vezes melhor que um imóvel com uma renda de 10%. Mais razoável seria, obviamente, levar em conta os diferentes riscos desses dois investimentos. Mas, justamente, não temos nenhuma sensibilidade natural para riscos, por isso muitas vezes nos esquecemos deles.

Voltemos ao experimento de laboratório com os choques elétricos. A probabilidade de um impulso de corrente no grupo B foi novamente reduzida: de 5% para 4% e, depois, para 3%. Somente com a probabilidade de 0% o grupo B reagiu de modo diferente do grupo A. Portanto, o risco de 0% parece muito melhor do que o de 1%.

Avalie duas medidas para o tratamento da água potável. Um rio tem dois afluentes, *a* e *b*, igualmente caudalosos. Na medida A, o risco de morrer por causa da água poluída do afluente *a* cai de 5% a 2%. Com a medida B, o risco com o afluente *b* cai de 1% a zero, ou seja, é completamente eliminado. A ou B?

Se você responder como a maioria das pessoas, dará preferência à medida B — o que não faz sentido, porque com a medida A morrerão 3% menos pessoas, enquanto com a B, apenas 1% menos. A medida A é três vezes melhor! Esse erro de pensamento é chamado de viés de risco zero [*zero-risk bias*]. Ele será discutido no próximo capítulo.

A moral da história é que identificamos mal diferentes riscos, a não ser que ele seja zero. Como só compreendemos os riscos intuitivamente, temos de calcular. Quando as probabilidades são conhecidas — como na loteria —, isso é fácil. Contudo, na vida normal, é difícil avaliar os riscos — e, no entanto, não é possível fugir deles.

27

Por que você paga caro demais pelo risco zero

Viés de risco zero

Suponhamos que você seja obrigado a jogar roleta-russa. O tambor do seu revólver tem capacidade para seis balas. Você gira o tambor como uma roda da fortuna, mantém o revólver junto da testa e aperta o gatilho. Primeira pergunta: se você soubesse que há quatro balas no tambor, quanto estaria disposto a pagar para tirar duas das quatro balas de dentro dele? Segunda pergunta: se soubesse que o revólver contém apenas uma bala, quanto daria para poder tirar essa única bala?

Para a maioria das pessoas, o caso não deixa dúvidas: estão prontas a pagar mais no segundo caso, pois, assim, o risco de vida cairia a zero. Do ponto de vista puramente aritmético, isso não faz nenhum sentido, pois, no primeiro caso, você reduziria a probabilidade de morte em dois sextos e, no segundo, em apenas um sexto. Portanto, o primeiro caso deveria valer duas vezes mais para você. Entretanto, alguma coisa nos leva a superestimar o risco zero.

As pessoas têm muita dificuldade para distinguir entre dois riscos diferentes. Quanto mais grave o perigo, quanto mais emocional o tema (por exemplo, a radioatividade), tanto menos a redução do risco nos tranquiliza. Dois pesquisadores da Universidade de Chicago demonstraram que as pessoas temem exatamente na mesma proporção a poluição por substâncias químicas tóxicas, pouco importando se o risco for de 99% ou 1%. Uma reação irracional, mas comum. Ao que parece, apenas o risco zero é perfeito para nós. Ele nos atrai para a luz como se fôssemos insetos, e, muitas vezes, estamos dispostos a investir uma enorme soma de dinheiro a fim de eliminar completamente um ínfimo risco residual. Em quase todos os casos, esse dinheiro seria mais bem investido se visasse à redução bem maior de outro risco. Esse viés de decisão é chamado de viés de risco zero [*zero-risk bias*].

O exemplo clássico desse viés de decisão é a lei americana de 1958, referente aos alimentos. Ela proíbe gêneros alimentícios que contenham substâncias cancerígenas. À primeira vista, essa proibição total (risco zero) parece boa, mas conduziu ao fato de que outras substâncias perigosas que não são cancerígenas fossem utilizadas. Essa proibição também não faz sentido porque, desde Paracelso, ou seja, desde o século XVI, sabemos que veneno é sempre uma questão de dosagem. Por fim, de todo modo, não é factível impor uma lei como essa, pois não se pode tirar de um alimento a última e mais remota molécula "proibida". Toda propriedade rural equivaleria a uma fábrica de chips para computador, e o preço dos alimentos com esse grau de pureza centuplicaria. Do ponto de vista da macroeconomia, o risco zero raramente faz sentido. A não ser quando as consequências são muito grandes (por exemplo, caso um vírus perigoso possa sair de um laboratório).

No trânsito, só é possível atingir o risco zero se reduzirmos o limite de velocidade a zero quilômetro por hora. Nesse caso, aceitamos — com sensatez — um número de mortos por ano claramente determinável do ponto de vista estatístico.

Suponhamos que você seja chefe de Estado e queira eliminar o risco de um ataque terrorista. A cada cidadão, você teria de destinar um espião, e a cada espião, outro espião. Em pouco tempo, 90% da população seria composta de sentinelas. Sabemos que sociedades como essas não conseguem sobreviver.

E na bolsa de valores? Existe risco zero, ou seja, segurança total? Infelizmente não, mesmo quando você vende suas ações e deposita o dinheiro em uma conta. O banco poderia falir, a inflação poderia devorar suas economias ou uma reforma monetária poderia acabar com seu patrimônio. Não podemos esquecer que, no último século, a Alemanha introduziu por duas vezes uma nova moeda.

Moral da história: dê adeus à ideia do risco zero. Aprenda a conviver com o fato de que nada é seguro — nem suas economias, nem sua saúde, nem seu casamento, nem suas amizades, nem suas inimizades, tampouco seu país. E console-se com o fato de que ainda existe algo que é bastante estável: a própria felicidade. Pesquisas demonstraram que, a longo prazo, ganhar milhões na loteria ou ficar paraplégico não altera sua satisfação com a vida. Pessoas felizes permanecem felizes, independentemente do que lhes ocorra, e as infelizes permanecem infelizes.

28

Por que o último biscoito do pote deixa você com água na boca

Viés da escassez

Café na casa de uma amiga. Seus três filhos corriam e brincavam enquanto tentávamos conversar. Então me lembrei de que tinha trazido bolinhas de gude — um saquinho cheio delas. Despejei-as no chão, na esperança de que, com elas, os pestinhas passassem a brincar em silêncio. Longe disso, na mesma hora começou uma briga intensa. Não entendi o que estava acontecendo até observar melhor. Aparentemente, havia entre as incontáveis bolinhas uma única azul, e as crianças passaram a disputá-la. Todas as bolinhas tinham exatamente o mesmo tamanho, eram igualmente bonitas e brilhantes. Mas a azul tinha uma vantagem decisiva: era rara. Dei risada. Como as crianças são bobas!

Em agosto de 2005, quando fiquei sabendo que o Google iria lançar um serviço próprio de e-mail, que seria "muito seletivo" e concedido apenas "por convite", fiquei obcecado para receber um, o que, por fim, acabei conseguindo. Mas por que essa obsessão? Certamente não porque eu precisasse de outra conta de e-mail (na época, eu já tinha quatro), tampouco porque o Gmail era melhor do que os produtos concorrentes, mas simplesmente porque nem todos tinham acesso a ele. Ao fazer uma retrospectiva, sou obrigado a rir. Como os adultos são bobos!

Rara sunt cara, diziam os romanos, as raridades são valiosas. De fato, o viés da escassez é tão antigo quanto a humanidade. A segunda ocupação de uma amiga com três filhos é a de corretora imobiliária. Sempre que identifica um interessado que não consegue se decidir, liga para ele e diz: "Um médico de Londres viu a propriedade ontem. Está muito interessado. E o senhor?" Obviamente, o médico de Londres — às vezes ela diz "professor universitário" ou "banqueiro" — é pura invenção. Seu efeito, porém, é bastante real, ele faz o interessado fechar negócio. Por quê? Mais uma vez, a potencial escassez da oferta. Do ponto de vista objetivo, não dá para entender, pois ou o interessado quer a propriedade pelo preço combinado, ou não a quer — independentemente de qualquer "médico de Londres".

Para avaliar a qualidade de um biscoito, o professor Stephen Worchel dividiu alguns consumidores experimentais em dois grupos. O primeiro recebeu uma caixa inteira de biscoitos. O segundo, apenas dois. Os consumidores com apenas dois biscoitos lhes atribuíram uma qualidade consideravelmente superior do que o primeiro grupo. Essa experiência foi repetida várias vezes, e o resultado foi sempre o mesmo.

"Somente enquanto durar nosso estoque!", diz a propaganda. "Só hoje!", exclama o cartaz, sinalizando a escassez temporal. Os donos de galerias sabem que é vantagem colocar embaixo de boa parte dos quadros um ponto vermelho, o que significa que a maioria já foi vendida. Colecionamos selos, moedas ou carros antigos — embora já não tenham nenhuma utilidade. Nenhuma agência dos correios aceita selos antigos, nenhuma loja aceita moedas como o táler, o Kreuzer ou o Heller, e os carros de outra época já não podem circular. Não tem problema; o importante é que são escassos.

Pediu-se a estudantes universitários que ordenassem dez pôsteres por atratividade — como recompensa, foi prometido que iriam poder ficar com um deles. Cinco minutos mais tarde, foram informados de que o terceiro pôster mais votado já não estava disponível. Em seguida, deu-se a desculpa de que deveriam julgar todos os dez pôsteres novamente. De repente, o pôster que já não estava disponível foi classificado como o mais bonito. A ciência chama esse fenômeno de *reatância*: tomam de nós uma opção, e reagimos julgando como mais atrativa a opção que se tornou impossível. Uma espécie de reação ressentida que, em psicologia, também é chamada de "efeito Romeu e Julieta": o amor dos dois trágicos adolescentes de Shakespeare é tão intenso porque é proibido. Nesse caso, o desejo não precisa, necessariamente, ser do tipo romântico: nos Estados Unidos, uma festa de estudantes significa, sobretudo, embriagar-se terrivelmente — pois a lei proíbe o consumo de álcool para menores de 21 anos.

Moral da história: nossa reação típica à escassez é a perda do pensamento claro. Por isso, só julgue uma coisa com base no preço e na utilidade. Se um bem for escasso ou não, se algum "médico de Londres" também estiver interessado, isso não deve ter nenhuma importância.

# 29

Quando você ouvir um tropel, não espere ver uma zebra

Negligência com a taxa-base

Markus é um homem magro, que usa óculos e gosta de ouvir Mozart. O que é mais provável? A) Markus é motorista de caminhão ou B) Markus é professor de literatura em Frankfurt. A maioria escolhe a alternativa B. Um erro. Há 10 mil vezes mais caminhoneiros na Alemanha do que professores de literatura em Frankfurt. Por essa razão, é muito mais provável que Markus seja um motorista de caminhão — mesmo que goste de ouvir Mozart. O que aconteceu? A descrição precisa nos seduz a desviar o olhar frio da verdade estatística. A ciência chama esse erro de pensamento de negligência com a taxa-base [*base-rate neglect*]. A negligência com a taxa-base está entre um dos erros de pensamento mais comuns. Praticamente todos os jornalistas, economistas e políticos o cometem com regularidade.

Segundo exemplo: em uma briga com facas, um jovem é ferido mortalmente. O que é mais provável? A) O assassino é um bósnio que importa facas de combate ilegalmente ou B) o assassino é um jovem alemão de classe média. A essa altura, você já deve saber qual é a argumentação: a resposta B é muito mais provável, pois na Alemanha há muito mais jovens alemães do que importadores de facas bósnios.

Na medicina, a negligência com a taxa-base desempenha um papel importante. Por exemplo, a enxaqueca pode significar uma infecção viral ou um tumor cerebral. Infecções virais são muito mais frequentes (taxa-base mais elevada) do que tumores cerebrais. Portanto, inicialmente o médico chega à suposição provisória de que se trata não de um tumor, mas de um vírus, o que é bastante sensato. Durante o curso de medicina, o esforço é grande para treinar os médicos em formação a não se deixarem levar pela negligência com a taxa-base. A frase-padrão inculcada a todo médico iniciante nos Estados Unidos diz: "Quando você ouvir um tropel, não espere ver uma zebra, pois supostamente deve ser um cavalo." O que significa: considerem primeiro as probabilidades de base antes de partirem para um prognóstico de doenças mais raras. Infelizmente, os médicos fazem parte da única profissão que se beneficia de um treinamento de taxa-base [*base rate*].

De vez em quando vejo jovens empresários com projetos de negócios ambiciosos e não raro fico entusiasmado com seus produtos, suas ideias e suas personalidades. Frequentemente me pego pensando: este poderia ser o próximo Google! Mas uma reflexão sobre a taxa-base me traz de volta à realidade. A probabilidade de uma empresa sobreviver aos cinco primeiros anos é de 20%. Qual a probabilidade de ela se tornar uma multinacional em seguida? Quase zero. Certa vez, Warren Buffett explicou por que não investe em empresas de biotecnologia: "Quantas dessas empresas têm um faturamento de mais de 100 milhões de dólares? Isso simplesmente não acontece... O cenário mais provável é que essas empresas encalhem em algum ponto no meio do caminho." Este é um claro pensamento de taxa-base.

Suponhamos que, em um restaurante, você tenha de adivinhar por meio de degustação de que país vem determinado vinho. A etiqueta da garrafa está coberta. Caso você — como eu — não seja nenhum conhecedor de vinhos, apenas um olhar intelectual poderá ajudá-lo nas taxas-base. Por experiência, você sabe que cerca de três quartos dos vinhos do cardápio desse estabelecimento são de origem francesa. Portanto, é razoável que você escolha a França, mesmo que suponha um toque chileno ou californiano.

De vez em quando tenho a questionável honra de falar a alunos do curso de administração de empresas. Quando pergunto aos jovens sobre seus objetivos de carreira, a maioria responde que, a médio prazo, se vê na diretoria de uma multinacional. Na minha época, e até comigo mesmo, não era diferente. Felizmente, não aconteceu nada disso. Para mim, minha missão é dar aos estudantes um curso rápido de taxa-base: "A probabilidade de chegar à diretoria de uma grande empresa com um diploma desta escola é menor do que 1%. Não importa quão inteligente ou esforçado você seja; o cenário mais provável é que você não passe de uma diretoria de nível médio." Olhos arregalados se voltam para mim e imagino ter contribuído para amortecer futuras crises de meia-idade.

30

Por que a chamada "força do universo" é uma bobagem

Falácia do jogador

No verão de 1913, aconteceu algo inacreditável em Monte Carlo. No cassino, as pessoas se apertavam ao redor da roleta, pois não acreditavam no que estavam vendo. A bolinha já caíra vinte vezes seguidas na casa preta. Muitos jogadores aproveitaram a oportunidade e apostaram no vermelho. Mas novamente deu preto. Mais pessoas se aglomeraram e investiram seu dinheiro no vermelho. Afinal, uma hora a mudança teria de acontecer! Mas deu novamente preto. E mais uma vez, e mais outra. Somente na 27ª vez a bolinha finalmente caiu na casa vermelha. A essa altura, os jogadores já tinham gastado seus milhões em apostas. Estavam falidos.

O quociente médio de inteligência dos estudantes de uma cidade grande é de 100. Para uma análise, você seleciona uma amostra de cinquenta estudantes. A primeira criança que você testa tem um QI de 150. Qual será o QI médio dos seus cinquenta estudantes? A maioria das pessoas a quem faço essa pergunta responde 100. De algum modo, elas pensam que o estudante muito inteligente que testei no início será contrabalançado por um estudante muito burro, com um QI de 50 (ou por dois estudantes com um QI de 75). Só que, com uma amostra tão pequena, isso é muito improvável. Deve-se contar com o fato de que os outros 49 estudantes correspondem à média da população e de que, portanto, têm um QI de 100. Quarenta e nove vezes um QI de 100 e uma vez um QI de 150 dá como resultado um QI médio de 101 na amostra.

Os exemplos de Monte Carlo e da amostra de estudantes comprovam: as pessoas acreditam em uma força compensatória por parte do destino. Fala-se aqui da falácia do jogador [*gambler's fallacy*]. No entanto, em acontecimentos independentes, não existe nenhuma força compensatória. Uma bolinha não pode se lembrar de quantas vezes foi parar na casa preta. Um amigo faz tabelas elaboradas com todos os números sorteados na loteria. Ao preencher os jogos, evita marcar os números menos sorteados. Só que todo esse trabalho é inútil — falácia do jogador.

A seguinte piada ilustra a falácia do jogador: a cada voo que faz, um matemático leva uma bomba em sua bagagem de mão. "A probabilidade de haver uma bomba no avião é muito pequena", diz ele, "e a probabilidade de haver *duas* bombas é quase zero!".

Uma moeda é lançada três vezes, e nas três vezes dá cara. Suponhamos que alguém o obrigue a apostar mil dólares do seu próprio dinheiro no próximo lançamento. Você apostaria em cara ou coroa? Se responder como a maioria das pessoas, apostará em coroa, embora cara seja igualmente provável — é a conhecida falácia do jogador.

Uma moeda é lançada cinquenta vezes, e nas cinquenta vezes dá cara. Novamente, alguém o obriga a apostar mil dólares. Cara ou coroa para o próximo lançamento? Esperto como é, você sorri, pois já leu o capítulo até aqui e sabe que não depende disso. Mas essa é a deformação clássica do matemático de profissão. Se você tiver bom senso, por certo irá apostar em cara, pois simplesmente terá de supor que a moeda está viciada.

Em outro capítulo tratamos da regressão à média. Por exemplo, se você testemunhou um recorde de frio no local onde vive, nos próximos dias provavelmente a temperatura irá subir. Se o tempo fosse um cassino, haveria 50% de probabilidade de a temperatura cair e 50% de probabilidade de ela subir. Mas o tempo não é um cassino. Reações complexas fazem com que valores extremos voltem a se compensar. Contudo, em outros casos, o extremo se intensifica: os ricos tendem a ficar cada vez mais ricos. Uma ação que sobe rapidamente obtém uma demanda própria até certo ponto, simplesmente porque se destaca em relação às demais — uma espécie de efeito invertido de compensação.

Moral da história: observe atentamente se o que você tem à sua frente são acontecimentos dependentes ou independentes — estes existem apenas no cassino, na loteria e nos livros teóricos. Na vida real, geralmente os acontecimentos são interdependentes — o que já aconteceu tem uma influência sobre o que acontecerá no futuro. Portanto, esqueça a força compensatória do destino (exceto nos casos de regressão à média).

31

Por que a roda da fortuna vira nossa cabeça

A âncora

Em que ano Martinho Lutero nasceu? Caso você não saiba de cor e seu smartphone tenha ficado sem bateria, como faz para sabê-lo? Talvez você saiba que, em 1517, Lutero afixou suas teses na igreja de Wittenberg. Na época, ele certamente tinha mais de, digamos, 20 anos, mas também era jovem o suficiente para esse ato corajoso. Após a publicação das teses, foi intimado a ir a Roma, acusado de heresia e, por fim, excomungado. Traduziu a *Bíblia* e caiu nas garras da política. Ainda viveu um bom tempo após 1517; por conseguinte, em 1517 devia ter cerca de 30 anos. Assim, 1487 não é uma estimativa ruim para o ano de seu nascimento. (Resposta correta: 1483.) Como você procedeu? Você tinha uma âncora em que se segurar — ou seja, o ano de 1517 — e se orientou a partir dela.

Sempre que fazemos alguma estimativa — o comprimento do rio Reno, a densidade demográfica da Rússia, o número de usinas nucleares na França — empregamos o uso da âncora. Pegamos algo conhecido e, a partir dele, nos arriscamos em algo desconhecido. De que outra maneira poderíamos realizar uma estimativa? Simplesmente colhendo um número no ar? Não seria nada sensato.

Ingenuamente, também lançamos a âncora onde ela não pode se fixar. Tome como exemplo um professor universitário que colocou uma garrafa de vinho desconhecido sobre a mesa. Pediu às pessoas na sala que escrevessem em uma folha de papel os últimos dois algarismos do número do seu seguro social e refletissem sobre se estariam dispostas a pagar esse número em dólares pela garrafa de vinho. Em seguida, a garrafa foi leiloada. As pessoas com os números mais elevados ofereceram quase o dobro do que as pessoas com números menores. O número do seguro social funcionou como âncora — infelizmente de modo inconsciente e enganoso.

O psicólogo Amos Tversky montou uma roda da fortuna e pediu que os participantes de um experimento a girassem. Em seguida, perguntou-lhes quantos Estados eram membros da ONU. Pessoas para as quais a roda parou em um número elevado deram uma quantidade maior de Estados membros do que aquelas para as quais a roda parou em um número menor.

Os pesquisadores Russo e Shoemaker perguntaram a estudantes universitários em que ano Átila, rei dos hunos, sofreu sua derrota esmagadora na Europa. Como no experimento com os números do seguro social, os participantes ancoraram-se nos dois últimos algarismos de seu número de telefone. O resultado foi idêntico: pessoas com números de telefone maiores apostaram em anos maiores — e vice-versa. (Caso lhe interesse, a resposta no caso de Átila é 453.)

Em outro experimento, estudantes universitários e profissionais do ramo imobiliário foram conduzidos por uma casa e, por fim, incumbidos de estimar seu valor. Anteriormente, lhes havia sido comunicado um "preço de venda listado" (gerado ao acaso). Como era de se esperar, os estudantes — portanto, não profissionais — deixaram-se influenciar pela âncora. Quanto mais elevado o preço da lista, tanto mais caro avaliaram o imóvel. E os profissionais do ramo imobiliário? Teriam eles conseguido fazer um julgamento independente? Não, também se deixaram influenciar na mesma medida pela âncora estabelecida arbitrariamente. Quanto mais indefinível for o valor de um objeto — imóvel, empresa, obra de arte — tanto mais suscetíveis são os próprios profissionais à âncora.

Basta haver âncoras para que nos agarremos a elas. Comprovou-se cientificamente que, caso um professor saiba as notas anteriores de determinado aluno, ele é influenciado por elas para avaliar seu último trabalho. Os boletins anteriores atuam como âncoras. Mesmo o "preço sugerido" impresso em muitos produtos nada mais é do que uma âncora. Profissionais de venda sabem que precisam estabelecer uma âncora bem antes de fazer uma oferta.

Na juventude, trabalhei em uma empresa de consultoria. Meu antigo chefe era um verdadeiro profissional da âncora. Já na primeira conversa com o cliente, ele estabelecia uma âncora que, de maneira quase criminal, estava muito além dos custos internos: "Só para que o senhor não se surpreenda, meu caro cliente, caso venha a receber alguma oferta: fizemos um projeto semelhante para um de seus concorrentes, e esse projeto ficou na casa dos 5 milhões de dólares." Âncora estabelecida. As negociações de preço começavam exatamente na casa dos 5 milhões.

32

Como fazer com que as pessoas percam seus milhões

A indução

Um ganso é alimentado. No início, o animal medroso hesita e pensa: "Por que essas pessoas estão me alimentando? Deve haver alguma coisa por trás disso." Passam-se semanas, mas todos os dias o camponês passa por ele e lança grãos aos seus pés. Aos poucos, sua dúvida cede. Após alguns meses, o ganso chega à certeza: "Essas pessoas são profundamente bem-intencionadas comigo!" — uma certeza que se reconfirma e até se consolida a cada dia. Totalmente convencido da bondade do camponês, o ganso se espanta quando este o busca em seu recinto no dia de Natal — e o abate. O ganso de Natal tornou-se vítima do pensamento indutivo. Já no século XVIII, David Hume advertira quanto à indução, utilizando justamente esse exemplo. Mas não só os gansos são suscetíveis a ela. Todos nós temos a tendência a deduzir certezas universalmente válidas a partir de observações individuais. Isso é perigoso.

Um investidor comprou a ação X. A cotação sobe como um foguete. No começo, ele fica em dúvida. "Com certeza é uma bolha", pensa. Quando a ação continua a subir depois de meses, sua suspeita se torna certeza. "Esse título não pode mais cair" — sobretudo porque, a cada dia, esse conhecimento se reconfirma. Após meio ano, ele investe todas as suas economias nessa única ação. Agora ele corre um risco acumulado. Tornou-se vítima da indução e, em algum momento, irá pagar por ela.

Também é possível tirar proveito do pensamento indutivo. Segue uma dica de como você pode ganhar dinheiro. Mande 100 mil prognósticos da bolsa de valores. Para a primeira metade dos e-mails, prognostique que a cotação irá subir no próximo mês e, para a outra metade, advirta de que haverá um retrocesso. Suponhamos que, após um mês, os índices caiam. Então, volte a mandar um e-mail; porém, desta vez apenas para as 50 mil pessoas às quais você fez uma previsão correta (de que a cotação iria cair). Divida novamente essas 50 mil pessoas em dois grupos. À primeira metade, escreva que, no próximo mês, as cotações irão subir, e à segunda metade, que irão cair, e assim por diante. Após dez meses, restarão cem pessoas que você terá aconselhado corretamente. Do ponto de vista dessas cem pessoas, você é um herói. Você provou que realmente possui uma capacidade profética de fazer prognósticos. Alguns desses fãs irão lhe confiar seu patrimônio. Com o dinheiro, fuja para o Brasil.

Não são apenas os outros que se deixam enganar dessa forma; nós também nos enganamos. Pessoas que raramente ficam doentes se consideram imortais. Um CEO que por muitos trimestres seguidos pode divulgar um aumento de lucros considera-se infalível — e seus colaboradores e acionistas fazem o mesmo.

Eu tinha um amigo que era *base jumper*. Ele pulava de rochas, torres de transmissão e prédios, e só no último momento puxava a cordinha do paraquedas. Certa vez, quando lhe falei a respeito do risco de seu esporte, ele respondeu: "Já tenho mais de mil saltos nas costas. Nunca aconteceu nada." Dois meses depois de nossa conversa, ele morreu. Morreu na África do Sul ao pular de uma rocha especialmente perigosa. Uma única observação contrária para derrubar uma teoria confirmada mil vezes.

Portanto, o pensamento indutivo pode ter consequências devastadoras — no entanto, é impossível que não ocorra. Partimos do princípio de que as leis aerodinâmicas também funcionarão no dia seguinte, quando entrarmos no avião. Contamos com o fato de que não seremos espancados sem motivo na rua, de que nosso coração continuará batendo amanhã. Essas são certezas sem as quais não poderíamos viver. Precisamos da indução, mas nunca podemos esquecer que todas as certezas são sempre temporárias. Como é mesmo que Benjamin Franklin dizia? "Nada é certo, só a morte e os impostos."

A indução pode ser tentadora: "A humanidade sempre conseguiu; portanto, nós também venceremos os desafios futuros." Soa bem, mas o que não levamos em conta é que essa afirmação só pode ser feita por uma espécie que sobreviveu até agora. Aceitar o fato de existirmos como indicação de que continuaremos a existir no futuro é um grave erro de pensamento. Supostamente o mais grave de todos.

33

Por que o mal impressiona mais que o bem

Aversão à perda

Em uma escala de 1 a 10, pense em como se sente hoje. Acrescente a isso duas perguntas: o que aumentaria sua felicidade ao grau 10? Talvez um apartamento na Côte d'Azur, para passar as férias, com o qual você já sonha faz tempo? Um passo adiante na carreira? Em segundo lugar, o que poderia acontecer para sua felicidade diminuir pelo menos na mesma medida? Paraplegia, Alzheimer, câncer, depressão, guerra, fome, tortura, ruína financeira, destruição da sua boa reputação, perda do seu melhor amigo, sequestro dos seus filhos, cegueira, morte? Você acaba constatando que o *downside* é maior do que o *upside*, ou seja, que há mais coisa ruim do que coisa boa. Em nosso passado evolucionário, era o que acontecia de um jeito ainda mais marcante. Um erro tolo e morria-se. Todas as possibilidades levavam alguém a ser eliminado do "jogo da vida" — falta de atenção na caça, um tendão inflamado, a expulsão do grupo. Pessoas desatentas ou que corriam muitos riscos morriam antes de poder passar seus genes para a geração seguinte. Os que restavam, os cuidadosos, sobreviviam. Somos seus descendentes.

Não é de admirar o fato de darmos mais valor às perdas do que aos ganhos. Se você perde cem dólares, a quantidade de felicidade que essa perda lhe custa é maior do que o ganho, caso eu lhe dê de presente cem dólares. Está empiricamente comprovado que, do ponto de vista emocional, uma perda pesa cerca do dobro de um ganho da mesma proporção. A ciência chama isso de aversão à perda.

Se quiser convencer alguém, não use em seu argumento um possível ganho, e sim como evitar uma possível perda. O exemplo, nesse caso, pode ser o de uma campanha para a detecção precoce do câncer de mama nas mulheres. Dois prospectos diferentes foram enviados. O prospecto A argumentava: "Faça o exame anual do câncer de mama. Assim, um possível câncer pode ser descoberto a tempo e removido." Prospecto B: "Se você não fizer o exame anual do câncer de mama, correrá o risco de um possível câncer não ser descoberto a tempo de ser removido." Em cada prospecto havia um número de telefone para mais informações. A avaliação comprovou: as leitoras do prospecto B ligavam mais.

O medo de perder alguma coisa motiva mais as pessoas do que o pensamento de ganhar alguma coisa de igual valor. Suponhamos que você produza material de isolamento para imóveis. Seus clientes estarão mais dispostos a isolar a própria casa se você lhes disser quanto dinheiro poderiam *perder* com um isolamento deficiente do que se disser o quanto poderiam economizar com um bom isolamento. Mesmo que a quantia seja exatamente a mesma.

O mesmo jogo ocorre na bolsa de valores: investidores tendem a não reconhecer as perdas; ao contrário, preferem aguardar e torcer para que suas ações se recuperem. Uma perda não reconhecida ainda não é uma perda. Portanto, eles não vendem suas ações, mesmo quando a perspectiva de recuperação é pequena e a probabilidade de outro declínio na cotação é grande. Certa vez conheci um homem multimilionário que estava extremamente preocupado porque havia perdido uma nota de cem dólares. Que desperdício de emoções! Dirigi sua atenção para o fato de que o valor de seus títulos oscilava pelo menos cem dólares a cada segundo.

Caso tenham uma responsabilidade individual e não tomem decisões em grupo, colaboradores tendem a temer os riscos. De seu posto de comando, isso faz sentido: por que arriscar alguma coisa que, na melhor das hipóteses, lhes proporcionaria um belo bônus, mas em caso contrário lhes custaria o cargo? Em quase todas as empresas e em quase todos os casos o risco da carreira supera o possível ganho. Portanto, se você, como diretor, se queixa que seus colaboradores não estão preparados para assumir riscos, agora você já sabe por que isso acontece. Por causa da aversão à perda.

Não há como mudar: o mal é mais forte do que o bem. Reagimos com maior sensibilidade às coisas negativas do que às positivas. Um semblante hostil na rua chama mais rapidamente nossa atenção do que um amigável. Um comportamento ruim permanece por mais tempo em nossa memória do que outro bom. Há exceções, claro, que é quando se trata de nós mesmos.

34

Por que equipes são preguiçosas
Preguiça social

Maximilian Ringelmann, engenheiro francês, examinou em 1913 o desempenho de cavalos. Descobriu que o desempenho de dois animais de tração, atrelados juntos a um coche, não era duas vezes maior do que o de um único cavalo. Surpreso com esse resultado, expandiu sua pesquisa aos seres humanos. Fez vários homens puxarem um cabo e mediu a força que cada um desenvolvia. Em média, cada pessoa que puxou o cabo em dupla investiu apenas 93% da energia de um único puxador. Quando puxavam em três, o resultado era de 85%, e em oito pessoas, apenas 49%.

Além dos psicólogos, esse resultado não surpreende ninguém. A ciência chama esse efeito de preguiça social [*social loafing*]. Ela surge quando o desempenho do indivíduo não é visível diretamente, mas se dilui no grupo. Existe preguiça social entre remadores, mas não entre corredores de revezamento, pois, nesse caso, as contribuições de cada um são manifestas. A preguiça social é um comportamento racional: por que investir toda a força se também consigo o mesmo com a metade dela e não sou notado? Em resumo, preguiça social é uma forma de enganação da qual todos somos culpados. Na maioria das vezes, sem intenção. A enganação ocorre de maneira inconsciente — como entre os cavalos.

Não é surpresa que o desempenho individual regrida quanto mais pessoas puxarem uma corda. O que surpreende é que não caia a zero. Por que não se entregar à preguiça total? Pois o desempenho zero chamaria a atenção — com todas as consequências, como expulsão do grupo ou difamação. Desenvolvemos um senso refinado para perceber até que grau a preguiça permanece invisível.

Por que equipes são preguiçosas

A preguiça social ocorre não apenas em desempenhos físicos. Também a empregamos mentalmente, por exemplo, em reuniões. Quanto maior a equipe, mais fraca nossa participação individual — o que faz com que o desempenho atinja determinado nível com certo número de participantes no grupo e não continue a se reduzir a partir desse número. Se o grupo for composto de vinte ou cem pessoas, já não fará diferença, pois o grau máximo de preguiça terá sido alcançado.

Até esse ponto, não há o que discutir. Mas de onde vem a afirmação, reiterada há tantos anos, de que é melhor lutar em grupo do que sozinho? Talvez do Japão. Há trinta anos os japoneses inundam os mercados mundiais com seus produtos. Administradores de empresas consideraram com atenção o milagre industrial e perceberam que as fábricas japonesas eram organizadas em equipes. E se copiou exatamente esse modelo — com resultado misto. O que no Japão funcionava muito bem (minha tese: a preguiça social praticamente não ocorre por lá) não podia ser repetido na mesma medida com os americanos e europeus, que pensam de outro modo. Pelo menos por aqui, as equipes são comprovadamente melhores quando compostas por pessoas, se possível, diferentes e especializadas. Faz sentido, pois nesses grupos os desempenhos individuais podem ser atribuídos aos especialistas.

A preguiça social tem efeitos interessantes. Em grupo, não apenas nos contemos em relação a nosso desempenho, como também em relação a nossa responsabilidade. Ninguém quer ser culpado dos resultados ruins. Um exemplo flagrante foram os processos de Nuremberg contra os nazistas. Exemplos menos explosivos existem em qualquer conselho administrativo de empresa ou equipe administrativa. Escondemo-nos atrás das deliberações do grupo. O conceito técnico para tanto é a "difusão da responsabilidade".

Pela mesma razão, grupos tendem a correr riscos maiores do que indivíduos. Esse efeito é chamado de *risky shift*, ou seja, um deslocamento para o risco. Discussões em grupo levam comprovadamente a decisões mais arriscadas do que se as pessoas as tivessem tomado sozinhas. "Não vou levar toda a culpa se não der certo." O *risky shift* é perigoso entre equipes de estrategistas de empresas e fundos de pensão quando há milhões em jogo, ou no exército, quando equipes decidem sobre o uso de bombas atômicas.

Moral da história: quando estão em grupos, as pessoas se comportam de modo diferente do que quando estão sozinhas (do contrário, não haveria grupos). As desvantagens dos grupos podem ser mitigadas sobretudo quando fazemos com que os desempenhos individuais sejam visíveis. Viva a meritocracia! Viva a sociedade do desempenho pessoal!

35

Surpreendido por uma folha de papel

Crescimento exponencial

Um pedaço de papel é dobrado no meio, depois novamente dobrado no meio e assim por diante. Qual será sua espessura depois de cinquenta dobras? Escreva sua estimativa antes de continuar a leitura.

Segunda pergunta. Você pode escolher: a) Nos próximos trinta dias, vou lhe dar de presente mil dólares por dia. b) Nos próximos trinta dias, vou lhe dar um centavo no primeiro dia, dois centavos no segundo, quatro centavos no terceiro, oito centavos no quarto e assim por diante. Decida sem calcular muito: a ou b.

Já se decidiu? Muito bem: suponhamos que uma folha de papel tenha um décimo de milímetro de espessura; depois de dobrada cinquenta vezes, sua espessura terá 100 milhões de quilômetros. Isso corresponde mais ou menos à distância entre a Terra e o Sol, conforme você poderá facilmente calcular em sua calculadora. Na segunda pergunta, vale a pena apostar na alternativa B, ainda que a A soe mais atrativa. Se você escolher a A, após trinta dias terá ganhado 30 mil dólares; se escolher a B, mais de 5 milhões.

Compreendemos o crescimento linear de maneira intuitiva. No entanto, não temos nenhuma sensibilidade para o crescimento exponencial (ou porcentual). Por que não? Porque o passado evolucionário não nos preparou para isso. Em sua maior parte, as experiências de nossos antepassados eram de tipo linear. Quem investia o dobro do tempo em coleta, colhia o dobro da quantidade de frutos. Quem caçava dois mamutes de uma vez em vez de apenas um tinha o dobro do tempo para consumi-los.

Quase não há exemplo da Idade da Pedra em que os seres humanos tivessem deparado com o crescimento exponencial. Hoje é diferente.

Um político diz: "O número de acidentes de trânsito cresce 7% a cada ano." Sejamos sinceros: intuitivamente, não entendemos esse dado. Por isso, vale a pena lançar mão de um truque: em quanto tempo o número de acidentes duplica? Divida o número 70 pela taxa de crescimento em porcentagem. No caso mencionado dos acidentes de trânsito: 70 : 7 = 10 anos. Portanto, o que o político diz é o seguinte: "O número de acidentes de trânsito duplica a cada dez anos." Bastante alarmante. Você pode se perguntar: "por que 70?" Isso tem a ver com um conceito matemático chamado logaritmo. Você pode ler mais sobre isso em Notas e referências.

Outro exemplo: "A inflação é de 5%." Quem ouve essa informação pensa: "Não é tão ruim; afinal, o que são 5%?" Calculemos rapidamente o tempo de duplicação: 70 : 5 = 14 anos. Em 14 anos, um dólar terá apenas a metade do valor — um escândalo para todos que possuem uma poupança.

Suponhamos que você seja jornalista e lhe passem uma estatística, segundo a qual o número de cães registrados em sua cidade cresce 10% ao ano. Que manchete colocará sobre seu artigo? Certamente não: "Registro de cães sobe 10%." Isso não interessa a ninguém. Mas sim: "Invasão de cães: o dobro de cães em apenas sete anos!"

Nada do que cresce porcentualmente cresce para sempre — e os políticos, os economistas e os jornalistas também se esquecem disso. Em algum momento, todo crescimento exponencial chega a um limite — isso é garantido. A bactéria intestinal *Escherichia coli* divide-se a cada vinte minutos. Em poucos dias, ela teria coberto a terra inteira. No entanto, consumiria mais oxigênio e açúcar do que é fornecido, o que logo refrearia o crescimento da sua população.

Na Pérsia antiga já se conhecia o fato de nosso cérebro ter dificuldade com o crescimento porcentual. É de lá que vem o seguinte conto: Era uma vez um cortesão inteligente que deu de presente a seu rei um tabuleiro de xadrez. O rei perguntou-lhe: "Diga-me o que posso fazer para lhe agradecer." "Tenho um único desejo, nobre soberano: que possais preencher o tabuleiro inteiro com arroz. Colocai um grão de arroz no primeiro campo e, depois, em cada campo seguinte, sempre o dobro de grãos. Portanto, dois grãos de arroz no segundo campo, quatro no terceiro e assim por diante." O rei ficou surpreso: "És honrado, caro cortesão, por manifestares um desejo tão modesto." Quanto arroz seria necessário? O rei provavelmente pensou em uma pequena saca. Na verdade, teria precisado de mais arroz do que se produz na Terra.

Moral da história: quando se trata de taxas de crescimento, não confie na sua sensibilidade. Você não tem nenhuma — aceite esse fato. O que realmente lhe ajudará é a calculadora ou, para taxas de crescimento pequenas, o truque do tempo da duplicação.

36

Quanto você pagaria por um dólar?

Maldição do vencedor

Texas, anos 1950. Um pedaço de terra é leiloado. Dez companhias petrolíferas fazem suas ofertas. Cada uma fez sua própria estimativa de quanto petróleo o terreno contém. A estimativa mais baixa beira a casa dos 10 milhões de dólares, e a mais alta, a dos 100 milhões. Quanto mais o preço sobe durante o leilão, mais empresas se despedem da concorrência de lances. Por fim, a empresa com a maior oferta arremata o terreno. Foi a única que restou e, assim, venceu. Rolhas de champanhe estouram.

A maldição do vencedor diz: geralmente, o vencedor em um leilão é o verdadeiro perdedor. Analistas de indústrias constatam que as empresas que costumam sair vencedoras de leilões no ramo petrolífero pagaram, sistematicamente, caro demais e, anos depois, faliram. É compreensível. Se as estimativas variavam entre 10 e 100 milhões, provavelmente o valor real ficava em algum ponto entre ambos. Com frequência, nos leilões, a maior oferta é sistematicamente elevada demais — a menos que o lançador tenha uma informação privilegiada. Não era o que acontecia no Texas na época. Na verdade, os empresários do petróleo comemoravam uma vitória de Pirro.*

Onde estão os campos de petróleo hoje? Por toda parte. Do eBay, passando pelo Groupon até o Google AdWords — quase sempre os preços são estabelecidos através de leilões. Há concorrência de lances por frequências de telefonia móvel que levaram as empresas de telecomunicações à

---

* Vitória em que as perdas são maiores que os ganhos. (N.E.)

beira da ruína. Aeroportos alugam suas áreas comerciais em processo de leilão. E se a Aldi quiser lançar no mercado um novo sabão em pó e cobrar ofertas de compra de cinco fornecedores, isso nada mais é do que um leilão — com o risco da maldição do vencedor.

Nesse meio-tempo, graças à internet, o "leilão de cada dia" também chegou aos artesãos. Meu apartamento precisava de uma pintura nova. Em vez de ligar para o melhor pintor em Lucerna, anunciei minha necessidade na internet, onde trinta candidatos da Suíça inteira e da Alemanha brigavam pelo encargo. A melhor oferta era tão baixa que, por compaixão, não aceitei — para poupar o pobre pintor da maldição do vencedor.

Os lançamentos de novas emissões no mercado de ações também são leilões, pelos quais se pagam preços exagerados. E quando as empresas compram outras empresas — as chamadas Mergers & Acquisitions —, a maldição do vencedor está em jogo de diversas maneiras. Mais da metade de todas as aquisições de empresas aniquilam o valor, e isso significa simplesmente que sua compra não valeu nem um pouco a pena.

Por que nos tornamos vítimas da maldição do vencedor? De um lado, porque o verdadeiro valor de um bem é indeterminado. Quanto mais partidos, tanto maior a probabilidade de um lance superotimista. De outro, porque queremos superar os concorrentes. Um amigo é proprietário de uma fábrica de microantenas. Ele me contou a respeito de uma concorrência de lances nefasta que a Apple promove para o iPhone. Todo o mundo quer ser o "fornecedor oficial" da Apple — e quem conseguir vencer a concorrência seguramente perderá dinheiro.

Quanto você pagaria por 100 dólares? Imagine que você e seu concorrente foram convidados para um leilão desse tipo. As regras do jogo: quem fizer a maior oferta recebe a nota de 100; e, o que é importante, nesse momento, ambos os lançadores devem pagar sua última oferta. Até onde você iria? Do seu ponto de vista, faz sentido pagar 20, 30 ou 40 dólares pela nota de 100. Obviamente, seu concorrente pensa da mesma forma. Até mesmo 99 dólares é uma oferta razoável. Mas então seu concorrente oferece 100 dólares. Se essa permanecesse a maior oferta, ele sairia do leilão sem ganhar nada (100 dólares por 100 dólares), mas você teria de pagar 99 dólares (sua última oferta) — sem contrapartida. Então, você continua a fazer lances. Aos 110 você certamente terá um prejuízo de 10 dólares, mas seu concorrente perderá 109 (a última oferta dele). Então, será ele a continuar a fazer lances. Quando você para? Onde seu concorrente desiste? Faça esse jogo com seus amigos.

Siga a dica de Warren Buffett: "Nunca participe de leilões." Impossível, você trabalha em um ramo em que os leilões são inevitáveis? Então estabeleça um preço máximo e desconte dele 20% para o efeito da maldição do vencedor. Escreva esse valor em uma folha de papel e atenha-se firmemente a ele.

37

Nunca pergunte a um escritor se seu romance é autobiográfico

Erro fundamental de atribuição

Você abre o jornal e lê que um CEO qualquer teve de deixar o cargo devido à má administração. No caderno de esportes, fica sabendo que seu time favorito tornou-se campeão por causa do jogador X ou do treinador Y. "Não há história sem rosto", diz uma regra nas redações dos jornais. Os jornalistas (e seus leitores) são culpados pelo erro fundamental de atribuição. Ele designa a tendência a superestimar sistematicamente a influência de pessoas e a subestimar fatores externos e situacionais quando se trata de esclarecer alguma coisa.

Em 1967, pesquisadores da Duke University realizaram o seguinte experimento: um orador proferia um discurso inflamado favorável a Fidel Castro. Os sujeitos experimentais eram informados de que o orador havia sido encarregado de fazer o discurso independentemente de sua visão política; ele apenas faria a leitura do texto que lhe fora apresentado. Não obstante, a maioria dos leitores achou que o discurso refletia a opinião do orador. Responsabilizaram sua personalidade pelo conteúdo do discurso, e ignoraram os fatores externos, ou seja, os professores universitários que colocaram o discurso em sua boca.

O erro fundamental de atribuição ganha efeito sobretudo em acontecimentos negativos. Sempre jogamos a "culpa" por alguma guerra em cima de alguém — Hitler é culpado pela Segunda Guerra Mundial; o autor do atentado a Sarajevo, pela Primeira. E isso embora as guerras sejam acontecimentos que não podem ser prognosticados, cuja dinâmica até hoje não entendemos — o que une as guerras a mercados financeiros e a questões climáticas.

Portanto, buscamos a causa de um andamento bom ou ruim dos negócios primeiramente junto ao diretor da empresa. Mesmo que, na verdade, tenhamos de saber que o sucesso econômico depende muito mais da situação econômica geral e da atratividade do ramo do que da excelência técnica da administração. É interessante notar com que frequência os CEOs são substituídos em uma área que se encontra em crise — e quão raramente isso acontece em uma área próspera. As decisões não são nem um pouco mais racionais do que no caso de técnicos de futebol e seus clubes.

Vou com frequência a concertos. Como morador de Lucerna, fui mal-acostumado a um tipo único de oferta de música clássica na cidade. As conversas no intervalo giram quase sempre em torno dos regentes e/ou solistas. Com exceção das estreias, dificilmente se fala da composição. Por que será? Afinal, a verdadeira maravilha da música é a composição, a criação das afinações onde antes só havia uma folha em branco. A diferença entre uma partitura e outra é mil vezes mais impressionante do que a diferença entre uma interpretação e outra. No entanto, não percebemos dessa forma. Ao contrário dos regentes e/ou solistas, a partitura não tem rosto.

Como escritor, sinto o erro fundamental de atribuição da seguinte maneira, após uma leitura (por si só, uma ousadia questionável), a primeira pergunta sempre é, inexoravelmente: "O que há de autobiográfico em seu romance?" Minha vontade é de gritar no meio da roda que "não se trata de mim, e sim do livro, do texto, da linguagem, da verossimilhança da história, caramba!". Infelizmente, raras são as vezes em que minha educação me permite uma explosão como essa.

Além disso, é preciso ter compreensão pelo viés fundamental de atribuição. A preocupação insana com outras pessoas vem de nosso passado evolucionário. Pertencer a um grupo era uma questão de sobrevivência. Ser expulso do grupo significava morte certa. Procriação, defesa e a maior parte da caça eram atribuições impossíveis para uma única pessoa. Precisávamos dos outros para tê-las. Os solitários que se perdiam pelo caminho — e dos quais certamente existiram alguns exemplares — desapareceram do patrimônio genético. Por isso temos uma fixação tão grande pelas pessoas. Por isso pensamos cerca de 90% do nosso tempo em pessoas e empregamos apenas 10% dele em contextos situacionais.

Moral da história: por mais que o espetáculo da vida nos fascine, as pessoas no palco não são personalidades completas e autodeterminadas, mas vacilam de situação para situação. Se você realmente quiser entender a peça que acaba de ser encenada, preste atenção não em quem a representa, e sim na dança das influências a que os atores estão submetidos.

38

Por que você não deve acreditar na cegonha

Falsa causalidade

Para os habitantes das Hébridas, arquipélago da Escócia, ter piolhos fazia parte da vida. Quando os piolhos deixavam seu hospedeiro, este adoecia e ficava com febre. Por isso, para espantar a febre, colocavam-se propositadamente piolhos nos cabelos de pessoas doentes. Ao que parecia, o resultado dava razão aos hebridenses. Assim que os piolhos se aninhavam, o paciente começava a melhorar.

Uma investigação do corpo de bombeiros em uma cidade mostrou que os prejuízos causados por incêndios estavam correlacionados ao número de bombeiros em serviço. Quanto mais bombeiros à disposição, maior o prejuízo. O prefeito decretou imediatamente a suspensão do recrutamento e enxugou o orçamento.

Essas duas histórias foram tiradas do livro *Der Hund, der Eier legt* [O cão que põe ovos] e mostram o equívoco entre causa e consequência. Os piolhos deixam o doente porque ele está com febre, pois ela esquenta as patas dos piolhos. Depois que a febre passa, eles voltam com prazer. E, quanto maior o incêndio, mais bombeiros são empregados — obviamente não o contrário.

Gostaríamos de sorrir satisfeitos com essas histórias, mas a falsa causalidade nos induz quase diariamente ao erro. Tomemos a seguinte manchete: "Boa motivação dos colaboradores leva a um lucro maior nas empresas." Será mesmo? Ou será que os colaboradores ficam mais motivados porque a empresa está indo bem? Autores de livros de economia e consultores costumam operar com causalidades falsas — ou, pelo menos, incertas.

Por que você não deve acreditar na cegonha

Nos anos 1990, não havia ninguém mais sagrado do que o ex-presidente do Banco Central norte-americano, Alan Greenspan. Suas manifestações obscuras conferiam à política monetária a aura de uma ciência secreta, que manteria o país no caminho seguro da prosperidade. Políticos, jornalistas e líderes econômicos endeusavam Greenspan. Hoje sabemos que os comentaristas tornaram-se vítimas de uma falsa causalidade. A simbiose da América com a China — o produtor mundial a baixo custo e credor das dívidas americanas — desempenhou um papel maior. Expresso de maneira exagerada, Greenspan simplesmente teve sorte de a economia ter funcionado bem em sua época.

Outro exemplo diz respeito ao fato de os cientistas terem constatado que longas internações eram desvantajosas para o paciente. Uma boa notícia para todas as empresas de seguro-saúde, às quais interessa manter seus assegurados o menor tempo possível no hospital. Mas é óbvio que os pacientes que logo recebem alta são mais saudáveis do que aqueles que precisam ficar internados por mais tempo. Mas isso não significa que a longa internação não fosse boa para a saúde.

Ou então considere a manchete "A ciência comprova: mulheres que usam diariamente o xampu XYZ têm cabelos mais fortes". A relação até pode ser reforçada cientificamente, mas nada significa. Menos ainda que o xampu XYZ fortalece os cabelos. É igualmente plausível que mulheres com cabelos fortes tenham tendência a usar o xampu XYZ (talvez porque em sua embalagem esteja escrito "especialmente para cabelos fortes").

Recentemente li que estudantes provenientes de lares com muitos livros obtêm notas melhores. Esse estudo fez com que pais comprassem livros como loucos. Um bom exemplo de falsa causalidade. A verdade é que pais cultos tendem a dar mais importância à formação de seus filhos do que pais com pouca cultura. E pais cultos tendem a ter mais livros em casa do que os menos cultos. Não são os livros que determinam, e sim o grau de formação dos pais — e seus genes.

O melhor exemplo de falsa causalidade é a relação entre a diminuição da taxa de natalidade e a queda no número de casais de cegonhas na Alemanha. Traçando-se as linhas evolutivas de ambas as reduções entre 1965 e 1987, percebe-se que elas quase se sobrepõem perfeitamente. Então é verdade que é a cegonha que traz os bebês? Provavelmente não, pois essa é uma mera correlação casual, e por certo não uma causalidade.

Moral da história: relação não é causalidade. Observe bem. Às vezes a flecha da influência corre justamente na direção contrária. E, às vezes, não existe flecha alguma — como no caso das cegonhas e dos bebês.

39

Por que pessoas atraentes têm mais facilidade para crescer na carreira

Efeito halo

A empresa Cisco, do Vale do Silício, foi a queridinha da era na "nova economia". De acordo com a concepção dos jornalistas de economia, ela simplesmente fazia tudo certo. Tinha o melhor foco no cliente, uma estratégia perfeita, grande habilidade para conquistar clientes, cultura empresarial peculiar, CEO carismático. Em março de 2000, a Cisco era a empresa mais valiosa do mundo.

No ano seguinte, quando as ações da Cisco perderam 80% do valor, os mesmos jornalistas criticaram a empresa por razões exatamente contrárias: foco ruim no cliente, estratégia indefinida, inabilidade para conquistar a clientela, cultura empresarial fraca, CEO inexpressivo. E isso embora nem a estratégia nem o CEO tenham mudado. A demanda havia caído — mas isso nada tinha a ver com a Cisco.

Segundo o efeito halo, deixamo-nos ofuscar por um aspecto e, a partir dele, deduzimos a imagem completa. Fala-se aqui em "halo" no sentido de círculo luminoso em torno de uma figura sagrada. No caso da Cisco, ele brilha com especial intensidade. Os jornalistas deixaram-se ofuscar pela cotação das ações e deduziram as qualidades internas da empresa, sem examiná-la mais de perto.

O efeito halo funciona sempre da mesma forma, a partir de fatos fáceis de serem percebidos ou especialmente marcantes, como a situação financeira de uma empresa. Deduzimos, de maneira automática, características difíceis de serem analisadas, como o bom desempenho da administração ou a excelência de uma estratégia. Assim, tendemos a perceber como de grande qualidade produtos de um fabricante com boa reputação, mesmo quando para tanto não existam razões objetivas. Ou então, se CEOs são bem-sucedidos em determinada área, supõe-se que serão igualmente bem--sucedidos em todas as outras, e até mesmo que devam ser heróis na vida privada.

O psicólogo Edward Lee Thorndike descobriu o efeito halo há quase cem anos. Uma única qualidade em uma pessoa (por exemplo, a beleza, o status social, a idade) produz uma impressão positiva ou negativa que "ofusca" todo o restante e, assim, influencia a impressão total de modo desproporcional. A beleza é o exemplo mais pesquisado. Um grande número de estudos comprovou que consideramos pessoas bonitas automaticamente mais simpáticas, mais honestas e mais inteligentes. Pessoas atraentes também fariam carreira com mais facilidade — e isso, no caso das mulheres, nada tem a ver com o mito de "ir para a cama com o chefe para subir na carreira". O efeito já é comprovado em escolas, onde, inconscientemente, os professores dão notas mais altas para alunos com boa aparência.

A publicidade conhece bem o efeito halo. Em conformidade com ela, muitas personalidades sorriem nos outdoors. Por que um tenista profissional deve ser um especialista em máquinas de café não é compreensível do ponto de vista racional, mas não causa nenhum prejuízo ao sucesso da propaganda. O lado pérfido do efeito halo é justamente o fato de ele permanecer inconsciente.

O maior mal causado por esse efeito se dá quando a origem, o sexo ou a raça tornam-se uma característica dominante que ofusca todas as outras qualidades da pessoa. Nesse caso, falamos de estereotipagem. Não é preciso ser racista nem sexista para tornar-se sua vítima. O efeito halo perturba nossa visão, assim como a de jornalistas, professores e consumidores.

Ocasionalmente, o efeito halo também tem boas consequências — pelo menos a curto prazo. Alguma vez você já se apaixonou completamente? Então sabe quanto um halo pode brilhar. A pessoa idolatrada por você parece perfeita, atraente, inteligente, simpática e calorosa acima da média. Mesmo quando seus amigos apontam o dedo indicador a defeitos evidentes, você nada vê além de caprichos adoráveis.

Moral da história: o efeito halo nos impede de enxergar as verdadeiras qualidades. Olhe melhor ao seu redor. Exclua a característica que se destaca. Orquestras de nível internacional fazem isso ao pedir que os candidatos toquem atrás de uma tela. Assim, evitam que o sexo, a raça ou a aparência influenciem sua avaliação. Aos jornalistas de economia recomendo que não avaliem uma empresa com base nos números trimestrais (isso a bolsa de valores já faz), e sim pesquisem mais a fundo. Nem sempre o que virá à luz será bom. Mas às vezes será instrutivo.

40

Parabéns! Você ganhou na roleta-russa

Caminhos alternativos

Você se encontra com um oligarca russo um pouco fora da sua cidade, em um bosque. O oligarca trouxe consigo uma mala e um revólver. A mala está abarrotada de dólares — no total, 10 milhões em notas ordenadamente contadas. No tambor do revólver há uma única bala; as outras cinco câmaras estão vazias. "Que tal uma roleta-russa?", pergunta o oligarca. "Você aperta uma vez o gatilho, e a mala com todo o conteúdo é sua." Você reflete. Dez milhões têm uma profunda influência em sua vida. Nunca mais trabalhar! Finalmente você poderá colecionar carros esportivos em vez de selos.

Suponhamos que você aceite o desafio, coloque o cano do revólver na têmpora e aperte o gatilho. Você ouve um leve "clique" e sente a adrenalina inundar seu corpo. Nenhum tiro sai da arma. Você sobreviveu. Pega o dinheiro, constrói uma mansão enorme no bairro mais bonito da cidade, irritando, assim, os vizinhos.

Um desses vizinhos, cuja casa agora está à sombra da sua, é um advogado importante. Ele trabalha 12 horas por dia, trezentos dias por ano. Seus honorários são consideráveis, mas não incomuns, 500 dólares por hora. Em suma, ele pode economizar meio milhão por ano. De vez em quando, você o cumprimenta de sua propriedade e sorri acenando para ele. Ele terá de trabalhar por vinte anos para chegar ao seu patamar.

Suponhamos que, após vinte anos, seu esforçado vizinho tenha de fato economizado 10 milhões com seu trabalho. Sua mansão pode ser vista ao lado da sua. Um jornalista passa por ali e faz uma reportagem sobre os moradores "abastados" do bairro — e acrescenta fotos das construções lu-

Parabéns! Você ganhou na roleta-russa

xuosas e das moças que você e seu vizinho conquistaram além das mansões. Ele escreve sobre a arquitetura interna e o refinamento do desenho dos jardins. Contudo, a diferença decisiva entre vocês dois, o risco que se esconde por trás de cada um dos 10 milhões, permanece oculta. Para tanto, ele teria de conhecer os caminhos alternativos — e nisso não apenas os jornalistas, mas todos nós somos ruins.

O que são caminhos alternativos? Tudo que poderia igualmente ter acontecido, mas não aconteceu. Na roleta-russa, quatro caminhos alternativos teriam levado ao mesmo resultado (10 milhões de dólares de lucro) e um quinto caminho teria levado à morte — uma enorme diferença. No caso do advogado, os possíveis caminhos estão muito mais próximos uns dos outros. Em uma cidade pequena, talvez ele ganhasse apenas 200 dólares por hora. No centro de Hamburgo e tendo grandes bancos como clientes, talvez 800. Porém, diferente de você, não existe nenhum caminho alternativo que pudesse ter feito o advogado perder seu patrimônio ou a própria vida.

Caminhos alternativos são invisíveis, por isso raramente pensamos neles. Quem especula com *junk bonds*, opções e *credit default swaps* e ganha milhões com eles nunca deveria esquecer que, ao mesmo tempo, está arrastando consigo uma porção de caminhos alternativos perigosos, que levam diretamente à ruína. Dez milhões obtidos com um risco tão grande valem menos do que 10 milhões acumulados durante anos de trabalho árduo. Por mais que um contador afirme que 10 milhões são 10 milhões.

Em um de nossos jantares, Nassim Taleb sugeriu jogar uma moeda para decidir quem ia pagar a conta. Ele teve que pagar. Fiquei em uma situação desconfortável, pois ele estava visitando a Suíça. Eu disse: "Da próxima vez, sou eu que vou pagar, não importa se aqui ou em Nova York." Ele refletiu por um momento e retrucou: "Considerando os caminhos alternativos, na verdade você já pagou metade deste jantar."

Moral da história: o risco nunca é diretamente identificável. Por isso, pense sempre na aparência dos seus caminhos alternativos. Leve menos a sério os êxitos obtidos através de caminhos alternativos do que aqueles que você alcançou através de um caminho "monótono" (por exemplo, com uma profissão árdua como a de advogado, dentista, professor de esqui, piloto de avião ou consultor executivo). Como dizia Montaigne: "Minha vida foi cheia de infortúnios — a maioria deles não aconteceu."

41

Falsos profetas

Ilusão de prognóstico

"**M**udança de regime na Coreia do Norte nos próximos dois anos." "Em breve, os vinhos argentinos serão preferidos aos vinhos franceses." "Em três anos, o Facebook se tornou a principal mídia de entretenimento." "O dólar entrará em colapso." "Passeios no espaço serão possíveis para todos em dez anos." "O petróleo bruto desaparecerá em 15 anos."

Especialistas nos bombardeiam diariamente com seus prognósticos. Até que ponto eles são confiáveis? Até poucos anos atrás, ninguém se dera ao trabalho de examinar sua qualidade. Então apareceu Philip Tetlock.

O professor de Berkeley avaliou 28.361 previsões de um total de 284 especialistas, compreendidas em um período de dez anos. Os prognósticos dificilmente aconteciam com mais frequência do que se tivessem sido produzidos por um gerador aleatório. Como prognosticadores bastante ruins mostraram-se justamente os especialistas com a maior exposição na mídia, sobretudo os profetas do declínio e, entre eles, por sua vez, os representantes dos cenários de desintegração — ainda estamos aguardando a divisão do Canadá, da Nigéria, da China, da Índia, da Indonésia, da África do Sul, da Bélgica e da União Europeia (vale notar que, na Líbia, nenhum especialista pensou).

"Existem dois tipos de pessoas que preveem o futuro, aquelas que nada sabem e aquelas que não sabem que nada sabem", escreveu o economista de Harvard John Kenneth Galbraith, e que por isso passou a ser odiado em sua própria comunidade. O gestor de fundos Peter Lynch expressou-se de modo ainda mais presunçoso: "Há 60 mil economistas nos

Estados Unidos. Muitos deles empregados em tempo integral para tentar prever recessões e taxas de juro; se conseguissem prever corretamente duas vezes seguidas, a esta altura estariam milionários... até onde sei, a maioria ainda depende de um trabalho remunerado." Isso foi há dez anos. Hoje, os Estados Unidos devem empregar três vezes mais economistas — com um efeito nulo na qualidade de prognóstico.

O problema é que os especialistas não pagam preço algum por prognósticos errados — nem em dinheiro, nem perdendo a boa reputação. Se acertam, gozam de publicidade, oportunidades de consultoria e negociações para publicação. De fato, quanto mais previsões gerarem, maior a probabilidade de cada vez mais previsões estarem certas por puro acaso. O ideal seria que se obrigassem os prognosticadores a depositar dinheiro em um "fundo de prognósticos" — digamos mil dólares por previsão. Se o prognóstico se confirmar, o especialista recebe seu dinheiro de volta com juros. Caso contrário, a quantia vai para uma instituição de caridade.

O que pode ser prognosticado e o que não pode? Em um ano, não me enganarei muito na previsão de meu peso. Quanto mais complexo for um sistema e mais longo o horizonte temporal, tanto mais indistinto é o olhar para o futuro. Aquecimento do clima, preço do petróleo ou taxas de câmbio são quase impossíveis de serem previstos. Não se podem absolutamente prognosticar invenções. Se soubéssemos quais tecnologias um dia iriam nos fazer felizes, já as teríamos inventado.

Moral da história: seja crítico em relação aos prognósticos. Treinei-me para adquirir um reflexo em relação a eles — primeiro, sorrio frente a qualquer previsão, não importa quão sombria ela possa parecer. Assim, tiro-lhe a importância. Em seguida, faço-me duas perguntas. Em primeiro lugar, qual o sistema de incentivo do especialista? Se ele for um funcionário, poderia perder o emprego se errasse continuamente? Ou se trata de um guru da moda que se autonomeia como tal e que ganha dinheiro com livros e palestras? Este depende da atenção da mídia, portanto é de se esperar que seus prognósticos sejam sensacionalistas. Em segundo lugar, qual é a taxa de acertos do especialista ou do guru? Quantos prognósticos fizeram nos últimos cinco anos? Quantos deles se confirmaram e quantos não? Meu pedido para a mídia: por favor, não publiquem mais prognósticos sem fornecer o atestado de proficiência dos supostos áugures.

Para terminar, uma citação bastante pertinente de Tony Blair: "Não faço previsões. Nunca as fiz nem nunca as farei."

42

Por que histórias plausíveis podem seduzir

Falácia da conjunção

Klaus tem 35 anos. Desde o ensino médio interessava-se por temas relacionados ao Terceiro Mundo. Após os estudos universitários em filosofia, trabalhou por dois anos na Cruz Vermelha na África Ocidental e, depois, três anos em sua sede, em Genf, onde chegou a chefe de departamento. Em seguida, fez um MBA e escreveu sua tese sobre "A responsabilidade social empresarial". Pergunta: o que é mais provável? A) "Klaus trabalha para um grande banco." B) "Klaus trabalha para um grande banco, onde é responsável pela fundação voltada ao Terceiro Mundo." A ou B?

Se você responder como a maioria das pessoas, escolherá a letra B. Infelizmente, a resposta errada, pois a opção B significa não apenas que Klaus trabalha em um grande banco, mas também que uma condição adicional é cumprida. Entretanto, o número de pessoas que trabalha em uma fundação pertencente a um banco, voltada ao Terceiro Mundo, é uma parte ínfima de todos os bancários. Por isso, a resposta A é muito mais provável. No entanto, o fato de a resposta B lhe parecer mais provável depende da falácia da conjunção. Esse erro de pensamento foi pesquisado por Daniel Kahneman, ganhador do prêmio Nobel, e por Amos Tversky.

Por que caímos na falácia da conjunção? Porque temos uma compreensão intuitiva para histórias "consistentes" ou "plausíveis". Quanto mais convincente, impressionante e vívida é a descrição do voluntário Klaus, tanto maior é o risco do erro de pensamento. Se eu lhe tivesse perguntado: "Klaus tem 35 anos. O que é mais provável? A) Klaus trabalha para um banco. B) Klaus trabalha no 24º andar de um banco em Frankfurt, sala número 57", você não teria caído na falácia de conjunção.

Outro exemplo: o que é mais provável? A) "O aeroporto de Frankfurt está fechado. Os voos foram cancelados." B) "O aeroporto de Frankfurt foi fechado por causa do mau tempo. Os voos foram cancelados." A ou B? Desta vez, com certeza você acertou: A é mais provável, pois B significa que uma condição adicional esteja de acordo, ou seja, o mau tempo. O aeroporto também poderia ter sido fechado devido a uma ameaça de bomba, a um acidente ou a uma greve. Só que essas coisas não nos ocorrem diante de uma história "plausível", pelo menos não quando não somos sensibilizados por elas, como agora. Faça esse teste com seus amigos. Você verá que a maioria escolherá a opção B.

Mesmo os especialistas não estão imunes à falácia da conjunção. Em um congresso internacional de futurologia, realizado em 1982, os profissionais, todos acadêmicos, foram divididos em dois grupos. Ao grupo A, Daniel Kahneman apresentou o seguinte cenário para o ano de 1983: "O consumo de petróleo cai 30%." Ao grupo B, expôs este: "O dramático aumento do preço do petróleo leva a uma redução de 30% em seu consumo." Os participantes tinham de dizer quão provável estimavam "seu" cenário. O resultado foi claro: o grupo B acreditou muito mais no prognóstico apresentado do que o grupo A.

Kahneman partiu do princípio de que há dois tipos de pensamento, um que é intuitivo, automático e imediato; outro que é consciente, racional, lento, trabalhoso e lógico. Infelizmente, o pensamento intuitivo tira conclusões muito antes de o consciente entrar em ação. Foi o que aconteceu, por exemplo, após o atentado ao World Trade Center em 11 de setembro de 2001, quando eu quis contratar um seguro de viagem. Uma empresa esperta fez uso da falácia da conjunção e me ofereceu um "seguro especial contra terrorismo". Embora antigamente os outros seguros cobrissem todas as causas possíveis de acidentes de viagens (inclusive terrorismo), aceitei a oferta. O cúmulo da minha burrice foi que eu estava disposto a pagar mais pelo seguro especializado do que por um seguro de viagem regular, que também cobriria terrorismo.

Moral da história: esqueça a famosa questão sobre "hemisfério esquerdo e direito do cérebro". Muito mais importante é a diferença entre o pensamento intuitivo e aquele consciente. O pensamento intuitivo tem um fraco por histórias plausíveis. Em decisões importantes, você faz bem em não segui-lo.

43

Não é o que você fala, mas como você fala

Enquadramento

"Ei, a lata de lixo está cheia!" ou "Amor, seria muito gentil da sua parte se você pudesse esvaziar rapidinho a lata de lixo". *C'est le ton qui fait la musique* — é o tom que faz a música. O mesmo conteúdo, apresentado de uma ou de outra forma, é recebido de maneira totalmente diferente. No jargão dos psicólogos isso se chama enquadramento [*framing*].

Enquadramento significa: reagimos de maneira diferente à mesma coisa, dependendo de como ela é apresentada. Daniel Kahneman, que em 2002 ganhou o Prêmio Nobel de Economia, e seu colega Amos Tversky conduziram nos anos 1980 um experimento em que apresentavam duas opções de estratégia para lutar contra epidemias. A vida de seiscentas pessoas estava em jogo. "A opção A salva a vida de duzentas pessoas." "Com uma probabilidade de um terço, a opção B salva todas as seiscentas pessoas e, com uma probabilidade de dois terços, não salva ninguém." Embora as opções A e B tenham igual valor (a expectativa é de duzentas pessoas salvas), a maioria dos entrevistados escolheu a opção A — segundo o lema, que citamos em versão livre, mais vale um pássaro na mão do que dois voando. A questão ficou bem interessante quando as mesmas opções simplesmente foram formuladas de maneira diferente: "A opção A *mata* quatrocentas pessoas." "Com uma probabilidade de um terço, a opção B não deixa ninguém *morrer* e, com uma probabilidade de dois terços, faz com que todas as seiscentas pessoas *morram*." Desta vez, apenas uma pequena minoria dos entrevistados escolheu a opção A, e a maioria escolheu a B. Portanto, exatamente o contrário do que na primeira consulta. Dependendo da apresentação linguística — salvar versus morrer —, os entrevistados tomam decisões totalmente diferentes para o mesmo conteúdo.

Em outro exemplo pesquisadores apresentam dois tipos de carne, "99% livre de gorduras" e "1% de gordura". Os entrevistados classificaram a primeira peça de carne como sendo mais saudável, embora ambos os tipos fossem idênticos. Mesmo na escolha entre "98% livre de gorduras" e "1% de gordura", a maioria dos entrevistados optou pela primeira variante — que contém o dobro de gordura.

O embelezamento é uma versão bastante usual de enquadramento. Ações em baixa são chamadas de "correção". O preço de aquisição pago acima de seu valor é chamado de *goodwill* (ou patrimônio de marca). Em qualquer curso de administração aprendemos que um problema não é um "problema", mas uma "oportunidade". Um administrador demitido é alguém que "reorienta" sua vida. Um soldado caído — não importa quanto azar ou quanta tolice tenha levado à sua morte — é um "herói de guerra". Genocídio é "limpeza étnica". O bem-sucedido pouso de emergência no rio Hudson, em Nova York, por exemplo, é comemorado como o "triunfo da aviação". (Melhor dizendo, não seria um triunfo da aviação se não tivesse sido necessário *nenhum* pouso de emergência?)

Alguma vez você já olhou com atenção o prospecto de um produto financeiro — por exemplo, de um ETF,* que é um fundo negociado na bolsa de valores? Muitas vezes, nele está reproduzido o desempenho dos últimos anos. Quantos anos antes? Tantos que possivelmente já se nota uma bela curva crescente. Isso também é enquadramento. Ou então, o mesmo pedaço de pão, *enquadrado* como corpo "simbólico" ou "verdadeiro" de Cristo, pode dividir uma orientação religiosa. Foi o que aconteceu no século XVI.

Também obedecemos às regras do enquadramento quando dirigimos nossa atenção a apenas um ou poucos aspectos do todo. Ao comprar um carro usado, concentramo-nos, por exemplo, na quilometragem, mas não no estado do motor, dos freios e do interior. Portanto, a decisão de compra é influenciada pela quilometragem. Isso é evidente, pois não temos como observar todos os aspectos integralmente. Com outro enquadramento talvez tomássemos outra decisão.

---

* Exchange Trade Funds, ou fundos de índices. (N.T.)

Os escritores empregam o enquadramento de maneira totalmente consciente. Um livro policial ficaria monótono se o assassinato fosse apresentado passo a passo, do modo como ocorreu. Não seria um livro policial, mas um livro de não ficção. Embora no final toda a história seja contada, somente através do enquadramento é que ela suscita o suspense.

Moral da história: esteja ciente de que você não pode apresentar nada sem o enquadramento, e que todo relato — quer ele lhe tenha sido contado por um amigo fiel, quer tenha sido lido em um jornal sério — está sujeito ao enquadramento. Inclusive este capítulo.

44

Por que esperar para ver é uma tortura

Viés de ação

Durante cobranças de pênaltis, em um terço dos casos, os jogadores de futebol chutam no meio do gol, em um terço para a esquerda e em um terço para a direita. O que fazem os goleiros? Em 50% das vezes, defendem o lado esquerdo, nos outros 50%, o lado direito. Apenas raramente permanecem no meio — e isso embora um terço de todas as bolas vá parar ali. Por quê? Porque causa uma impressão muito melhor e eles se sentem menos constrangidos pulando para o lado errado do que ficando parados como patetas vendo a bola entrar pela esquerda ou pela direita. Esse é o viés de ação [*action bias*]: tornar-se ativo, mesmo quando de nada adianta.

O estudo no caso do futebol foi feito pelo pesquisador israelense Michael Bar Eli, que avaliou centenas de situações de pênalti. No entanto, não apenas os goleiros são vítimas do viés de ação. Um grupo de jovens briga e gesticula com hostilidade do lado de fora de uma boate. A situação está perto de se transformar em pancadaria. Policiais jovens, acompanhados por colegas que estão há mais tempo em serviço, contêm-se, observam a cena a distância e só intervêm quando aparecem os primeiros feridos. Se não houvesse nenhum policial experiente no momento, a situação seria diferente. Os jovens e precipitados guardiões da ordem se deixariam subjugar pelo viés de ação, ou seja, interviriam de imediato. Esse estudo proveniente da Grã-Bretanha também mostra que quando os policiais aguardam por mais tempo há menos feridos do que em situações em que os (jovens) policiais intervêm antes da hora.

O viés de ação torna-se relevante especialmente quando uma situação é nova ou indefinida. A muitos investidores acontece o mesmo que com os policiais inexperientes diante da boate. Eles ainda não conseguem avaliar direito a movimentação na bolsa de valores e sucumbem a uma espécie de hiperatividade. É claro que isso não vale a pena. Warren Buffett exprime a seguinte opinião a respeito: "No investimento, a atividade não está correlacionada ao desempenho."

O viés de ação ocorre nos círculos mais cultos. Um médico tem diante de si um paciente com um quadro clínico indefinido. Confrontado com a opção de fazer uma intervenção ou não, ou seja, prescrever um medicamento ou aguardar, ele tenderá a escolher a variante ativa. Nem sequer precisamos supor que ele faz isso por considerações financeiras — é simplesmente o viés de ação que o motiva.

Por que então existe o viés de ação? Em um ambiente de caçadores-coletores, para o qual fomos otimizados, a atividade compensa muito mais do que a reflexão. No passado, ter uma reação rápida era uma questão de sobrevivência. Refletir podia ser fatal. Quando nossos antepassados viam surgir às margens da floresta uma silhueta que lembrasse um tigre-dentes-de-sabre, não se sentavam em uma pedra como "O Pensador" de Rodin, a fim de realizar considerações taxonômicas. Caíam fora, e rapidinho. Somos todos descendentes desses seres que reagiam rápido, que geralmente preferiam sair correndo. Entretanto, nosso mundo atual é outro — vale mais a pena uma reflexão acurada do que a atividade. Temos dificuldade com a adaptação.

Você não receberá nenhuma honraria, nenhuma medalha, nenhuma estátua com seu nome inscrito se tomar a decisão correta *ao aguardar* — para o bem da empresa, do Estado, da humanidade. Em contrapartida, se demonstrou determinação, se agiu com rapidez, e a situação melhorou (ainda que talvez por puro acaso), então são grandes as possibilidades de você ser homenageado em praça pública ou, pelo menos, se tornar o colaborador do ano. A sociedade prefere a ação impensada à espera prudente.

Moral da história: em situações indefinidas, somos levados pelo impulso de fazer alguma coisa, seja ela qual for — não importa se essa ação vai ou não ajudar. Em seguida, sentimo-nos melhor, mesmo que nada tenha melhorado. Muitas vezes, ocorre o contrário. Em resumo, tendemos a agir rápido demais e com muita frequência. Portanto, quando a situação for indefinida, não faça nada, absolutamente nada até conseguir avaliar melhor o quadro. Contenha-se. "Toda a infelicidade do ser humano se deve ao fato de ele não conseguir ficar tranquilo em seu quarto", já escrevia Blaise Pascal. Em casa, em seu escritório.

45

Por que você é a solução — ou o problema
Viés de omissão

Dois alpinistas. O primeiro cai na fenda de uma geleira. Você poderia salvá-lo chamando o socorro, mas não o faz, e ele morre. O segundo, você o empurra na fenda da geleira. Ele também morre após pouco tempo. Qual crime é mais grave? Do ponto de vista racional, ambos são igualmente condenáveis. Tanto a omissão de socorro quanto o homicídio doloso — ambos levam os dois alpinistas à morte. E, no entanto, algum sentimento nos diz que a omissão é menos grave. Esse sentimento é chamado de viés de omissão. Ele sempre ocorre quando tanto uma omissão quanto uma ação podem levar a um prejuízo. Nesse caso, sempre se opta pela omissão, pois os prejuízos por ela causados parecem subjetivamente mais inofensivos.

Suponhamos que você seja o chefe do órgão que licencia medicamentos em seu país. Você deve decidir se emitirá ou não a licença de um medicamento para doentes terminais. O medicamento tem fortes efeitos colaterais. Mata 20% dos pacientes na hora, mas salva a vida de 80% a curto prazo. O que você decide?

Se você respondeu como a maioria, não emitirá a licença. Um medicamento que dizima na hora um em cada cinco pacientes lhe parece pior do que o fato de que 80% dos pacientes que poderiam ser salvos não o serão. Uma decisão absurda, mas em sintonia com o viés de omissão. Suponhamos que você esteja consciente do viés de omissão e, em nome da razão e da moral, decida emitir a licença do medicamento. O que acontecerá se, como previsto, o primeiro paciente que dele fizer uso morrer? Haverá protestos na imprensa, e você perderá seu cargo. Quer você seja funcionário, quer político, agirá bem em levar a sério — e até em cultivar — o viés de omissão.

A jurisprudência mostra a que ponto essa "distorção moral" está firmemente estabelecida em nossa cabeça. Na Alemanha e na Suíça, a eutanásia ativa, mesmo que corresponda ao desejo expresso do moribundo, é passível de punição, ao passo que a recusa deliberada a medidas vitais permanece impune.

O viés de omissão esclarece por que às vezes os pais hesitam em vacinar seus filhos, embora a vacinação comprovadamente diminua o risco de doenças. Do ponto de vista objetivo, seria necessário acusar esses pais de prejudicar ativamente os filhos, caso estes de fato venham a adoecer. Porém, sentimos a omissão deliberada como menos ruim do que uma ação condenável e ativa.

O viés de omissão esclarece por que preferimos deixar alguém ser prejudicado a prejudicá-lo diretamente. Investidores e jornalistas de economia sentem como menos reprovável não desenvolver nenhum produto novo do que desenvolver produtos ruins, mesmo que ambos levem a empresa à falência. Sentimos como menos ruim ficar com um péssimo pacote de ações que herdamos há anos do que ter comprado as ações erradas. Não instalar um depurador de gás de escape em uma usina de carvão é menos ruim do que eliminar o depurador por questões de custo. Não isolar termicamente a própria casa e, assim, economizar óleo combustível no aquecimento, é menos ruim do que queimá-lo como fogo para a própria diversão. Não declarar os próprios rendimentos é menos ruim do que falsificar documentos fiscais — embora o resultado seja o mesmo.

No capítulo anterior, aprendemos a respeito do viés de ação. Por acaso ele é o contrário do viés de omissão? Não totalmente. O viés de ação entra em jogo quando uma situação é indefinida, contraditória e obscura. Nesse caso, tendemos a agir, mesmo que não exista nenhuma razão sensata para isso. No viés de omissão, geralmente a situação é clara. Um dano futuro poderia ser evitado mediante uma ação atual, mas afastar um dano não nos motiva tanto quanto mandaria a razão.

É muito difícil reconhecer o viés de omissão — a recusa a uma ação é menos visível do que a própria ação. O movimento de 1968, há que se reconhecer, percebeu esse viés e combateu-o com um slogan expressivo: "Se você não é parte da solução, é parte do problema."

46

Não me culpe

Viés de autoatribuição

Você lê relatórios anuais — sobretudo os comentários dos CEOs? Não? Que pena, pois neles abundam exemplos de um erro em que todos nós já caímos de uma forma ou de outra. Esse erro de pensamento ocorre do seguinte modo: se a firma teve um ano excelente, o CEO o justifica com decisões brilhantes, seu esforço incansável e a cultura dinâmica da empresa, que ele mantém funcionando. Em contrapartida, se a empresa teve um ano ruim, a culpa é do dólar forte, do governo federal, das pérfidas práticas comerciais dos chineses, das taxas alfandegárias ocultas dos americanos e, principalmente, do ânimo contido do consumidor. Os sucessos, nós os atribuímos a nós mesmos; os fracassos, a fatores externos. Este é o viés de autoatribuição [*self-serving bias*].

Mesmo que você ainda não tenha ouvido a expressão, na verdade você conhece o viés de autoatribuição desde a escola. Você era responsável pelas notas 10 que tirava; o resultado brilhante refletia seus verdadeiros conhecimentos e suas verdadeiras capacidades. E quando você recebia um 4, um fiasco? Era porque a prova não tinha sido justa. Hoje você já não se preocupa com notas escolares, mas talvez com as cotações da bolsa. Se tem um lucro, glorifica a si mesmo. Se tem prejuízo, a culpa é do "humor da bolsa" (seja lá o que isso signifique) ou do seu consultor de investimentos. Eu mesmo faço largo uso do viés de autoatribuição: se meu novo romance entra para a lista dos mais vendidos, dou um tapinha em meus ombros. Claro, meu melhor livro até agora! Se desaparece na maré das novidades, parece-me lógico. Os críticos são invejosos e escrevem resenhas ásperas, e os leitores não sabem o que é boa literatura.

Em um teste de personalidade, foram atribuídas a diplomados notas boas ou ruins, segundo o princípio da contingência. Aqueles que obtiveram uma nota boa acharam o teste plausível e universalmente válido. Quem ocasionalmente recebeu uma nota ruim não achou o teste convincente. Por que essa distorção? Por que interpretamos o sucesso como desempenho próprio e atribuímos o fracasso aos outros? Há muitas teorias. A explicação mais simples é que, desse modo, nos sentimos bem. E porque o prejuízo que assim nos causamos costuma ficar dentro dos limites. Não fosse assim, a evolução teria aniquilado esse erro de pensamento ao longo dos últimos 100 mil anos. Mas cuidado! Em um mundo moderno, com riscos pouco claros, o viés de autoatribuição pode levar rapidamente à catástrofe. Um bom exemplo é Richard Fuld, que gostava de se apresentar como "mestre do universo". Pelo menos até 2008 — Fuld era CEO do Lehman Brothers.*

Nos Estados Unidos, existe um teste padronizado, o chamado SAT, que é submetido a todos os alunos que se candidatam a uma vaga na universidade. O resultado sempre fica entre 200 e 800 pontos. Um ano após a prova, quando os estudantes são questionados sobre seu resultado no SAT, afirmam que tiraram em média 50 pontos a mais. O interessante é que eles não mentem de forma deslavada, não passam dos limites em seu exagero, mas apenas "dão uma retocada" no resultado — no qual até eles próprios acabam acreditando.

No prédio em que moro, há um apartamento que cinco estudantes dividem. Às vezes encontro com um ou outro no elevador. Perguntei separadamente a cada um dos jovens quantas vezes costumavam levar o lixo para fora. Um disse: "Dia sim, dia não." O outro respondeu: "A cada três dias." O terceiro, praguejando, pois estava justamente com o saco de lixo na mão: "Acho que sempre, em 90% dos casos." Embora todas as respostas juntas devessem dar um resultado de 100%, elas somavam 320%! Os moradores dessa república de estudantes superestimavam sistematicamente seu papel — e não são diferentes de nós. Em um casamento, o mecanismo é o mesmo. Comprovou-se cientificamente que tanto os homens quanto as

---

* Banco de investimentos americano que em 2008 pediu concordata e marcou uma das maiores falências da história americana. (N.T.)

mulheres avaliam sua contribuição para o funcionamento da relação em mais de 50%.

Como fazer frente ao viés de autoatribuição? Você tem amigos que lhe dizem a verdade sem papas na língua? Se tem, pode considerar-se uma pessoa de sorte. Se não, ao menos tem algum inimigo pessoal? Bom. Então, faça das tripas coração e convide-o para um café. Peça-lhe para expor francamente sua opinião. Você lhe será eternamente grato.

47

Tenha cuidado com o que você deseja

Esteira hedônica

Suponhamos que um dia seu telefone toque. Comunicam-lhe que você ganhou 10 milhões na loteria. Como você se sentirá e por quanto tempo irá se sentir assim? Outro cenário. Seu telefone toca e lhe comunicam que seu melhor amigo morreu. Como você se sentirá e por quanto tempo irá se sentir assim?

No capítulo 41, examinamos a qualidade insignificante dos prognósticos — nos campos da política, da economia e da sociedade — e constatamos que os especialistas não trabalham melhor do que um gerador aleatório. Quão bons somos ao prognosticar nossos próprios sentimentos? Será que ganhar 10 milhões na loteria o deixará muito feliz por muitos anos? Dan Gilbert, psicólogo de Harvard, analisou pessoas que ganharam na loteria e constatou que o efeito felicidade desaparece, em média, após três meses. Três meses após a vultosa transferência bancária, ficam tão felizes ou infelizes quanto antes.

Um amigo, diretor de um banco, e somente devido a essa circunstância abençoado com um salário indecorosamente alto, decidiu sair da cidade e construir uma casa fora de Zurique. Seu sonho era ter uma mansão com dez quartos, piscina e uma vista invejável para o lago e as montanhas. Nas primeiras semanas, ficou radiante de alegria. Mas logo já não se via nele nenhum entusiasmo e, seis meses mais tarde, estava tão infeliz quanto antes. O que havia acontecido? Após três meses, o efeito felicidade tinha desaparecido, e a mansão já não era nada de especial. "Chego em casa do trabalho, abro a porta e já não percebo que casa é essa. Meus sentimentos não se distinguem em nada daqueles que eu tinha quando era estudante universitário e entrava na minha quitinete." Ao mesmo tempo, porém, o pobre homem tem agora de enfrentar um caminho de cerca de cinquenta minutos até o trabalho. Estudos comprovam que, na maioria das vezes, a viagem de carro entre a residência e o trabalho desencadeia insatisfação e que dificilmente as pessoas se acostumam a ela. Quem não tem uma afinidade inata com a viagem casa-trabalho-casa irá sofrer diariamente. Seja como for, o efeito líquido da mansão sobre a felicidade do meu amigo foi negativo.

Com os outros, as coisas não são diferentes. Após cerca de três meses, pessoas que conseguiram evoluir na carreira voltam a ser tão felizes ou infelizes quanto antes. O mesmo se pode dizer daqueles que sempre precisam ter o último Porsche. A ciência chama esse efeito de esteira hedônica [*hedonic treadmill*]. Trabalhamos, progredimos e conseguimos coisas mais bonitas e em maior quantidade. No entanto, não nos tornamos mais felizes.

O que dizer então quando os destinos são negativos — por exemplo, no caso de uma paraplegia ou da perda de um amigo? Aqui também superestimamos sistematicamente a duração e a intensidade das emoções futuras. Quando um amor termina, o mundo desaba. Quem sofre tem a profunda convicção de que nunca mais sentirá sequer um sopro de felicidade — mas após cerca de três meses já está rindo novamente.

Não seria bom se soubéssemos exatamente quão felizes ficaríamos com um carro novo, uma nova carreira e um novo relacionamento? Assim, teríamos mais clareza para decidir e não ficaríamos sempre tateando no escuro. Sim, seria bom e, em parte, possível. Seguem algumas poucas dicas garantidas cientificamente: 1. evite efeitos negativos, aos quais, mesmo após um longo tempo, não conseguirá se acostumar: viagens casa-trabalho-casa, barulho, estresse crônico; 2. espere apenas um efeito a curto prazo das coisas materiais — automóveis, casas, bônus, prêmios de loteria, medalhas de ouro; 3. efeitos positivos e duradouros estão relacionados, sobretudo, ao modo como você desfruta do tempo. Se possível, tente ter bastante tempo livre e autonomia. Faça o que se aproxima mais da sua paixão — mesmo que custe parte do seu salário. Invista nas amizades. Entre as mulheres, implantes de silicone nos seios têm um efeito felicidade mais duradouro; entre os homens, é o status profissional — contudo, somente enquanto ele ao mesmo tempo não muda de grupo de referência. Portanto, se você quer chegar a CEO e depois passar a conversar apenas com outros CEOs, o efeito desaparecerá.

48

Não se espante por existir
Viés da autosseleção

Depois de partir da Basileia, eu estava na rodovia A5 a caminho de Frankfurt quando me deparei com um congestionamento. "Por que cargas-d'água isso sempre acontece comigo?", praguejei olhando para a pista em direção oposta, na qual os carros iam na direção sul com uma velocidade invejável. Enquanto passei uma hora em ritmo de lesma, engatando ora o ponto morto, ora a primeira marcha, e meu joelho começou a ficar cansado por conta da embreagem, perguntei-me se eu realmente era tão coitado assim. Será que na maioria das vezes acabava parando nos caixas (no banco, no correio, nas lojas) cuja fila mal andava? Ou eu estava me enganando? Supondo-se que entre Basileia e Frankfurt se forme um congestionamento em 10% de todo o tempo, a probabilidade de eu ficar parado em determinado dia não é maior do que a probabilidade com que justamente esse tipo de congestionamento ocorre, ou seja, 10%. No entanto, a probabilidade de eu realmente ficar parado em determinado momento da minha viagem é maior do que 10%, e a razão disso é que, como no congestionamento só consigo avançar muito lentamente, passo muito mais tempo parado. Acrescente-se a isso o fato de que, quando o trânsito flui bem, não penso nele. Mas no momento em que empaco, noto o congestionamento.

O mesmo vale para espera na fila de bancos ou diante do semáforo. Se no percurso entre A e B existem dez semáforos, dos quais, em média, um (10%) fica vermelho e nove, verdes, em todo o seu percurso você passa mais de 10% do tempo diante do semáforo vermelho. Não entendeu? Então imagine que você está se deslocando à velocidade da luz. Nesse caso, você passaria 99,99% de todo o seu tempo de viagem parado e praguejando diante de um semáforo vermelho.

Sempre que somos parte de uma amostra aleatória, temos de prestar atenção para não cair no erro de pensamento conhecido como viés da autosseleção [*self-selection bias*]. Meus amigos homens costumam reclamar do fato de que em suas empresas há poucas mulheres; minhas amigas mulheres, de que em suas empresas trabalham poucos homens. Isso não tem a ver com azar, pois os reclamantes são parte da amostra aleatória. A probabilidade de um homem qualquer trabalhar em uma área com excesso de homens é mesmo alta. O mesmo vale para as mulheres. Em uma escala maior, se você mora em um país com um excedente de homens ou mulheres (por exemplo, na China ou, respectivamente, na Rússia), você terá maior probabilidade de pertencer ao sexo excedente e, por conseguinte, de ficar irritado. Nas eleições, é enorme a probabilidade de você ter votado no maior partido. Em votações, é enorme a probabilidade de seu voto corresponder à maioria vencedora.

O viés da autosseleção é onipresente. Profissionais de marketing vivem tropeçando nessa armadilha. Um exemplo é quando uma editora de boletins informativos envia um questionário a seus assinantes com o objetivo de descobrir quanto o boletim lhes agrada. Infelizmente, somente os clientes que ainda não cancelaram sua assinatura recebem esse questionário — portanto, sobretudo os clientes satisfeitos (os outros se despediram da amostra aleatória). Como resultado, o questionário não tem valor.

Ou então: há não muito tempo, um amigo meu se deu conta, todo emocionado, de que era quase um milagre que ele — justo ele! — existisse. Uma vítima clássica do viés da autosseleção. Só pode fazer uma observação como essa quem, de fato, existe. Quem não existe tampouco tem do que se surpreender. E, no entanto, tiram exatamente a mesma conclusão equivocada, ano após ano, pelo menos uma dúzia de filósofos que se deleita em seus livros com o fato de algo tão genial como a linguagem ter surgido. Sinto total simpatia por seu espanto, mas ele não se justifica. Se não houvesse linguagem, os filósofos não poderiam se espantar com ela; de fato, não haveria sequer filósofos. O espanto por existir a linguagem só é possível em um contexto em que ela exista.

Especialmente engraçado foi um recente questionário feito por telefone. Uma empresa queria saber quantos aparelhos de telefone (fixos e celulares) havia em média em cada residência. Quando o questionário foi analisado, todos ficaram surpresos ao saber que não havia uma casa sequer sem telefone. Grande coisa!

49

Por que às vezes a experiência pode danificar seu poder de julgamento

Viés de associação

Kevin já apresentara três vezes ao conselho administrativo os resultados da área pela qual era responsável. Nas três vezes, tudo correra à perfeição. E nas três vezes estava usando suas cuecas de bolinhas verdes. Não há dúvida, pensou ele, estas são minhas cuecas da sorte.

A vendedora na joalheria era tão bonita que Kevin não conseguiu se conter e acabou comprando um anel de noivado por 10 mil dólares, que ela lhe mostrou sem compromisso. Dez mil dólares estavam muito além do seu orçamento (ainda mais para um segundo casamento), mas inconscientemente Kevin associou o anel à beleza da vendedora. Sua futura esposa — imaginou — iria ficar igualmente deslumbrante com ele.

Todo ano Kevin vai ao médico fazer um checkup. Na maioria das vezes, o médico atesta que ele, Kevin, "ainda está em boa forma" para sua idade (44). Até agora, somente duas vezes saiu do consultório com um diagnóstico apavorante. Uma vez foi o apêndice, que precisou ser extraído com urgência. Na outra se tratou de um inchaço da próstata, que, nos exames posteriores, felizmente não diagnosticaram câncer, mas apenas uma inflamação. É claro que Kevin ficou fora de si ao deixar o consultório nesses dois dias — e nas duas vezes fazia um calor extremo. Desde então, sempre se sente mal quando o sol está ardente. Se no dia de ir ao médico estiver muito calor, ele desmarca a consulta na hora.

Nosso cérebro é uma máquina de fazer associações. Como princípio básico, é bom que seja assim: se comemos um fruto desconhecido que nos faz mal, no futuro evitamos a planta correspondente e designamos seus frutos como venenosos ou, pelo menos, como não comestíveis. Assim surge o conhecimento.

Entretanto, assim também surge o falso conhecimento. Ivan Pavlov foi o primeiro a estudá-lo. Originariamente, o pesquisador russo queria apenas medir a salivação nos cães. O método experimental foi estruturado de maneira que um sino tocasse antes que a ração fosse dada aos cães. Em pouco tempo, só o toque do sino já era suficiente para fazer com que os cães salivassem. Eles associavam as duas coisas, que, do ponto de vista funcional, nada tinham a ver uma com a outra — o toque de um sino e a produção de saliva.

O método de Pavlov funciona igualmente bem com humanos. A publicidade associa produtos a emoções positivas. Por isso, você nunca verá a Coca-Cola associada a uma cara insatisfeita ou a uma pessoa velha. As pessoas Coca-Cola são jovens, bonitas e se divertem muito.

O viés de associação [*association bias*] prejudica a qualidade das nossas decisões. Por exemplo: tendemos a não gostar dos portadores de más notícias. Em inglês isso é chamado de *shoot the messenger syndrome*. O mensageiro é associado ao conteúdo da notícia. CEOs e investidores também têm a tendência (inconsciente) a evitar esses supostos mensageiros de desgraças. Como resultado, no andar da diretoria chegam apenas as notícias boas, o que faz com que surja uma imagem distorcida da situação. Warren Buffett sabe muito bem disso. Ele instruiu os CEOs de suas empresas a não lhe darem nenhuma notícia boa, apenas as ruins — e sem rodeios.

Nos tempos anteriores ao telemarketing e ao e-mail, os caixeiros-viajantes iam de porta em porta elogiar suas mercadorias. Um dia, o caixeiro-viajante George Foster passou por uma casa desabitada — o que ele não tinha como saber. Um ínfimo vazamento de gás preenchera a casa por várias semanas com gás inflamável. Infelizmente, a campainha estava avariada. Quando Foster apertou o botão, soltou-se uma faísca e a casa explodiu. Foster teve de ser hospitalizado. Por sorte, logo estava em pé novamente — o que, contudo, não lhe serviu de muita coisa, pois seu pânico de apertar campainhas era tão grande que, por muitos anos, não conseguiu mais exercer sua profissão. Tinha consciência de que seria improvável um acidente como esse se repetir. No entanto, mesmo com a maior boa vontade, seu intelecto não conseguia desativar a (falsa) associação emocional.

Ninguém conseguiu dizer com mais acerto do que Mark Twain o que se pode aprender a partir disso. "Deveríamos tentar tirar de uma experiência somente o tanto de sabedoria que ela contém — não mais do que isso; a fim de que não nos igualemos ao gato que se senta na boca quente do fogão. Nunca mais ele irá se sentar em uma boca quente de fogão — e com razão; mas tampouco irá sentar-se em outra que esteja fria."

50

Cuidado quando, no início, tudo der certo

Sorte de iniciante

No capítulo anterior aprendemos o que é viés de associação — a tendência a associar acontecimentos entre si que nada têm a ver um com o outro. Só porque Kevin, por três vezes seguidas, fez uma brilhante apresentação perante o conselho administrativo da empresa e, em todas essas vezes, estava usando cuecas de bolinhas verdes, não faz o menor sentido acreditar em cuecas da sorte.

Este capítulo trata de um caso especialmente espinhoso de viés de associação: a associação (falsa) a êxitos anteriores. Jogadores de cassinos sabem o que é isso e falam de sorte do iniciante. Quem perde na primeira rodada de um jogo tende a desistir de jogar. Quem limpa a mesa tende a continuar. Convencido de que possui capacidades acima da média, o sortudo aumenta a aposta — para logo em seguida se transformar em um azarado, em particular quando as probabilidades se "normalizam".

Em economia, a sorte de iniciante desempenha um papel significativo: a empresa A compra as empresas menores B, C e D. As aquisições sempre se mostram eficazes. Para a liderança do grupo empresarial, isso reforça a certeza de ter um ótimo tino para comprar empresas. Inspirada, a empresa A compra então a empresa E, que é bem maior. A integração se mostra um desastre. Uma observação objetiva teria permitido intuir esse fracasso, mas a sorte de iniciante ofuscou a negociação.

O mesmo acontece na bolsa de valores. Movidos pelo sucesso inicial, muitos investidores no final dos anos 1990 colocaram todas as suas economias em ações da internet. Muitos até levantaram crédito para fazê-lo. Mas deixaram passar um pequeno detalhe. Seus lucros espantosos na época nada tinham a ver com suas capacidades de *stock picking*.* O mercado simplesmente estava em alta. Era preciso ser muito tolo para não ganhar dinheiro nesse período. Quando então as cotações caíram, muitos ficaram com suas dívidas.

A mesma dinâmica foi observada durante o boom imobiliário americano de 2001 a 2007. Dentistas, advogados, professores e taxistas desistiram de suas profissões para "especular" — comprar imóveis e logo em seguida vendê-los por um preço maior. Os primeiros e polpudos lucros lhes deram razão, mas obviamente tampouco tinham algo a ver com capacidades especiais. A bolha imobiliária levou corretores imobiliários amadores ainda inábeis a alturas nunca imaginadas. Muitos se endividaram para "especular" com mansões ainda mais numerosas e maiores.

A sorte de iniciante também existe na história universal. Duvido que Napoleão ou Hitler tivessem ousado fazer uma campanha na Rússia sem uma vitória anterior.

A partir de que momento deixa de ser sorte de iniciante e passa a ser talento? Não há um limite claro, mas duas boas indicações. Em primeiro lugar, se por um longo período você estiver nitidamente melhor do que os outros, poderá partir do princípio de que o talento pelo menos desempenha alguma função. Porém, nunca é possível ter certeza. Em segundo lugar, quanto mais pessoas estiverem em jogo, maior será a probabilidade de que alguém, por pura sorte, tenha êxito por um longo período. Talvez você seja esse alguém. Caso se estabeleça como líder em um mercado com apenas dez concorrentes, esta certamente é uma indicação de talento. Já um êxito em um mercado com 10 milhões de concorrentes (por exemplo, no mercado financeiro) deveria deixá-lo menos orgulhoso. Nesse caso, parta do princípio de que você simplesmente teve muita sorte.

De uma maneira ou de outra, não se precipite com seu julgamento. A sorte de iniciante pode ser devastadora. Para se proteger contra as ilusões, proceda como um cientista e teste suas hipóteses. Tente refutá-las. Quando meu primeiro romance — *Fünfunddreißig* [Trinta e cinco] — estava pronto na gaveta, enviei-o a uma única editora, a Diogenes. Ele foi imediatamente aceito. Por um momento, senti-me um gênio, uma sensação literá-

---

* Seleção das ações com maior potencial de apreciação. (N.E.)

ria. (A chance de um manuscrito não solicitado ser publicado pela Diogenes é uma em 15 mil.) Depois que assinei o contrato com a editora, enviei o manuscrito — como teste — a outras dez grandes editoras. Fui recusado nas dez. Minha "teoria do gênio" foi refutada — o que me trouxe de volta ao chão.

51

Doces mentiras

Dissonância cognitiva

Uma raposa aproximou-se furtivamente de uma videira. Seu olhar ficou fixo nas uvas robustas, roxas e bem maduras. Com as patas dianteiras, apoiou-se contra o tronco, esticou o pescoço e quis abocanhar algumas uvas, mas elas estavam muito altas. Irritada, tentou a sorte novamente. Dessa vez, deu um belo salto, mas só apanhou o vazio. Na terceira vez, pulou com toda a força — e chegou tão alto que acabou caindo de costas. Nem uma folha se moveu. A raposa torceu o nariz: "Ainda não estão maduras o suficiente para mim; não gosto de uvas azedas." De cabeça erguida, voltou orgulhosa para a floresta.

A fábula do poeta grego Esopo ilustra um dos mais frequentes erros de pensamento. A pretensão da raposa e o resultado de sua ação não se ajustam. A raposa pode mitigar essa discrepância (dissonância) desagradável de três maneiras: A) continuar tentando alcançar as uvas de alguma forma; B) admitir que não tem capacidade suficiente para isso; C) reinterpretar posteriormente alguma coisa. Neste último caso, fala-se de dissonância cognitiva ou de sua solução.

Um exemplo simples. Você comprou um novo automóvel. Em pouco tempo, arrepende-se da escolha. O motor é barulhento e os assentos são desconfortáveis. O que fazer? Você não devolve o carro — não, isso seria confessar que cometeu um erro, e provavelmente o vendedor não o aceitaria sem a redução de preço. Então, você se convence de que, afinal de contas, um motor barulhento e assentos desconfortáveis são bem apropriados para impedir que você adormeça ao volante — ou seja, de que você comprou um carro bastante seguro. Até que não foi mau negócio, você pensa, e volta a ficar satisfeito com sua escolha.

A arte de pensar claramente

Leon Festinger e Merrill Carlsmith, da Universidade de Stanford, pediram a seus alunos que fizessem um trabalho extremamente monótono durante uma hora. Em seguida, dividiram aleatoriamente os sujeitos experimentais em dois grupos. A cada aluno do grupo A deram um dólar (isso foi em 1959), dizendo-lhes para falar com entusiasmo a um estudante que esperava do lado de fora sobre o trabalho que, na verdade, era enfadonho; ou seja, pediram-lhe para mentir. O mesmo fizeram com os alunos do grupo B, com uma única diferença: eles receberam 20 dólares pela pequena mentira. Os alunos também teriam de declarar que tinham achado o trabalho realmente agradável. O curioso é que quem recebeu apenas um dólar avaliou o trabalho como significativamente mais agradável e interessante do que aqueles que foram recompensados com 20 dólares. Por quê? Não fazia nenhum sentido mentir por um mísero dólar; portanto, o trabalho de fato poderia não ter sido tão desagradável assim. Aqueles que receberam 20 dólares não tiveram de reinterpretar nada. Mentiram e embolsaram 20 dólares — um negócio justo. Não sentiram nenhuma *dissonância cognitiva*.

Suponhamos que você tenha se candidatado a um cargo, mas foi preterido em prol de outro candidato. Em vez de admitir que não tem qualificação suficiente, se convence de que, no fundo, nunca quis o cargo. Só queria testar de novo seu "valor de mercado", ver se ainda o convocariam para entrevistas de trabalho.

Reagi de maneira bastante semelhante quando tive de escolher entre duas ações há algum tempo. Aquela que acabei comprando perdeu claramente valor logo em seguida, enquanto a outra sofreu forte valorização. É muita tolice, mas não consegui admitir o erro. Ao contrário, lembro-me muito bem de que tentei seriamente fazer um amigo acreditar que, embora a ação estivesse oscilando um pouco, tinha "mais potencial" do que a outra. Uma ilusão irracional em alto grau, que só pode ser explicada pela dissonância cognitiva. De fato, o "potencial" teria crescido ainda mais se eu tivesse esperado para comprar e passado o tempo até então com a outra ação, que tinha um bom desempenho. Foi o amigo que me contou a fábula de Esopo. "Por mais que você banque a raposa esperta, não comeu as uvas."

52

Carpe diem — mas, por favor, só aos domingos

Desconto hiperbólico

Você deve conhecer a frase: "Aproveite cada dia como se fosse o último." Ela se encontra pelo menos três vezes em toda revista de estilo de vida e pertence ao repertório padrão de todo conselheiro. Mas não o deixa mais esperto. Imagine que, a partir de hoje, você já não escovaria os dentes, não lavaria os cabelos, não limparia a casa, largaria o trabalho, não pagaria nenhuma conta — em pouco tempo, ficaria pobre, doente e talvez até fosse preso. No entanto, a frase exprime um profundo anseio, aquele do imediatismo. De todos os lemas latinos que sobreviveram até hoje, *carpe diem* é provavelmente o preferido. Aproveite ao máximo o dia e não se preocupe com o amanhã. O imediatismo tem muito valor para nós. Quanto? Mais do que é racionalmente justificável.

Você prefere receber mil dólares em um ano ou 1.100 em um ano e um mês? Se você respondeu como a maioria das pessoas, então escolheu os 1.100 dólares em 13 meses. Faz sentido, pois um juro de 10% ao mês (ou 120% por ano) você não vai encontrar em lugar nenhum. Esse juro lhe indeniza por todos os riscos que você correria se esperasse um mês.

Segunda pergunta: você prefere receber mil dólares hoje ou 1.100 em um mês? Se você respondeu como a maioria das pessoas, então escolheu os mil dólares hoje. É surpreendente. Em ambos os casos, você tem de aguardar exatamente um mês para receber cem dólares a mais. No primeiro caso, você se diz, se já esperei um ano, posso muito bem esperar mais um mês. No segundo caso, não. Portanto, tomamos decisões que, dependendo do horizonte temporal, são inconsistentes. A ciência chama esses fenômenos de desconto hiperbólico [*hyperbolic discounting*]. Significa que nossa "taxa de juro emocional" aumenta quanto mais próxima do presente estiver uma decisão.

A maioria dos economistas entendeu que, subjetivamente, contamos com diferentes taxas de juros. Seus modelos baseiam-se em taxas de juros constantes e, por conseguinte, são impraticáveis.

O desconto hiperbólico, ou seja, o fato de que somos fascinados pelo imediatismo, é um vestígio de nosso passado animalesco. Os animais não estão preparados para recusar hoje uma recompensa, a fim de, no futuro, obter uma recompensa maior. Podem-se treinar os ratos o quanto se quiser, mas eles nunca vão renunciar a um pedaço de queijo para receber dois amanhã. (Mas os esquilos enterram nozes, você diz. — Puro instinto; conforme já se provou, isso nada tem a ver com controle do impulso.)

Como isso se dá com as crianças? Nos anos 1960, Walter Mischel realizou um teste famoso sobre o tema do adiamento da recompensa. Um vídeo extraordinário pode ser encontrado no YouTube com o título "teste do marshmallow". Nele, foi dado um marshmallow a crianças de 4 anos e a escolha de comê-lo imediatamente ou receber um segundo se esperassem alguns minutos e não comessem o primeiro. O surpreendente foi que apenas a minoria não conseguiu esperar. Mais surpreendente ainda foi Mischel ter descoberto que a capacidade de adiar a recompensa é um indicador confiável do êxito posterior na carreira.

Quanto mais envelhecemos e mais autocontrole desenvolvemos, tanto mais facilmente conseguimos adiar as recompensas. Em vez de esperar 12 meses, esperamos 13 de bom grado, a fim de embolsar cem dólares a mais. Só que, se pudermos ter uma recompensa hoje, o estímulo tem de ser muito grande para que estejamos preparados para adiá-la. A melhor prova disso são os juros exorbitantes das dívidas contraídas com cartões de crédito e outros tipos de crédito de consumo a curto prazo.

Moral da história: a recompensa imediata é extremamente sedutora — e, no entanto, o desconto hiperbólico é um erro de pensamento. Quanto mais poder adquirirmos sobre nossos impulsos, mais êxito teremos em evitar esse erro. Quanto menos poder tivermos sobre eles — por exemplo, se estivermos sob a influência do álcool —, tanto mais sucumbiremos ao erro. *Carpe diem* é uma boa ideia — uma vez por semana. Mas aproveitar cada dia como se fosse o último é burrice.

53

Desculpas esfarrapadas

A justificativa dos "porquês"

Engarrafamento na estrada entre Los Angeles e São Francisco: recuperação do asfalto. Passei trinta minutos lutando com o trânsito, até que o caos se tornou uma paisagem distante no espelho retrovisor. Ledo engano. Meia hora depois, vi-me novamente colado ao para-choque do carro da frente: mais obras de manutenção. Por mais estranho que pareça, meu nível de frustração foi menor desta vez. Por quê? Placas ao longo da estrada anunciavam de forma alegre e tranquilizadora: "Estamos recuperando a estrada para você!"

O engarrafamento me fez lembrar de um experimento conduzido em 1970 por Ellen Langer, psicóloga da Universidade de Harvard. Langer foi a uma biblioteca e aguardou ao lado da fotocopiadora até que uma fila de pessoas se formasse. Em seguida, a pesquisadora se aproximou do primeiro da fila e disse: "Com licença, tenho cinco páginas aqui. Posso usar a xérox?" A taxa de sucesso foi de 60%. Ela repetiu o experimento, desta vez dando um motivo: "Com licença, tenho cinco páginas aqui. Posso usar a xérox? Estou com muita pressa." Em quase todos os casos (94%), ela conseguiu passar à frente. Isso é compreensível: diante de alguém apressado, é comum que os demais cedam a vez na fila. A psicóloga testou outra abordagem com a seguinte pergunta: "Com licença, tenho cinco páginas aqui. Posso passar na frente, porque tenho que fazer essas cópias?" O resultado foi surpreendente. Mesmo se tratando de um pretexto frágil — afinal, todos ali aguardavam para fazer cópias —, ela passou à frente da fila em quase todos os casos (93%).

Quando justifica um comportamento, você se depara com mais tolerância e disponibilidade. Aparentemente, não importa se a desculpa é boa ou não. Basta usar a simples validação do "porquê". Uma placa que anuncia: "Estamos recuperando a estrada para você", é uma grande redundância. O que mais uma equipe de manutenção estaria fazendo numa estrada? Caso não tivesse percebido antes, você saberia o que está acontecendo assim que olhasse pela janela. E, ainda assim, essa informação lhe dá tranquilidade e segurança. Afinal, nada mais frustrante do que ficar no escuro.

Diante do portão de embarque, aguardando no aeroporto. Os alto-falantes anunciam: "Atenção, senhores passageiros. O voo 1234 está três horas atrasado." Que ótimo. Vou ao balcão da companhia aérea para descobrir o motivo e volto sabendo tanto quanto antes. Fico furioso. Como eles ousam deixar a gente esperando sem saber de nada? As outras companhias tiveram a decência de avisar: "O voo 5678 está três horas atrasado por motivos operacionais." Trata-se de um motivo tão vago que quase não se justifica, mas foi o bastante para acalmar os passageiros.

Ao que parece, somos viciados em "porquês" — tanto que usamos essa palavra mesmo quando não é preciso. Se você é um líder, já deve ter notado isso. Se os funcionários não escutarem um brado retumbante, a motivação diminui. Não basta dizer que a missão da sua empresa de calçados é fazer sapatos. Não: hoje, uma missão grandiosa e a história subjacente são muito importantes, como: "Queremos que nossos calçados revolucionem o mercado" (seja lá o que isso signifique). "Mais suporte plantar para um mundo mais justo!" (seja lá o que isso signifique). "Nosso mercado é a felicidade" (seja lá o que isso signifique).

Se a bolsa de valores sobe ou cai meio ponto percentual, os comentaristas do mercado de ações jamais mencionarão a verdadeira causa da oscilação, ou seja, que se trata de ruído branco, o resultado de uma quantidade infinita de movimentos de mercado. Não: todos querem ouvir um motivo palpável, e o comentarista escolherá um sem pestanejar. Qualquer explicação que ele arranjar será descabida — e a culpa provavelmente recairá sobre os pronunciamentos do presidente do Banco Central.

Quando alguém lhe perguntar por que não terminou uma tarefa qualquer, é melhor responder: "Porque ainda não tive tempo." É uma desculpa patética (se você tivesse tido tempo, o diálogo nem existiria), mas que costuma resolver a situação sem que seja preciso arrumar uma justificativa mais plausível.

Certo dia, reparei que minha esposa estava separando as roupas pretas das azuis, antes de botá-las para lavar. Até onde sei, esse é um esforço desnecessário. Ambas são cores escuras, não? Essa lógica manteve minhas roupas sem manchas por muitos anos. "Por que você faz isso?", perguntei. "Porque prefiro lavar roupas pretas e azuis separadas." Para mim, uma resposta perfeitamente razoável.

Não saia de casa sem "porquês". Esta simples palavra é o óleo que lubrifica as interações humanas. Use-a sem moderação.

54

Decida melhor — decida menos
Fadiga de decisão

Você está trabalhando incansavelmente há semanas nessa apresentação. Os slides em PowerPoint estão impecáveis. Todos os valores no Excel são inquestionáveis. A conclusão é um paradigma da lógica. Essa apresentação é tudo. Se o CEO da empresa ficar satisfeito, você estará com um pé naquela sala particular e com vista. Se ele lhe mostrar um cartão vermelho, estará com um pé na agência de empregos. A secretária do CEO oferece algumas opções de horários para a apresentação: 8h, 11h30 e 18h. Qual deles você escolhe?

O psicólogo Roy Baumeister, em colaboração com Jean Twenge, encheu uma mesa com centenas de bugigangas, como bolas de tênis, velas, camisetas e até chicletes e latas de Coca-Cola. Depois, dividiu os alunos em dois grupos, os "decisores" e os "não decisores". Falou para o primeiro grupo: "Vou lhes mostrar alguns pares de objetos aleatórios, e a cada par vocês terão que escolher um deles. Ao fim do experimento, vou dar um objeto para vocês levarem para casa." Os alunos foram induzidos a pensar que a escolha influenciaria o objeto que ganhariam. Ao segundo grupo, o pesquisador falou: "Anotem o que vocês acham de cada objeto, e eu escolherei um e o darei para vocês ao final." Imediatamente depois, Baumeister pediu que os estudantes enfiassem a mão numa jarra d'água muito gelada e ficassem nessa posição pelo maior tempo possível. Em psicologia, esse é um método clássico de medida de força de vontade ou autodisciplina. Quem tem pouca ou nenhuma, retira a mão da água rapidamente. Resultado? Os "decisores" tiraram a mão da água muito mais rápido do que os "não decisores". A intensa etapa de tomada de decisão tinha exaurido a força de vontade do primeiro grupo, num efeito confirmado em muitos outros experimentos. Tomar decisões é exaustivo. Qualquer um que tenha configurado um laptop ou feito pesquisas para uma viagem longa — voos, hotéis, atividades, restaurantes, clima — sabe muito bem disso: após todas as comparações, avaliações e escolhas, ficamos esgotados. A ciência chama esse estado de fadiga de decisão.

A fadiga de decisão é perigosa. Enquanto consumidor, você fica mais suscetível às mensagens das propagandas e compras por impulso. Enquanto tomador de decisão, fica mais propenso a ceder à sedução erótica. A força de vontade é como uma bateria. Após certo tempo, ela se esgota e precisa ser recarregada. E como se faz isso? Fazendo intervalos, relaxando e comendo alguma coisa. A força de vontade despenca para zero quando o nível de açúcar no sangue baixa muito. A IKEA, rede de lojas de decoração originária da Suécia, sabe muito bem disso: no caminho entre os ambientes em exposição e as prateleiras gigantes, a fadiga de decisão toma conta do cliente. Portanto, os restaurantes das lojas ficam bem no meio do caminho. A empresa está disposta a sacrificar parte da margem de lucro para que você possa aumentar o açúcar no sangue com algumas guloseimas suecas e continuar a busca pelos castiçais perfeitos.

Quatro prisioneiros de uma prisão israelense deram entrada em pedidos de liberdade condicional. Caso 1 (marcado às 8h50): árabe condenado a 16 meses de prisão por fraude. Caso 2 (13h27): judeu condenado a 16 meses por agressão. Caso 3 (15h10): judeu condenado a 16 meses por agressão. Caso 4 (16h35): árabe condenado a trinta meses por fraude. Qual foi a decisão dos juízes? Mais do que a ideologia dos detentos ou a gravidade de seus crimes, a fadiga de decisão foi o fator determinante. Os juízes concederam os pedidos 1 e 2, pois seus níveis de açúcar no sangue ainda estavam altos (devido ao café da manhã ou almoço). No entanto, os pedidos 3 e 4 foram negados, pois os juízes não tiveram energia suficiente para arriscar as consequências da liberdade condicional. Eles escolheram o caminho mais fácil (o *status quo*), e aqueles homens continuaram na cadeia. Uma pesquisa com centenas de veredictos demonstra que, ao longo das sessões, a porcentagem de decisões judiciais "corajosas" cai gradualmente de 65% para quase zero, e, após um recesso, volta a 65%. Deliberações cautelosas? Que nada! Mas, contanto que você não seja réu num julgamento, nem tudo está perdido: está claro qual é o melhor horário para apresentar seu projeto ao CEO.

55

Você usaria o suéter de Hitler?

Viés de contágio

Na esteira do colapso do Império Carolíngio, no século IX, a Europa caiu em anarquia. Condes, cavaleiros e outras lideranças regionais estavam permanentemente em batalha. Implacáveis guerreiros saqueavam fazendas, estupravam mulheres, avançavam sobre terras, raptavam sacerdotes e incendiavam conventos. A Igreja e os agricultores desarmados ficaram impotentes diante do belicismo selvagem dos nobres.

No século X, um bispo francês teve uma ideia. Pediu que os príncipes e os cavaleiros se juntassem em um campo aberto. Enquanto isso, padres, bispos e abades recolheram todas as relíquias que encontraram nas proximidades e as exibiram no tal campo. Formou-se um cenário impressionante de ossos, andrajos ensanguentados, tijolos, azulejos — qualquer objeto que já tivesse entrado em contato com um santo. O bispo, que inspirava muito respeito naquela época, chamou os nobres e, diante das relíquias, repudiou a violência desenfreada e os ataques contra pessoas desarmadas. Para comover ainda mais, o bispo sacudiu as roupas ensanguentadas e os ossos sagrados diante de todos. A reverência dos nobres àqueles símbolos devia ser enorme, pois o singular apelo do sacerdote se espalhou pela Europa e promoveu a "Paz de Deus" e a "Trégua de Deus". "Não se deve subestimar o medo dos santos e das relíquias dos santos na Idade Média", comenta o historiador norte-americano Philip Daileader.

Você é uma pessoa esclarecida e certamente rirá dessa superstição tola. Mas, espere, e se eu mostrar a situação de outra forma? Você vestiria um suéter que já foi usado por Hitler, mesmo recém-lavado? Provavelmente não, certo? Portanto, parece que você não perdeu todo o respeito por essas forças intangíveis. Em essência, o suéter não tem mais nada a ver com Hitler. Não há nenhuma molécula do suor de Hitler no tecido. Ainda assim, a perspectiva de vestir a peça lhe dá repulsa. Não se trata apenas de uma questão de respeito. Sim, queremos projetar uma imagem "correta" para as pessoas e para nós mesmos, e repudiamos a ideia de vestir o suéter mesmo quando nos convencemos de que encostar naquela peça de roupa não implica de forma alguma apoiar Hitler. É difícil neutralizar essa reação emocional. Mesmo quem se considera bastante racional tem dificuldade de afastar completamente a crença em forças misteriosas (eu, inclusive).

Não se pode simplesmente desligar poderes misteriosos dessa natureza. Paul Rozin e seus colaboradores da Universidade da Pensilvânia pediram aos participantes de um estudo que levassem fotografias de pessoas queridas. As imagens foram coladas no centro de alvos, e foi pedido que os participantes jogassem dardos nelas. O ato de perfurar um retrato com dardos não fere o retratado, mas, ainda assim, a hesitação dos participantes foi patente. Eles acertaram muito menos do que o grupo de controle, que havia lançado dardos sobre alvos comuns. Os sujeitos do teste agiram como se alguma força mística os impedisse de acertar as fotografias.

O viés de contágio descreve nossa incapacidade de ignorar a relação que temos com certos objetos, seja uma conexão antiga ou apenas indireta (como as fotografias do exemplo). Uma amiga minha foi, por muito tempo, correspondente de guerra da France 2, uma emissora de televisão pública sediada na França. Tal qual um turista num cruzeiro pelo Caribe, que traz suvenires de cada ilha, como um chapéu de palha ou um coco pintado, minha amiga também colecionava lembranças de suas aventuras. Uma de suas últimas missões foi em Bagdá, em 2003. Algumas horas após a tomada do palácio de Saddam Hussein pelas tropas americanas, a jornalista se esgueirou até os aposentos privados do lugar. Na sala de jantar, viu seis taças de vinho laminadas em ouro e confiscou-as na mesma hora. Num dos jantares que ela costuma oferecer em Paris, vi que as taças douradas ocupavam lugar de honra sobre a mesa. "Essas taças são da Galeries Lafayette?", perguntou alguém. "Não, são do Saddam Hussein", respondeu ela, candidamente. Um dos convidados, horrorizado, cuspiu o vinho de volta à taça e começou a tossir. Tive de contribuir: "Sabe quantas moléculas você já dividiu com o Saddam, só de respirar?", perguntei. "Mais ou menos um bilhão por respiração." Ele se engasgou ainda mais.

56

Por que não existe algo como guerra média

O problema das médias

Suponhamos que você esteja num ônibus com mais 49 pessoas. No ponto seguinte, a pessoa mais pesada do país embarca. Pergunta: em quanto a média de peso dos passageiros aumentou? Quatro por cento? Cinco? Algo por aí? Agora, imaginemos que o ônibus tenha parado de novo, e quem entra agora é o Bill Gates. Desta vez, a questão não é o peso. Pergunta: em quanto a média de riqueza aumentou? Quatro por cento? Cinco? Muito mais!

Vamos fazer um cálculo rápido para a segunda pergunta. Suponhamos que cinquenta sujeitos escolhidos aleatoriamente tenham rendas individuais de 54 mil dólares anuais. Este é o valor estatístico médio, a mediana. E então Bill Gates é somado à conta com sua fortuna de cerca de 59 bilhões de dólares. A riqueza média dispara para 1,15 bilhão, um aumento de quase 2 milhões por cento. Um mero evento atípico mudou radicalmente o cenário, deixando o termo "média" completamente sem sentido.

"Não atravesse um rio se ele tiver (em média) 120 centímetros de profundidade", alerta Nassim Taleb, de quem tirei os exemplos acima. O rio pode ser bem raso em longos trechos, mas pode se transformar em uma corredeira furiosa com 6 metros de profundidade — e, neste caso, existe a possibilidade de afogamento. Lidar com médias é arriscado, porque essa análise costuma mascarar uma distribuição subjacente: a forma como os valores se acumulam.

Outro exemplo: a incidência média de raios ultravioleta de um dia de verão nos EUA não é prejudicial à saúde. Mas se você passar o verão inteiro dentro do escritório e então voar para o Caribe e deitar ao sol sem filtro solar por uma semana inteira, certamente terá um problema — embora, na

Por que não existe algo como guerra média

média do verão inteiro, tenha recebido a mesma quantidade de raios UV que alguém que tenha se exposto ao sol com regularidade.

Essas considerações são bastante óbvias, e é possível que você já tenha se dado conta desse tipo de avaliação. Por exemplo: você bebe uma taça de vinho todas as noites. Esse hábito não é prejudicial à saúde, e muitos médicos recomendam isso. Mas, se você não bebe nada ao longo do ano e no dia 31 de dezembro vira 365 taças, que equivalem a sessenta garrafas, terá problemas, embora a *média* do ano seja a mesma.

E tem mais: em um mundo complexo, as distribuições estão ficando cada vez mais irregulares. Em outras palavras, será possível observar o fenômeno Bill Gates em cada vez mais áreas. Quantos acessos um site médio recebe? A resposta é: não existem sites médios. Um punhado deles (como *New York Times*, Facebook e Google) acumula a maioria dos acessos, e incontáveis outras páginas atraem poucos visitantes, comparativamente. Em casos assim, matemáticos falam em lei da potência. Cidades, por exemplo. Há uma cidade no mundo com mais de 30 milhões de habitantes — Tóquio. Há 11 cidades com população entre 20 e 30 milhões. Há 15 cidades entre 10 e 20 milhões de habitantes. Há 48 cidades entre 5 e 10 milhões de habitantes. E milhares (!) entre 1 e 5 milhões. É a lei da potência. Alguns extremos dominam a distribuição, e o conceito de média fica inutilizado.

Qual é o tamanho médio de uma empresa? Qual é a população média de uma cidade? O que é uma guerra média (em termos de mortes ou duração)? Qual é a flutuação diária média do índice Dow Jones? Qual é o estouro de orçamento médio de um projeto imobiliário? Quantas cópias são vendidas de um livro médio? Qual é a média de dano causada por um furacão? Quanto vale o bônus médio de um banqueiro? Qual é a média de sucesso de uma campanha publicitária? Quantos downloads são feitos de um aplicativo médio de iPhone? Quanto ganha um ator médio? É claro que você poderia calcular essas respostas, mas isso seria uma enorme perda de tempo. Esses cenários aparentemente rotineiros estão sujeitos à lei da potência.

Último exemplo: alguns atores enchem o bolso com mais de 10 milhões de dólares por ano, enquanto milhares e milhares vivem à míngua. Você aconselharia seu filho a virar ator com base no salário médio, que é bem razoável? Espero que não, não pelo motivo errado.

Concluindo: quando alguém usar a palavra "média", pense duas vezes. Tente perceber a distribuição subjacente. Caso nenhuma anomalia tenha grande influência no conjunto, o conceito de média ainda vale. No entanto, quando casos extremos dominam a cena (como o fenômeno Bill Gates), é preciso descontar o termo "média". Temos de nos lembrar da frase do escritor William Gibson: "O futuro já chegou — ele só não está bem-distribuído."

57

Como os bônus acabam com a motivação
Avalanche motivacional

Alguns meses atrás, um amigo de Connecticut decidiu se mudar para Nova York. Ele tinha uma impressionante coleção de antiguidades, como delicados livros antigos e taças de Murano feitas à mão. Eu sabia de seu apego àquelas peças e imaginei sua ansiedade em confiá-las à empresa de mudanças. Assim, na última vez que o visitei na casa antiga, ofereci-me para levar comigo os itens mais frágeis de volta a Nova York. Duas semanas depois, recebi uma carta de agradecimento. E, junto a ela, uma nota de 50 dólares.

Já faz anos que a Suíça vem discutindo onde armazenar resíduos radioativos. O governo cogitou alguns lugares onde instalar o depósito subterrâneo, e entre eles estava a cidade de Wolfenschiessen, na região central do país. O economista Bruno Frey juntou-se a outros pesquisadores da Universidade de Zurique para ir à cidade e registrar a opinião da população em uma reunião comunitária. Por incrível que pareça, 50,8% dos presentes eram a favor da proposta. Aquela resposta positiva poderia ser atribuída a diversos fatores, como orgulho nacional, retidão civil, responsabilidade social, perspectiva de novos empregos e por aí vai. A mesma equipe fez uma segunda enquete, desta vez mencionando uma recompensa hipotética de 5 mil dólares, custeada pelos contribuintes suíços, caso a proposta fosse aceita. O resultado despencou: apenas 24,6% responderam sim.

Outro exemplo são as creches. Em todo o mundo, funcionários de creche se deparam com a mesma questão: pais que só aparecem para pegar os filhos após o horário de fechamento. A equipe não tcm outra escolha além de esperar. Não podem botar as últimas crianças num táxi nem largá-

-las na rua. Para desencorajar os atrasos, muitas creches estipularam multas por impontualidade. Ironicamente, pesquisas demonstraram que, na verdade, os atrasos aumentaram. É claro que as creches poderiam ter instituído multas draconianas de, digamos, 500 dólares por hora — e, da mesma forma, a oferta ao povo da pequena cidade suíça poderia ter sido de um milhão de dólares. A questão é: pequenos — surpreendentemente pequenos — incentivos monetários solapam outros tipos de incentivos.

Essas três histórias ilustram um fato: dinheiro nem sempre é fator de motivação. Aliás, em certos casos, acontece justamente o contrário. Quando meu amigo me passou aquela nota de cinquenta, ele diminuiu minha boa ação, além de ter manchado nossa amizade. A oferta de pagamento em troca do depósito nuclear foi vista como suborno que rebaixava a comunidade e seu patriotismo. As multas por atraso das creches transformaram o relacionamento com os pais de interpessoal para monetário e acabaram legitimando a impontualidade.

A ciência tem um nome para este fenômeno: avalanche motivacional [*motivation crowding*]. Quando as pessoas fazem algo por motivos não monetários — por pura bondade, digamos assim —, os pagamentos são um entrave. Recompensas financeiras acabam com qualquer outro tipo de motivação.

Digamos que você tenha uma instituição sem fins lucrativos. Logicamente, os salários oferecidos são bem modestos. No entanto, seus funcionários são muito motivados, pois acreditam que estão fazendo a diferença. Se você introduzir um sistema de bônus, como, por exemplo, um pequeno aumento de salário para cada doação conseguida, detonará o fenômeno de avalanche motivacional. Sua equipe começará a esnobar tarefas que não rendam compensação extra. Criatividade, reputação da empresa, transferência de conhecimento, tudo isso deixará de importar. Logo, logo, todos os esforços serão concentrados em atrair doações.

Portanto, quem está a salvo da avalanche motivacional? Esta dica pode ajudar a responder: você já viu algum executivo de banco, corretor de seguros ou auditor financeiro que trabalhe por paixão ou que acredite em alguma missão superior? Eu nunca vi. Incentivos financeiros e bônus de desempenho funcionam bem em setores que envolvem empregos pouco inspiradores, como segmentos em que os funcionários não têm orgulho das empresas ou dos produtos e cumprem o trabalho apenas em razão do contracheque. Por outro lado, se você abrisse uma empresa, seria aconselhável alimentar o entusiasmo dos funcionários em vez de tentar atiçar a equipe com bônus apetitosos, que você não conseguiria pagar, de qualquer forma.

Uma última dica para quem tem filhos: a experiência mostra que jovens não estão à venda. Se quiser que seus filhos façam o dever de casa, estudem um instrumento musical ou até mesmo cortem a grama de vez em quando, não tire a carteira do bolso. Caso contrário, eles vão se valer do sistema e logo começarão a se recusar a deitar cedo sem alguma recompensa.

58
Se você não tem nada a dizer, não diga nada
Tendência ao lero-lero

Quando perguntada sobre o porquê de um quinto dos americanos não serem capazes de localizar os Estados Unidos no mapa-múndi, a miss adolescente da Carolina do Sul, que tinha ensino médio completo, deu a seguinte resposta em frente às câmeras: "Pessoalmente, acho que os americanos não conseguem fazer isso porque tem gente no nosso país que não tem mapas, e acho que nossa educação tipo a África do Sul e o Iraque e tipo em qualquer lugar e acho que eles deviam, a nossa educação aqui nos Estados Unidos devia ajudar os Estados Unidos, devia ajudar a África do Sul e devia ajudar o Iraque e os países da Ásia, para que a gente possa construir nosso futuro." O vídeo se alastrou rapidamente pela internet.

Temos que concordar que essa foi uma declaração catastrófica, mas ninguém perde muito tempo escutando misses. Que tal esta aqui, então: "Não existe certamente nenhuma necessidade de que esta cada vez maior transmissão reflexiva de tradições culturais esteja associada com motivos centrados no sujeito e na consciência histórica orientada para o futuro. À medida que tomamos consciência da constituição intersubjetiva da liberdade, a ilusão possessivo-individualista de autonomia enquanto autopropriedade se desintegra." Reconheceu? Trata-se do grande filósofo e sociólogo alemão Jürgen Habermas, em *Entre fatos e normas*.

Ambas as falas são manifestações do mesmo fenômeno, a tendência ao lero-lero. Pilhas de palavras são usadas para disfarçar preguiça intelectual, estupidez ou ideias pouco desenvolvidas. No caso da miss, essa cortina de fumaça foi um fracasso retumbante. Em Habermas, tem funcionado até agora. Quanto mais eloquente a nuvem de palavras, mais facilmente caímos nessa estratégia. Se usada em conjunto com o viés de autoridade, tais disparates podem ser particularmente perigosos.

Eu mesmo já caí na tendência ao lero-lero muitas vezes. Quando era mais novo, fiquei fascinado pelo filósofo francês Jacques Derrida. Devorava os livros dele, mas mesmo após muita reflexão não conseguia entender os conceitos muito bem. Logo tudo que ele escrevia passou a ter uma aura misteriosa, e essa experiência me levou a escrever minha dissertação em filosofia. Olhando em retrospecto, ambos eram amontoados de blá-blá-blá inútil — Derrida e minha dissertação. Em minha ignorância, eu havia me transformado em uma máquina de fazer fumaça.

A tendência ao lero-lero é especialmente comum na área de esportes. Repórteres esbaforidos forçam jogadores de futebol igualmente esbaforidos a analisar componentes do jogo, quando tudo que o atleta queria dizer é: "Perdemos o jogo. Simples assim." Mas o apresentador tem que dar um jeito de preencher todo o horário do programa, e aparentemente o melhor método é tagarelar sem parar e puxar jogadores e técnicos para o mesmo barco. O lero-lero disfarça a ignorância.

O mesmo fenômeno já se enraizou na esfera acadêmica. Quanto menos resultados um ramo da ciência publica, mais tolices são necessárias. Os economistas estão particularmente expostos a isso, o que se pode notar em comentários e previsões econômicas. O mesmo vale, em escala menor, para o comércio: quanto pior é o desempenho de uma empresa, mais grandioso é o discurso do CEO. O lero-lero não se resume apenas ao papo furado — também abarca a hiperatividade como disfarce para dificuldades. Uma louvável exceção é o antigo CEO da General Electric, Jack Welch. Certa vez, ele declarou em uma entrevista: "Você não imagina como é difícil ser claro e simples. As pessoas têm medo de parecer simplórias. Na verdade, ocorre justamente o contrário."

Conclusão: a expressão verbal é um espelho da mente. Pensamentos claros se tornam declarações claras, enquanto ideias ambíguas se transformam em divagações vazias. O problema é que, muitas vezes, nosso pensamento não é muito lúcido. O mundo é complicado, e entender pelo menos uma faceta dele demanda muito esforço mental. Até que você tenha uma epifania, é melhor ouvir o conselho de Mark Twain: "Se você não tem nada a dizer, não diga nada." A simplicidade é o zênite de uma longa e árdua jornada, e não o ponto de partida.

59
Como aumentar o QI médio de dois Estados
O fenômeno Will Rogers

Digamos que você seja diretor de um banco privado de pequeno porte. O banco gerencia o dinheiro de pessoas ricas, quase todas aposentadas. Dois gerentes de investimentos — A e B — reportam-se a você. O gerente de investimentos A gerencia os fundos de uns poucos clientes de enorme patrimônio líquido. O gerente de investimentos B lida com clientes ricos, mas não tanto. O conselho pede que você aumente o volume monetário dos gerentes A e B — e dentro de seis meses. Se for bem-sucedido, você receberá um belo bônus. Se não for, eles encontrarão alguém que o faça. Por onde você começa?

A resposta é bem simples, na verdade: você tira um cliente com um patrimônio considerável, mas não enorme, de A e o aloca a B. De uma só tacada, a manobra eleva a média patrimonial gerenciada por A e B, sem a necessidade de encontrar um cliente novo sequer. A pergunta que resta é: como você vai gastar seu bônus?

Vamos supor que você troque de carreira e agora seja o responsável por três *hedge funds* que investem principalmente em empresas privadas. O fundo A tem retorno sensacional, o fundo B, mediano, e o fundo C é miserável. Você quer mostrar seu valor, então qual é o seu plano infalível? Você já sabe como funciona: desloca-se alguma das cotas de A para B e C, escolhendo exatamente os investimentos que vêm puxando o retorno médio de A para baixo, mas que são fortes o suficiente para incrementar B e C. Na mesma hora, os três fundos parecem muito mais sadios. E, como a transformação aconteceu internamente, não existe qualquer taxa a cobrar. A soma dos valores do trio não aumentou em um centavo, mas ainda assim seus colegas lhe darão tapinhas nas costas.

Esse efeito é conhecido como migração de estágio, ou "fenômeno Will Rogers", assim denominado em homenagem ao comediante do estado de Oklahoma, nos Estados Unidos. Diz-se que certa vez ele brincou que os moradores de Oklahoma que se mudam para a Califórnia elevam o QI médio de ambos os estados. Como raramente reconhecemos cenários como esse, vamos nos aprofundar sobre esse fenômeno para fixá-lo na sua memória.

Um bom exemplo são as revendedoras de carro. Digamos que você assuma a gerência de duas pequenas filiais na mesma cidade, com um total de seis vendedores: números 1, 2 e 3 na filial A, e 4, 5 e 6 na filial B. Em média, o vendedor 1 vende um carro por semana, o vendedor 2 vende dois carros por semana, e assim sucessivamente até o sexto, o melhor vendedor, que vende seis carros toda semana. Com um simples cálculo, você sabe que a filial A vende dois carros por vendedor, enquanto a filial B está bem à frente, com uma média de cinco carros semanais por vendedor. Você decide transferir o vendedor 4 para a filial A. O que acontece? A média de vendas dessa loja aumenta para 2,5 unidades por pessoa. E quanto à filial B? Sua equipe agora tem apenas dois vendedores, os de número 5 e 6. Sua média aumenta para 5,5 por pessoa. Essa estratégia de mudança súbita não muda nada de forma geral, mas cria uma bela ilusão. Por isso, jornalistas, investidores e membros de conselhos diretores devem ficar com a pulga atrás da orelha ao ouvirem falar de médias ascendentes em países, empresas, departamentos, centros de custo ou linhas de produtos.

Um efeito especialmente enganador do fenômeno Will Rogers pode ser visto na medicina. Normalmente, tumores são classificados em quatro estágios: os menores e mais fáceis de tratar são enquadrados no estágio I, e os piores, no estágio IV. A progressão dos tumores gerou o termo "migração de estágio". A taxa de sobrevivência é maior em pacientes no estágio I, e menor em pacientes em estágio IV. Todo ano, são lançados no mercado novos procedimentos que permitem diagnósticos mais precisos. Essas novas técnicas de mapeamento revelam tumores minúsculos que nenhum médico jamais perceberia antes. O resultado: pacientes que antes eram erroneamente diagnosticados como saudáveis, agora são classificados como de nível I. O acréscimo de pessoas relativamente sadias no estágio I aumentou a expectativa de vida desse grupo. Uma grande conquista da medicina? Infelizmente não: uma mera *migração de estágio*.

60

Se você tem um inimigo, dê-lhe informação
Viés de informação

Em seu conto "Do rigor na ciência", que consiste em apenas um parágrafo, Jorge Luis Borges descreve um país especial, onde a ciência cartográfica é tão sofisticada que apenas os mapas mais detalhados prestam; ou seja, um mapa com escala de 1:1, tão grande como o próprio país. Os cidadãos logo percebem que um mapa dessa grandeza não lhes traz nenhuma novidade, já que apenas replica o que já conhecem. O mapa de Borges é um caso extremo de viés de informação [*information bias*], a ilusão de que mais informação seja garantia de decisões melhores.

Em busca de um hotel em Miami, algum tempo atrás, fiz uma lista com cinco boas opções. Imediatamente, um hotel me saltou aos olhos, mas eu queria confirmar que havia encontrado a melhor oferta e decidi continuar a pesquisa. Mergulhei em dezenas de avaliações de clientes e postagens de blogs, e cliquei em incontáveis fotos e vídeos. Duas horas depois, eu estava certo de qual era o melhor hotel: o que eu havia escolhido desde o início. A montanha de informações adicionais não levou a uma decisão melhor. Pelo contrário; se tempo é dinheiro, eu poderia muito bem ter me mudado para o Four Seasons.

Jonathan Baron, da Universidade da Pensilvânia, apresentou a seguinte questão a médicos: um paciente apresenta sintomas que indicam uma probabilidade de 80% de ser portador da doença A. Se este não for o caso, o paciente pode ter as doenças X ou Y. As três doenças são igualmente ruins, e os respectivos tratamentos resultam em efeitos colaterais similares. Como médico, qual tratamento você sugeriria? Logicamente, você diria que se trata da doença A e recomendaria a terapia adequada. Agora, vamos

Se você tem um inimigo, dê-lhe informação

supor que exista um teste diagnóstico que mostra "positivo" quando a doença X é detectada e "negativo" quando a doença Y é detectada. No entanto, se o paciente realmente tiver a doença A, o resultado será positivo em 50% dos casos e negativo nos demais 50%. Você recomendaria que se fizesse esse teste? A maioria dos médicos disse sim, mesmo que os resultados fossem irrelevantes. Assumindo que o resultado do teste seja positivo, a probabilidade de ser a doença A ainda é muito maior do que a doença X. A informação adicional não acrescenta nada à decisão.

Médicos não são os únicos profissionais com uma propensão por informações adicionais. Gerentes e investidores são quase viciados nisso. Quantas vezes pesquisas são encomendadas uma atrás da outra, embora os dados críticos já estejam disponíveis? Informações adicionais não significam apenas um desperdício de tempo e dinheiro, mas também podem deixar você em desvantagem. Pense nisso: qual cidade é mais populosa, San Diego ou San Antonio, no estado da Califórnia? Gerd Gigerenzer, do Instituto Max Planck, da Alemanha, fez essa pergunta a alunos da Universidade de Chicago e da Universidade de Munique. Sessenta e dois por cento dos alunos de Chicago deram a resposta correta: San Diego era mais populosa. Mas, surpreendentemente, todos os alunos alemães acertaram. O motivo? Todos já tinham ouvido falar de San Diego, mas não necessariamente de San Antonio, e então optaram pela cidade mais familiar. Para os moradores de Chicago, no entanto, ambas as cidades eram familiares. Eles tinham mais informação, e isso os confundiu.

Considere, então, as centenas de milhares de economistas — em bancos, grandes consultorias, *hedge funds* e governos — e todos os relatórios oficiais que eles publicaram entre 2005 e 2007. Pense na enorme biblioteca de relatórios de pesquisa e modelos matemáticos, no formidável papelório de comentários, nas esmeradas apresentações de PowerPoint, nos terabytes de dados nas agências de notícias Bloomberg e Reuters e na dança dionisíaca para venerar o deus da informação. Apenas palavras vazias. A crise financeira chegou com tudo e derrubou mercados do mundo inteiro, provando que os inúmeros comentários e previsões foram inúteis.

Não tente reunir todos os dados. Faça o possível para se virar com os fatos por si sós. Isso vai ajudá-lo a tomar melhores decisões. Conhecimento supérfluo é inútil, quer você saiba disso, quer não. O historiador Daniel J.

Boorstin bem disse: "O maior obstáculo às descobertas não é a ignorância, é a ilusão de conhecimento." E, da próxima vez que você for confrontado por um rival, considere a possibilidade de matá-lo — não com bondade, mas com milhares de dados e análises.

61

Dói, mas eu gosto

A justificativa do esforço

John, um soldado do exército americano, acabou de terminar o curso de paraquedista. Ele aguarda pacientemente na fila para receber o tão ansiado distintivo da divisão de paraquedismo. Finalmente, o oficial superior se posta à frente dele, posiciona o broche sobre a camisa e o aperta com tanta força que o alfinete perfura o peito de John. Desde então, ele abre o botão superior da camisa o tempo todo para exibir a pequena cicatriz. Décadas mais tarde, ele jogou fora todos os objetos relacionados com aquele período no exército, salvo o pequeno distintivo, dependurado em uma moldura feita especialmente para ele na parede da sala de estar.

Mark restaurou sozinho uma Harley-Davidson velha e enferrujada. Todos os fins de semana e feriados eram dedicados à restauração da motocicleta. Enquanto isso, seu casamento se aproximava cada vez mais do fim. Foi uma luta, mas por fim o tesouro de Mark estava cintilando, pronto para tomar as estradas. Dois anos depois, Mark precisa desesperadamente de dinheiro. Ele vende todos os bens — a TV, o carro e até a casa —, menos a moto. Mesmo recebendo uma oferta pelo dobro do seu valor real, ele não a vende.

John e Mark são vítimas da justificativa do esforço. Quando alguém dedica muita energia a uma tarefa, tende a superestimar os resultados. Como John teve de suportar dor física pelo distintivo de paraquedista, esse emblema suplanta todos os outros. E como a moto de Mark lhe custou muitas e muitas horas — e quase a mulher — ele a valoriza tanto que nunca a venderá.

A justificativa do esforço é um caso especial de "dissonância cognitiva". Ser perfurado no peito por causa de um simples broche de mérito é uma situação que beira o absurdo. O cérebro de John compensa esse desequilíbrio supervalorizando o distintivo, elevando-o de algo mundano a algo quase sagrado. Isso acontece de forma inconsciente, e é difícil de evitar.

Grupos usam a justificativa do esforço para atrair membros — por exemplo, na adoção de ritos de iniciação. Gangues e grêmios iniciam novos participantes forçando-os a suportar testes perversos ou repugnantes. Pesquisas provam que, quanto mais difícil é a "prova de admissão", maior é o orgulho e o valor dado à afiliação. Cursos de MBA jogam com a justificativa do esforço da seguinte maneira: eles esfalfam os alunos dia e noite, sem trégua, deixando-os quase à beira da exaustão. Quer o MBA se mostre útil no futuro, quer não, depois que os alunos botam a mão no diploma, considerarão essa qualificação essencial para suas carreiras, simplesmente porque foi tão exaustivo obtê-la.

Uma forma leve de justificativa do esforço é o chamado efeito IKEA. Quando montados por nós mesmos, os móveis têm mais valor do que qualquer objeto de design caro. O mesmo acontece com meias tricotadas à mão. É difícil jogar fora um par feito à mão, ainda que velho e antiquado. Gerentes que dedicam semanas de trabalho duro em uma proposta estratégica não serão capazes de avaliá-la com objetividade. O mesmo acontece com designers, redatores, desenvolvedores de produto ou outros profissionais que ficam lambendo suas criações.

Nos anos 1950, chegaram ao mercado as misturas instantâneas para bolo. Um sucesso garantido, imaginaram os fabricantes. Foi um tiro n'água: as donas de casa antipatizaram imediatamente com o produto, porque ele deixava o processo fácil demais. As fábricas reagiram e dificultaram um pouco a preparação (é preciso bater os ovos). O esforço extra alimentou a sensação de êxito pessoal das senhoras e, em consequência, a valorização das comidas pré-preparadas.

Agora que você já sabe o que é a justificativa do esforço, poderá avaliar seus projetos de forma mais objetiva. Faça o seguinte: sempre que investir muito tempo e esforço em algo, dê um passo para trás e examine o resultado — e *apenas* o resultado. Pense naquele livro que você escreve e reescreve há cinco anos e nenhuma editora aceita: talvez não se trate de nenhum prêmio Nobel, afinal de contas. E aquele MBA que você se sentiu obrigado a fazer, você o recomendaria hoje com sinceridade? E aquela moça com quem você sonha há anos, ela é de fato melhor do que a candidata número 2, que teria aceitado na mesma hora?

62

Por que coisas pequenas assumem grandes dimensões

Lei dos pequenos números

Você se senta à mesa de reunião do conselho diretor de uma empresa de varejo com mil lojas. Metade das lojas está em grandes cidades; a outra metade, em áreas rurais. A pedido do presidente da rede, uma consultoria pesquisou as ocorrências de furto nas lojas e está apresentando os resultados. Projetados no telão, estão os nomes das cem filiais com maior índice de furtos em relação às vendas. Em letras garrafais, acima da lista, a conclusão esclarecedora: "As filiais com maior índice de furtos encontram-se principalmente em áreas rurais." Após um instante de silêncio e descrença, o CEO é o primeiro a se pronunciar: "Senhoras e senhores, o próximo passo está bem claro. A partir de agora, vamos instalar mais sistemas de segurança nas lojas do interior. Quero ver esses caipiras roubarem a gente de novo! Todos concordam?"

Hum, nem tanto. Você pergunta ao consultor quais são as cem filiais com menor ocorrência de furtos. Após procurar rapidamente, a lista aparece. Surpresa: as lojas com menos furtos em relação às vendas também estão em áreas rurais! "O fator decisivo não é a localização", você começa a falar, e sorri com uma ponta de orgulho ao reparar nos colegas à mesa. "O importante é o tamanho da loja. No interior, as lojas tendem a ser menores, o que significa que um único incidente influencia muito mais o índice de furtos. Por isso, a variação entre essas lojas é grande, muito maior do que nas filiais de grande porte das cidades. Senhoras e senhores, eu lhes apresento a lei dos pequenos números. Ela acabou de pegar vocês."

A lei dos pequenos números não é compreensível intuitivamente. Dessa forma, muitos profissionais — especialmente jornalistas, gerentes e

Por que coisas pequenas assumem grandes dimensões

membros de conselho — ainda caem nisso. Vamos examinar um exemplo gritante. Em vez de o índice de furtos, vamos considerar o peso médio dos funcionários de uma filial. Em vez de mil lojas, teremos apenas duas, uma megaloja e um quiosque. A megaloja tem mil funcionários e o quiosque, apenas dois. O peso médio na megaloja corresponde, grosso modo, ao peso médio da população, digamos que 75 quilos. Não importa quem seja demitido ou contratado. A média não vai mudar. O mesmo não acontece no quiosque: o colega do gerente dessa filial, seja gorducho ou esquálido, afetará em muito a média.

Voltemos à questão dos furtos. Já sabemos por que quanto menor é uma loja, maior será a variação do índice de furtos — de muito alto a muito baixo. Não importa a forma como o consultor organize a planilha. Se listarmos os índices em ordem decrescente, as lojas pequenas aparecerão no final, as grandes aparecerão no meio. E as primeiras posições? Serão das lojas pequenas outra vez. Portanto, a conclusão do CEO foi inútil, mas pelo menos ele não terá de exagerar no sistema de segurança das lojas pequenas.

Vamos imaginar uma manchete de jornal: "Empresas start-up contratam pessoas mais inteligentes. Estudo encomendado pelo Instituto Nacional de Pesquisas Inúteis calculou o QI médio das empresas americanas. Resultado: as start-ups contratam pequenos gênios." Qual é a sua primeira reação? Espero que seja arquear a sobrancelha. Este é um exemplo perfeito da lei dos pequenos números. Start-ups tendem a contratar menos funcionários. Portanto, o QI médio flutuará muito mais do que em grandes corporações, dando às pequenas (e novas) empresas as pontuações mais altas e mais baixas. A pesquisa do Instituto Nacional não tem qualquer importância. Simplesmente confirma as leis do acaso.

Portanto, cuidado quando ouvir falar de estatísticas formidáveis sobre entidades de pequeno porte, sejam empresas, lares, cidades, *data centers*, formigueiros, paróquias, escolas e assim por diante. O que é vendido como descoberta surpreendente é, na verdade, uma consequência trivial da distribuição aleatória. Em seu mais recente livro, o ganhador do prêmio Nobel Daniel Kahneman revela que mesmo pesquisadores experientes sucumbem à lei dos pequenos números. Muito reconfortante.

63

Frágil
Expectativas

Em 31 de janeiro de 2006, o Google anunciou os resultados financeiros do último trimestre de 2005. Receita: aumento de 97%. Lucro líquido: aumento de 82%. Um trimestre recordista. Como o mercado reagiu a esses números fenomenais? Em questão de segundos, as ações caíram 16%. A oferta de ações teve de ser interrompida. Ao voltar, caíram mais 15%. Pânico absoluto. Um corretor mais desesperado perguntou em seu blog: "Qual é o melhor arranha-céu para eu me jogar dele?" O que deu errado? Analistas de Wall Street haviam previsto resultados ainda melhores, e, quando as previsões não se materializaram, 20 bilhões de dólares foram arrancados deste gigante da mídia.

Todo investidor sabe que é impossível prever resultados financeiros com precisão. A resposta lógica a uma previsão errada seria "me enganei, a culpa foi minha". Investidores, porém, não reagem assim. Em janeiro de 2006, quando a Juniper Networks anunciou que os ganhos por ação tão ansiados seriam um *décimo* de centavo mais baixo do que as previsões, o valor das ações caiu 21% e o valor da empresa despencou 2,5 bilhões. Quando expectativas são estimuladas às vésperas de um anúncio, qualquer discrepância abre caminho para punições draconianas, não importa quão insignificante seja a diferença.

Muitas empresas fazem das tripas coração para atender às previsões dos analistas. Para escapar desse terror, algumas começaram a publicar as próprias estimativas, as chamadas previsões de lucro. Não foi uma decisão muito sábia. Agora, o mercado segue apenas essas previsões internas — e as estudam muito mais de perto. Diretores financeiros são forçados a atin-

Frágil

gir esses resultados centavo por centavo, e para isso se valem de todos os artifícios contábeis possíveis.

Felizmente, expectativas também podem levar a incentivos louváveis. Em 1965, o psicólogo americano Robert Rosenthal conduziu um experimento digno de nota em várias escolas. Foi dito aos professores que havia um novo (e fictício) teste capaz de identificar alunos que estivessem à beira de um salto intelectual — os chamados promissores. Vinte por cento dos alunos foram selecionados aleatoriamente e classificados dessa forma. Os professores ficaram sob a impressão de que esses alunos de fato tinham alto potencial. Após um ano, Rosenthal descobriu que esses alunos haviam desenvolvido QIs muito mais altos dos que as crianças do grupo de controle. Esse efeito ficou conhecido como "efeito de Rosenthal" (ou "efeito de Pigmalião").

Diferentemente dos diretores-gerais e financeiros que conscientemente manejaram o próprio desempenho para atender a expectativas, a atitude dos professores foi inconsciente. Sem perceber, eles provavelmente dedicaram mais tempo aos promissores e, portanto, esse grupo aprendeu mais. A possibilidade de estar diante de alunos brilhantes influenciou tanto os professores que eles atribuíram aos "bem-dotados" não apenas notas melhores, mas também traços de personalidade superiores.

Mas como reagimos a expectativas pessoais? Isso nos remete ao "efeito placebo", remédios e terapias que teoricamente não afetariam a saúde, mas a melhoram de qualquer forma. O "efeito placebo" foi registrado em um terço de todos os pacientes. No entanto, ainda não se sabe muito bem como ele funciona. Tudo que sabemos é que as expectativas alteram a bioquímica do cérebro e, logo, do corpo inteiro. Como consequência, pacientes que sofrem de mal de Alzheimer não se beneficiam de placebos, pois a doença afeta a área do cérebro que lida com as expectativas.

Expectativas são intangíveis, mas seu efeito é bem real. Elas têm o poder de mudar a realidade. É possível desprogramá-las? Podemos ter uma vida sem expectativas? Infelizmente, não. Mas é possível lidar com elas de forma mais cautelosa. Aumente as expectativas em relação a você e às pessoas queridas. Isso aumenta a motivação. Ao mesmo tempo, diminua as expectativas sobre tudo que você não possa controlar — o mercado de ações, por exemplo. Por mais paradoxal que isso possa soar, a melhor forma de se proteger contra surpresas desagradáveis é antecipá-las.

64

Radar de velocidade à frente!

Pura lógica

Vou propor a você três perguntinhas fáceis. Pegue uma caneta rapidinho e anote as respostas na margem da página. Primeira pergunta: em uma loja de departamentos, uma raquete de pingue--pongue e uma bolinha custam 1,10 dólar. Se a raquete custa um dólar a mais, quanto custa a bolinha? Segunda pergunta: em uma fábrica de tecidos, cinco máquinas levam exatamente cinco minutos para fazer cinco camisas. Quantos minutos são necessários para que cem máquinas produzam cem camisas? Terceira e última pergunta: alguns lírios-d'água crescem num lago. A planta se multiplica com rapidez, e a cada dia a área ocupada pelas ramas duplica. Se para cobrir toda a superfície do lago são necessários 48 dias, quantos dias são necessários para que o lago esteja coberto pela metade? Não avance na leitura até anotar as respostas.

Para cada pergunta, há uma resposta intuitiva — e uma certa. As respostas imediatas e intuitivas vêm à mente primeiro: dez centavos, cem minutos e 24 dias. Mas elas estão erradas. As corretas são cinco centavos, cinco minutos e 47 dias. Quantas respostas você acertou?

Milhares de pessoas fizeram esse Teste de Reflexão Cognitiva [CRT, na sigla em inglês], desenvolvido pelo professor Shane Frederick. Até agora, os alunos do MIT (Massachusetts Institute of Technology), em Boston, tiveram o melhor desempenho. Em média, acertaram 2,18 respostas. Os alunos da Universidade de Princeton aparecem em segundo lugar, com média de acerto de 1,63. Bem abaixo, estão os alunos da Universidade de Michigan, que acertaram em média 0,83 resposta. No entanto, apesar dessa perfeita classificação, as médias não nos interessam nesse caso. Mais importante é saber como os que obtiveram pontuação mais alta são diferentes do demais.

Uma dica: você prefere um pássaro na mão ou dois voando? Frederick descobriu que aqueles com baixo resultado no CRT tendem a preferir um pássaro na mão. Preferem a segurança. Afinal de contas, *alguma coisa* é melhor do que nada. Quem acerta duas ou mais costuma optar pela opção mais arriscada. Preferem apostar. E isso vale especialmente para homens.

Um fator que separa esses grupos é a habilidade de controlar impulsos. No capítulo 52 deste livro, sobre *desconto hiperbólico*, falamos do poder sedutor do "agora". Fez-se a seguinte pergunta para os participantes: "Você prefere receber mil dólares hoje ou 1.100 daqui a um mês?" Em geral, quem tem pontuação baixa no CRT prefere ganhar menos e mais cedo. Para essas pessoas, esperar é um desafio, pois elas são mais impulsivas. Isso se aplica a decisões de compra. Em contrapartida, pessoas com pontuação alta em geral preferem esperar as semanas a mais. Elas têm força de vontade para recusar a gratificação instantânea e são recompensadas por isso mais adiante.

Pensar é mais exaustivo do que sentir: considerações racionais exigem mais força de vontade do que simplesmente ceder à intuição. Em outras palavras, pessoas intuitivas tendem a analisar menos. Essa constatação levou o psicólogo Amitai Shenhav e outros pesquisadores da Universidade de Harvard a investigar se os resultados no CRT têm alguma correlação com a fé individual. Americanos com pontuação alta (o estudo foi conduzido apenas nos EUA) em geral são ateus e suas convicções são reforçadas ao longo dos anos. Aqueles com CRT baixo, no entanto, tendem a acreditar em Deus e na "imortalidade da alma", e costumam ter passado por experiências divinas. Isso faz sentido: quanto mais intuitivamente alguém toma decisões, menos racionalmente essa pessoa questionará suas crenças religiosas.

Se você não ficou muito satisfeito com sua pontuação no CRT e quer melhorá-la, comece tratando com incredulidade mesmo a mais simples proposição lógica. Nem tudo que parece plausível é verdadeiro. Rejeite as respostas fáceis que saltam aos olhos. Então vamos tentar outra vez: você está viajando do ponto A ao B. No caminho de ida, você dirige a 100 km/h, e na volta, a 50 km/h. Qual foi sua velocidade média? Foi de 75 km/h? Vá devagar, vá devagar!

65

Como desmascarar um charlatão

O efeito Forer

Prezado leitor, não se surpreenda, mas eu conheço você. É assim que eu o descreveria: "Você tem uma grande necessidade de ser amado e admirado. Você tem tendência a ser autocrítico. Além disso, existe um grande potencial desperdiçado, que você ainda não conseguiu aproveitar. Sua personalidade tem alguns pontos fracos, mas em geral você consegue compensá-los. Ajustar-se sexualmente lhe causou problemas. É disciplinado e tem autocontrole por fora, mas tende a ser preocupado e inseguro por dentro. Às vezes, você duvida muito das próprias decisões e atitudes. Gosta de uma certa dose de mudança, e não gosta de ficar amarrado a limites e restrições. Você se orgulha de ser um livre-pensador e não aceita afirmações alheias sem a devida prova. Você percebeu que franqueza em excesso não é uma atitude sensata. Às vezes você é extrovertido, afável e sociável, mas às vezes também é introvertido, desconfiado e reservado. Algumas de suas aspirações tendem a ser bem irreais. Segurança é um dos seus maiores objetivos de vida."

Você se reconheceu? Em uma escala de 1 (fraco) a 5 (excelente), qual é a nota da minha avaliação?

Em 1948, o psicólogo Bertram Forer montou o texto acima a partir de horóscopos de várias revistas. Em seguida, entregou o parágrafo para seus alunos, dando a entender que estavam recebendo avaliações personalizadas. Em média, a nota dada pelos alunos para a avaliação foi 4,3 de um máximo de 5 pontos, ou seja, eles deram a Forer uma taxa de acerto de 86%. A experiência foi repetida centenas de vezes nas décadas seguintes, com resultados praticamente idênticos.

Como desmascarar um charlatão

É provável que você tenha dado nota 4 ou 5 ao teste também. As pessoas tendem a identificar muitas de suas próprias características entre descrições universais. Essa tendência ficou conhecida no meio científico como efeito Forer (ou "efeito Barnum"). O efeito Forer explica por que as pseudociências funcionam tão bem — astrologia, grafologia, biorritmo, quiromancia, tarô e sessões mediúnicas com os mortos.

O que está por trás do efeito Forer? Em primeiro lugar, a maioria das afirmações do texto de Forer é tão genérica que têm a ver com qualquer um: "Às vezes, você duvida muito das próprias decisões e atitudes." Quem não duvida? Em segundo lugar, tendemos a aceitar elogios que não se aplicam a nós: "Você se orgulha de ser um livre-pensador." Óbvio! Quem é que se vê como um maria vai com as outras? Em terceiro lugar, o chamado efeito de presença cumpre papel significativo: o texto não tem afirmações negativas. Ele afirma apenas o que somos, embora a ausência de características seja parte igualmente importante na personalidade. Em quarto lugar, a mãe de todas as falácias, o viés de confirmação: aceitamos tudo que corresponda à nossa autoimagem e filtramos inconscientemente todo o resto. O que sobra é um retrato coerente.

Astrólogos e quiromantes tiram esses truques da cartola, consultores e analistas, idem: "As ações têm potencial de crescimento significativo, mesmo em ambiente muito competitivo. A empresa não tem o ímpeto necessário para concretizar as ideias da equipe de desenvolvimento. A administração é composta por profissionais experientes no ramo, no entanto, percebem-se traços de burocratização. A revisão da demonstração de resultado do exercício mostra claramente que há margem para cortar custos. Aconselhamos a empresa a se concentrar especialmente nas economias emergentes para assegurar uma futura participação no mercado." Parece certo, não é?

Como avaliar a qualidade de um guru desse tipo, como, por exemplo, um astrólogo? Escolha vinte pessoas e designe um número para cada. Peça para ele descrever as pessoas e anotar as avaliações em cartões. Apenas quando a maioria das pessoas identificar a própria descrição, estaremos lidando com um talento real. Eu ainda não vi nenhum.

66

Trabalho voluntário é para as aves

Asneira de voluntário

Jack, fotógrafo, fica ocupado de segunda a sexta. Contratado por revistas de moda, ele divide a semana entre Milão, Paris e Nova York, sempre em busca das mulheres mais belas, do design mais original e da luz perfeita. Ele é conhecido nos círculos sociais e ganha muito bem: 500 dólares por hora, fácil, fácil. "Ganho igual a um advogado", ele se gaba para os amigos, "e o que está diante da lente é muito mais bonito que qualquer banqueiro."

Jack tem uma vida invejável, mas, ultimamente, tem andado mais filosófico. Parece que algum empecilho surgiu ou se interpôs entre ele e o mundo da moda. O egoísmo do ramo tem lhe causado repulsa. Às vezes, ele se deita na cama, olhando para o teto, e sonha com trabalhos mais significativos. Queria voltar a ser desapegado, queria contribuir para o mundo, ainda que de forma pequena.

Um belo dia, o telefone toca. É o Patrick, um antigo colega de escola e atual presidente do clube de observadores de aves da cidade: "No sábado que vem, vamos fazer nossa campanha anual de casas de passarinho. Estamos precisando de voluntários para nos ajudar a construir ninhos para espécies ameaçadas. Depois, vamos instalá-las na mata. Você pode ir? O encontro é às oito da manhã, e devemos acabar um pouco depois do meio-dia."

Qual deveria ser a resposta de Jack, se ele estiver realmente querendo mudar o mundo? Isso mesmo, ele deveria recusar o convite. Por quê? Jack ganha 500 dólares por hora. Um carpinteiro ganha 50 dólares. Seria muito mais lógico fazer uma hora extra como fotógrafo e contratar um carpinteiro profissional por seis horas para fazer casas de passarinho de boa qualidade (o que Jack jamais poderia fazer). Descontando os impostos, ele poderia doar a diferença (200 dólares) para o clube de observadores de aves. Dessa forma, sua contribuição teria alcance muito maior do que se ele arregaçasse as mangas e pegasse um serrote.

Ainda assim, é muito provável que Jack acorde lépido e fagueiro no sábado para fazer casas de passarinho. Economistas chamam isso de asneira de voluntário. É um fenômeno popular: mais de um quarto dos americanos faz trabalho voluntário. Mas o que faz disso uma insanidade? Entre outros fatores, se Jack preferir fazer pessoalmente os ninhos, estará tirando o trabalho de um profissional que produziria um objeto de qualidade muito superior. A contribuição mais eficaz que Jack pode dar é trabalhar um pouco mais e doar parte de seus ganhos. Trabalho voluntário em que se bota a mão na massa só é realmente útil quando se usam as próprias qualificações. Se o clube de observadores estivesse planejando uma campanha de arrecadação via e-mail e precisasse de uma foto profissional, Jack poderia fazer a imagem ou fazer uma hora extra para contratar outro bom fotógrafo e doar a diferença.

Chegamos ao ponto espinhoso do altruísmo. A abnegação existe de fato ou é um mero bálsamo para o ego? Embora o desejo de ajudar seja a motivação de muitos voluntários, os benefícios pessoais têm papel importante, como aprender novas habilidades, ganhar experiência e fazer novos contatos. Num instante, não se está mais agindo com altruísmo. De fato, muitos voluntários recaem no que pode ser considerado "gerenciamento de felicidade pessoal", e os benefícios decorrentes disso podem estar muito distantes da causa verdadeira. A rigor, quem lucra ou sente alguma satisfação com o trabalho voluntário não é um altruísta puro.

Isso quer dizer, então, que seria tolice de Jack aparecer no encontro com um martelo na mão? Não necessariamente. Existe um grupo à parte da asneira de voluntário: as celebridades. Se Bono, Kate Winslet e Mark Zuckerberg posarem para fotos construindo casas de passarinho, limpando praias sujas de petróleo ou desenterrando vítimas de terremotos, estarão conferindo à situação algo que não tem preço: publicidade. Portanto, Jack tem de avaliar se é famoso o suficiente para fazer o engajamento valer a pena. O mesmo se aplica a mim e a você: se ninguém olha duas vezes quando cruza conosco na rua, a melhor forma de contribuir é com dinheiro, não com trabalho de principiante.

67

Por que você é escravo das suas emoções
Heurística afetiva

Qual é sua opinião sobre trigo geneticamente modificado? Trata-se de um assunto complexo. É melhor não responder de forma precipitada. Uma abordagem racional seria considerar separadamente os prós e os contras dessa tecnologia controversa. Anote os possíveis benefícios, atribua um peso a cada aspecto em função da importância e então os multiplique pela probabilidade de que aconteçam. Dessa forma, obtém-se uma lista de valores esperados. Em seguida, faça o mesmo com os contras. Liste todas as desvantagens, estime o dano em potencial e multiplique-os pela chance de se concretizarem. Subtraindo-se o total negativo do total positivo, temos o valor líquido esperado. Se esse valor for menor que zero, você é contra. É bem possível que você já tenha ouvido falar dessa abordagem. Ela se chama "valor esperado" e aparece em quase toda a literatura sobre tomada de decisão. Também é muito provável que você nunca tenha se dado ao trabalho de fazer uma avaliação assim. E, sem sombra de dúvida, nenhum dos professores que escreveram essa literatura recorreu a esse método para escolher o cônjuge.

Verdade seja dita: ninguém usa esse método para tomar decisões. Antes de mais nada, não temos imaginação suficiente para listar todos os prós e contras possíveis. O que nos vêm à mente é limitado. Só podemos imaginar o que vimos em nossa modesta experiência. É difícil imaginar a tempestade do século quando se tem apenas 30 anos. Ademais, calcular probabilidades pequenas é impossível, porque não temos dados suficientes sobre eventos raros. Quanto menor a probabilidade, menos dados disponíveis teremos, o que aumenta a margem de erro em relação à probabilidade exata — um círculo vicioso. Ainda, nosso cérebro não foi feito para cálculos dessa natureza. Isso requer tempo e esforço — e esse não é nosso estado preferencial. Nos primórdios da evolução, quem pensasse muito sumia dentro da bocarra do predador. Somos descendentes de tomadores de decisões rápidas e dependemos de atalhos mentais chamados de heurística.

Um dos métodos heurísticos mais populares é a heurística afetiva. Um afeto é um julgamento momentâneo, algo de que você gosta ou não. A palavra "tiroteio" desperta um efeito negativo. A palavra "luxo", um efeito positivo. Esse impulso automático e unidimensional impede que você considere riscos e benefícios como variáveis independentes, o que, na verdade, eles são. Em vez disso, a heurística afetiva põe esses dois fatores no mesmo caminho sensorial.

Suas reações emocionais a questões como energia nuclear, produtos orgânicos, escolas particulares ou motocicletas determinam como você avalia os respectivos riscos e benefícios. Se você gosta de alguma coisa, vai considerar os riscos menores e os benefícios maiores do que realmente são. Se você não gosta de algo, acontece o contrário. Riscos e benefícios parecem ser dependentes. Na realidade, como sempre, não são.

Ainda mais surpreendente é o seguinte: vamos supor que você tenha uma Harley-Davidson. Se topar com uma pesquisa que diga que dirigir uma motocicleta dessas é mais arriscado do que se acreditava antes, você inconscientemente irá ajustar o peso dado aos benefícios e dará à vivência com a moto uma "sensação ainda maior de liberdade".

Mas como um afeto — essa emoção inicial e espontânea — acontece? Pesquisadores da Universidade de Michigan projetaram uma entre três imagens possíveis por menos de um centésimo de segundo para algumas pessoas. As imagens eram um rosto sorridente, um rosto raivoso e um rosto com expressão neutra. Os participantes tiveram, então, que dizer se gostavam ou não de um ideograma chinês aleatório (nenhum dos sujeitos falava chinês). Os símbolos preferidos foram os que se seguiram à imagem do rosto sorridente. Fatores aparentemente insignificantes influenciam nossas emoções. Eis outro exemplo de fator insignificante, mas decisivo: os pesquisadores David Hirschleifer e Tyler Shumway testaram a relação entre a quantidade de sol matinal e o desempenho diário do mercado em 26 das mais importantes Bolsas de Valores entre 1982 e 1997. A correlação encontrada parece um ditado de fazendeiro: quando o sol brilha de manhã, a Bolsa sobe ao longo do dia. Nem sempre, mas com frequência. Quem diria que a luz do sol fosse capaz de movimentar bilhões. O sol da manhã obviamente tem o mesmo efeito que o rosto sorridente.

Quer gostemos ou não, somos marionetes das nossas emoções. São elas que consultamos, e não os nossos pensamentos, ao tomar decisões complexas. Sem perceber, trocamos a pergunta "O que eu penso sobre isso?" por "Como eu me sinto em relação a isso?" Então, sorria! Seu futuro depende disso.

68

Seja seu próprio herege

Ilusão introspectiva

Bruce trabalha no ramo de suplementos alimentares. Seu pai fundou a empresa quando as vitaminas ainda não eram um produto que vende um estilo de vida; era necessário que um médico as prescrevesse. Quando Bruce assumiu as operações no início dos anos 1990, a demanda foi às alturas. O empresário, então, abraçou a oportunidade com todas as forças e fez empréstimos vultosos para expandir a produção. Hoje, ele é um dos profissionais mais bem-sucedidos do ramo e comanda a associação nacional de fabricantes de vitaminas. Desde a infância, não se passou um dia sem que ele tomasse pelo menos três multivitamínicos. Certa vez, um jornalista lhe perguntou se eles traziam algum resultado. Sua resposta foi: "Tenho certeza que sim." Você acredita nele?

Tenho outra pergunta para você. Considere qualquer ideia de que você tenha 100% de certeza: que o preço do ouro vai subir nos próximos cinco anos, ou que Deus existe, ou que seu dentista cobra caro demais. Seja o que for, anote em uma frase. Você acredita em si mesmo?

Aposto que você acha sua crença mais válida do que a do Bruce, certo? Veja o porquê: a sua é uma convicção interna, enquanto a do Bruce é externa. Falando cruamente, você sabe o que acontece na sua alma, mas não na dele.

No caso de Bruce, você poderia imaginar: "Ah, é claro que ele tem interesse em acreditar que vitaminas são benéficas. Afinal, sua riqueza e seu status social dependem do sucesso da empresa. Ele tem de manter a tradição da família. Ele engoliu pílulas a vida inteira, e nunca vai admitir que

A arte de pensar claramente

isso foi uma perda de tempo." Mas, para você, a história é diferente. Você pesquisou a fundo. Você é completamente imparcial.

Mas até que ponto as reflexões internas são puras e honestas? O psicólogo sueco Petter Johannson pediu que participantes de um teste olhassem de relance dois retratos de pessoas aleatórias e escolhessem qual era o rosto mais atraente. Então, ele lhes mostrou as fotos preferidas bem de perto e pediu-lhes que descrevessem as características mais atraentes daquela pessoa. No entanto, com um truque de mãos, ele trocava os retratos. A maioria dos participantes não percebia a troca e continuava a justificar, em detalhes, por que preferiram aquela imagem. Resultado da pesquisa: a introspecção não é confiável. Quando buscamos uma resposta na nossa própria alma, planejamos o resultado.

A crença de que a reflexão leva à verdade é chamada de ilusão introspectiva. E essa ilusão não é apenas um sofisma. Como confiamos muito em nossas crenças, temos três reações quando alguém não compartilha do nosso ponto de vista. Reação 1: presunção de ignorância. É claro que a pessoa não tem todas as informações necessárias. Se ela soubesse o que você sabe, vocês teriam a mesma opinião. Ativistas políticos pensam assim. Eles acham que podem convencer os outros por meio do esclarecimento. Reação 2: presunção de estupidez. A pessoa tem as informações necessárias, mas sua mente é subdesenvolvida. Ela não vai conseguir chegar à conclusão óbvia. Em outras palavras, ela é uma idiota. Essa reação é muito popular entre burocratas que querem proteger consumidores "estúpidos" de si mesmos. Reação 3: presunção de malícia. A outra pessoa tem as informações necessárias e até entende a discussão, mas parte para o confronto deliberadamente. Suas intenções são maléficas. É assim que muitos líderes religiosos e seus seguidores tratam os descrentes: se não pensam o mesmo, só podem ser servos do diabo!

Conclusão: nada é mais convincente do que as suas próprias crenças. Acreditamos que a introspecção desenterra um conhecimento genuíno. Infelizmente, a introspecção é, em grande medida, uma fabricação que suscita dois perigos. Primeiro, a ilusão introspectiva cria previsões incorretas sobre estados mentais futuros. Quem acredita muito e por muito tempo nas próprias observações internas pode esperar uma queda do cavalo das grandes. Segundo, achamos que nossas introspecções são mais confiáveis do que as dos outros, o que gera uma ilusão de superioridade. Encare suas observações internas com o mesmo ceticismo que você dedicaria às afirmações alheias. Seja seu crítico mais ferrenho.

69

Por que você deve incendiar seus próprios navios

Incapacidade de fechar portas

Ao lado da minha cama, duas dúzias de livros formam uma pilha alta. Comecei a ler todos e não consigo me separar de nenhum deles. Sei que essa leitura esporádica não vai me ajudar a ter qualquer insight verdadeiro, apesar das muitas horas de dedicação, e que eu deveria ler um livro de cada vez. Então, por que ficar fazendo malabarismo com os 24?

Conheço um homem que tem três namoradas. Ele está apaixonado pelas três e consegue se imaginar tendo filhos com cada uma. No entanto, simplesmente não tem coragem de escolher uma só, porque neste caso teria que desistir das outras duas para sempre. Se ele posterga a decisão, todas as opções continuam em aberto. O lado ruim é que, assim, nenhum relacionamento verdadeiro se desenvolverá.

No século III a.C., o general Xiang Yu despachou seu exército pelo rio Azul para derrubar a dinastia Chin. Enquanto as tropas dormiam, ele ordenou que todos os navios fossem incendiados. No dia seguinte, falou para os soldados: "Vocês agora têm duas escolhas: ou lutam para vencer ou morrem." Ao acabar com a possibilidade de bater em retirada, o general fez com que os homens se concentrassem no único fator que importava: a batalha. O conquistador espanhol Hernán Cortés usou a mesma artimanha motivacional no século XVI. Após aportar no litoral leste do México, afundou o próprio navio.

Xiang Yu e Cortés são exceções. Nós, meros mortais, fazemos todo o possível para manter o máximo de opções em aberto. Os acadêmicos de psicologia Dan Ariely e Jiwoong Shin demonstraram a força desse instinto por meio de um jogo de computador. Começando com cem pontos, três portas apareciam na tela: uma vermelha, uma azul e uma verde. Abrir a porta custa um ponto ao jogador, mas cada sala explorada poderia render mais pontos. Os jogadores reagiram de forma lógica: descobriram a sala que dava mais pontos e ficaram enfiados lá durante o jogo inteiro. Ariely e Shin, então, mudaram as regras. Se as portas não fossem abertas em 12 jogadas, elas começavam a encolher e por fim desapareciam. Dessa vez, os jogadores passaram a correr de porta em porta para garantir o acesso a todos os possíveis tesouros. Essa corrida improdutiva fez com que a pontuação geral fosse 15% menor. Os pesquisadores acrescentaram outra novidade: abrir as portas passou a custar três pontos. A mesma ansiedade tomou conta dos jogadores, que queimaram pontos tentando manter todas as portas abertas. Mesmo sabendo quantos pontos estavam escondidos em cada sala, nada mudou. Eles não estavam dispostos a pagar o preço de perder opções.

Por que agimos de forma tão irracional? Porque o lado ruim desse tipo de comportamento nem sempre é aparente. No mercado financeiro, tudo é às claras: a opção por determinado título sempre tem um custo. Não existe opção sem custos. Em outras áreas, no entanto, as escolhas parecem vir de graça. Pura ilusão. Elas também têm um preço, mas a etiqueta costuma estar escondida e ser intangível: cada decisão custa energia mental e consome tempo precioso. Executivos que examinam todas as possibilidades de expansão costumam não escolher qualquer delas no final. Empresas que querem atingir todos os segmentos de consumidores acabam não chegando a nenhum. Vendedores que correm atrás de cada oportunidade acabam sem fechar nenhum negócio.

Somos obcecados em manter todas as cartas na mão, sem descartar nenhuma, e queremos estar sempre abertos para todas as possibilidades. No entanto, essa postura pode facilmente nos custar o sucesso. Temos de aprender a fechar portas. Uma estratégia comercial é, antes de mais nada, uma declaração sobre onde a empresa não vai atuar. Adote uma estratégia de vida parecida com as estratégias corporativas: anote o que não deve ser buscado. Em outras palavras, tome decisões bem pensadas sobre o descarte de algumas possibilidades e, quando uma opção surgir, veja se ela consta da sua lista de coisas a não buscar. Além de manter você longe de confusão, isso também lhe poupará muito tempo de reflexão. Não vale a pena entrar na maioria das portas, mesmo que pareça muito fácil abrir a fechadura.

70

Descarte o novinho em folha

Neomania

Como vai ser o mundo daqui a cinquenta anos? Como vai ser o seu dia a dia? Você vai se cercar de quais objetos?

As pessoas que refletiram sobre essas perguntas há cinquenta anos imaginaram um futuro extravagante. Autoestradas no céu. Cidades de vidro. Trens-bala correndo entre arranha-céus. Viveríamos em cápsulas de plástico e trabalharíamos em cidades submarinas; as férias seriam na Lua e a comida viria em pílulas. Não conceberíamos filhos; em vez disso, os escolheríamos em catálogos. Nossos melhores amigos seriam robôs, a morte seria curada e já teríamos trocado as bicicletas por mochilas voadoras há muito tempo.

Mas espere aí. Olhe ao redor. Você está sentado em uma cadeira, inventada no Egito Antigo. Você veste calças, desenvolvidas há 5 mil anos e adaptadas por tribos germânicas por volta de 750 a.C. A ideia que deu origem aos seus sapatos de couro data da última era glacial. Sua estante de livros é feita de madeira, um dos materiais de construção mais antigos do mundo. Na hora do jantar, você usa um garfo, um "aplicativo matador" conhecido desde os tempos de Roma, para enfiar nacos de animais mortos e plantas na boca. Nada mudou.

Como vai ser o mundo em cinquenta anos? No livro *Antifrágil*, Nassim Taleb nos dá uma pista. Digamos que a maior parte da tecnologia que existe há cinquenta anos continue a nos servir por mais meio século. E digamos que as tecnologias recentes estejam ultrapassadas em poucos anos. Por quê? Pense nas invenções como se fossem espécies biológicas: tudo o que conseguiu se manter ao longo de séculos de inovação provavelmente se manterá no futuro. As tecnologias antigas já provaram seu valor, e elas possuem uma lógica inerente, mesmo que nem sempre sejamos capazes de compreendê-la. Se algo sobreviveu por eras a fio, é porque é eficiente. Não se esqueça disso da próxima vez que estiver numa reunião de estratégia. Em cinquenta anos, o mundo vai parecer muito como hoje. Sem dúvida, assistiremos ao nascimento de muitos aparelhos maravilhosos e geringonças mágicas. Mas a maioria desses dispositivos terá vida curta. Ao olhar o futuro, enfatizamos até demais as invenções da moda e os "melhores aplicativos dos últimos tempos" e subestimamos o papel das tecnologias tradicionais. Nos anos 1960, só se falava de viagens espaciais, logo imaginávamos excursões escolares a Marte. Nos anos 1970, o plástico estava na crista da onda, e assim sonhávamos em como seria a decoração das nossas casas de paredes transparentes. Taleb, que usa exemplos como os anteriores para novas e velhas tecnologias, cunhou uma palavra para esse fenômeno: *neomania*, ou mania pelo novo. No passado, eu simpatizava com os chamados "consumidores de lançamento", aquelas pessoas que não conseguem viver sem a última versão do iPhone. Considerava-os adiante de seu tempo. Hoje, os vejo como irracionais que sofrem de uma espécie de doença: neomania. Para eles, não importa muito se uma invenção traz benefícios tangíveis; a novidade é o mais importante.

Portanto, não viaje muito quando imaginar o futuro. O filme *2001 – Uma odisseia no espaço*, de Stanley Kubrick, é a prova de por que não se deve fazer isso. Lançado em 1968, o filme predizia que, na virada do milênio, os Estados Unidos teriam estabelecido uma colônia na Lua e que a Pan Am operaria a ponte aérea entre a Terra e o satélite. Com essa previsão extravagante em mente, sugiro esta regra de bolso: tudo que tenha sobrevivido por X anos sobreviverá por mais X anos. Taleb aposta que o "filtro histórico de baboseiras" separará as invencionices das inovações realmente revolucionárias. E eu coloco meu dinheiro nessa aposta.

71

Por que propaganda dá certo

Efeito sonolento

Durante a Segunda Guerra Mundial, todos os países fizeram filmes de propaganda. A intenção era inspirar entusiasmo na população e, em especial, nos soldados, e, se necessário, encorajá-los a dar a vida pela nação. Os Estados Unidos gastaram tanto dinheiro com propaganda que o Ministério da Guerra daquele país decidiu investigar se toda essa despesa valia mesmo a pena. Vários estudos foram conduzidos para descobrir qual era o efeito dos filmes nos soldados. O resultado foi decepcionante: as películas não intensificavam nem um pouco o entusiasmo dos recrutas pela guerra.

Seria porque os filmes eram malfeitos? Dificilmente. Na verdade, os soldados sabiam que os filmes eram propaganda, o que desacreditava a mensagem antes mesmo que o material fosse assistido. Mesmo que o filme mostrasse alguma argumentação razoável ou conseguisse prender a atenção da plateia, não adiantava; o conteúdo era considerado vazio a priori e desprezado.

Nove semanas depois, algo inesperado aconteceu: os psicólogos mediram as atitudes dos soldados novamente. Como resultado, percebeu-se que aqueles que assistiram ao filme demonstravam mais apoio à guerra do que os que não haviam assistido. Aparentemente, a propaganda dava certo mesmo!

Os pesquisadores ficaram abismados, ainda mais sabendo que a capacidade persuasiva de um argumento diminui após algum tempo. Ela tem uma meia-vida, como uma substância radioativa. Você certamente já passou por essa experiência: digamos que você leia um artigo sobre os benefí-

Por que propaganda dá certo

cios da terapia genética. Imediatamente após a leitura você se torna um ardente defensor da ideia, mas, depois de algumas semanas, já não se lembra por quê. Mais tempo se passa até que, finalmente, apenas uma pequena fração do entusiasmo permanece.

Surpreendentemente, o oposto ocorre em relação à propaganda. Se o conteúdo toca algum ponto sensível da pessoa, essa influência aumenta ainda mais com o tempo. Por quê? O psicólogo Carl Hovland, que conduziu o estudo a pedido do Ministério da Guerra, denominou esse fenômeno de efeito sonolento [*sleeper effect*]. Até hoje, a melhor explicação é que, em nossas memórias, a *fonte* do argumento desaparece mais rápido do que o argumento. Em outras palavras, seu cérebro esquece rapidamente de onde veio a informação (p. ex., do Ministério da Propaganda). Enquanto isso, a mensagem em si (ou seja, a guerra é necessária e nobre) desaparece devagar, ou até permanece. Portanto, informações que derivem de fontes não confiáveis ganham credibilidade ao longo do tempo. O descrédito desaparece mais rápido do que a mensagem.

Nos Estados Unidos, as eleições cada vez mais giram em torno de anúncios espúrios, em que os candidatos tentam manchar a reputação dos adversários. No entanto, por lei, toda propaganda política tem que revelar o patrocinador ao final, para que fique bem claro que a peça é uma mensagem eleitoral. No entanto, inúmeras pesquisas mostram que o efeito sonolento age também nessa situação, em especial entre eleitores indecisos. A mensagem desaparece da memória, mas as acusações sujas permanecem.

Sempre me perguntei como a propaganda funciona. Qualquer pessoa racional deve reconhecer a propaganda pelo que ela é, categorizá-la e desqualificá-la. Mas nem mesmo você, um leitor inteligente e sensato, conseguirá fazer isso sempre. É bem possível que, após algumas semanas, você não se lembre se obteve determinada informação de um artigo de revista científica séria ou de um anúncio brega.

Então, como escapar do efeito sonolento? Em primeiro lugar, não aceite conselhos que você não solicitou, ainda que a intenção pareça boa. Dessa forma, você se protege, até certo ponto, da manipulação. Em segundo lugar, fuja correndo de fontes contaminadas por propaganda. Ainda bem que livros não têm propaganda (por enquanto)! Em terceiro lugar, tente se lembrar da fonte de cada afirmação com que você topar. De quem é essa opinião? E por que essa pessoa pensa assim? Aborde a questão como um pesquisador o faria: quem se beneficia daquilo? Sem dúvida, isso requer um grande esforço e vai atrasar seu processo de tomada de decisão. Mas também vai refiná-lo.

72

Por que sempre temos mais de duas opções

Cegueira de alternativas

Você está folheando um prospecto que exalta os benefícios do diploma em MBA da universidade. Seu olhar vaga entre imagens do campus repleto de jardins e das instalações esportivas ultramodernas. Espalhadas aqui e ali, fotos de alunos de várias origens étnicas, com ênfase em jovens empreendedores chineses, indianos e mulheres. Na última página, há um resumo que ilustra o valor financeiro do MBA. A taxa de 100 mil dólares é facilmente compensada pela renda extra que, segundo as estatísticas, os graduados receberão após a aposentadoria: 400 mil dólares — descontados os impostos. Quem não gostaria de botar 300 mil dólares no bolso? Não há o que pensar.

Errado. Esse argumento esconde não apenas uma, mas quatro falácias. Na primeira, temos a ilusão do corpo de nadador: cursos de MBA atraem pessoas dedicadas à carreira que provavelmente receberão salários acima da média em algum ponto da vida, mesmo sem essa qualificação extra. Segunda falácia: um MBA demora dois anos. Neste meio-tempo, pode-se esperar uma queda na renda, digamos que de 100 mil dólares. Portanto, o MBA custa 200 mil dólares, e não 100 mil dólares. Esse montante, se bem investido, poderia facilmente exceder a renda adicional prometida pelo prospecto. Terceira: estimar ganhos depois de trinta anos é uma idiotice. Quem sabe o que pode acontecer nessas três décadas? Por fim, há alternativas. Você não está encurralado entre "fazer um MBA" e "não fazer um MBA". Talvez ache um programa diferente que custe muito menos e também dê uma injeção de ânimo na sua carreira. Este quarto conceito errôneo é o que mais me interessa. Vamos chamá-lo de cegueira de alternativas: esquecemos sistematicamente de comparar uma oferta existente com a segunda melhor opção.

Veja um exemplo do mundo das finanças: digamos que você tenha algum dinheiro na poupança e peça o conselho do seu corretor de investimentos. Ele propõe uma ação que renderá juros de 5%. "Isso é muito melhor do que o 1% que a poupança paga", ele destaca. Faz sentido comprar a ação? Não sabemos. É errado considerar apenas essas duas possibilidades. Para avaliar bem quais são as suas opções, seria necessário comparar a ação com todas as outras opções de investimento e então escolher a melhor. É assim que o grande investidor Warren Buffett faz: "Comparamos cada oportunidade de negócio com a segunda melhor opção o tempo todo — mesmo que isso signifique fazer mais do que já estamos fazendo no momento."

Ao contrário de Warren Buffett, políticos costumam cair na cegueira de alternativas. Digamos que sua cidade esteja planejando construir um estádio esportivo em um terreno baldio. Os argumentos dos apoiadores do projeto é que um estádio traria muito mais benefícios à população do que um espaço vazio, tanto emocional quanto financeiramente. Mas essa comparação é equivocada. Eles deviam comparar a construção do estádio com as outras ideias para o mesmo local que seriam descartadas, como uma escola, um centro de artes performáticas, um hospital, um centro de tratamento de lixo. Outra possibilidade seria vender o terreno e investir o dinheiro ou usá-lo para reduzir a dívida da cidade.

E você? Costuma negligenciar alternativas? Digamos que você descubra um tumor que o matará em cinco anos. Seu médico propõe uma operação complicada que, se bem-sucedida, removerá o tumor por completo. No entanto, esse é um procedimento de alto risco, cuja taxa de sobrevivência é de apenas 50%. Qual é a sua decisão? Você pesa suas opções: morte certa em cinco anos ou 50% de chance de morrer na semana que vem. Cegueira de alternativas! Talvez exista uma variante dessa cirurgia invasiva em outro hospital. Uma cirurgia que talvez não retire o tumor por inteiro, apenas desacelere seu crescimento, mas que seja muito mais segura e garanta mais dez anos de vida a você. E, quem sabe, talvez ao longo desses dez anos uma terapia mais sofisticada seja criada.

Resumo da ópera: se você tem dificuldade para tomar decisões, lembre-se de que as escolhas se estendem para além de "sem cirurgia" e "cirurgia de alto risco". Esqueça a cruz e a caldeirinha e abra os olhos para outras e melhores alternativas.

73

Por que miramos nos jovens talentos
Viés de comparação social

Quando um de meus livros ocupou o primeiro lugar na lista de best-sellers, o editor me pediu um favor. O livro de um conhecido meu estava prestes a entrar na lista dos dez mais vendidos, e o editor estava convencido de que uma recomendação minha seria o empurrão que faltava.

Não entendo como essas recomendações dão certo. Todos sabem que a contracapa de um livro só mostra comentários favoráveis. (O livro que você tem em mãos não é exceção.) Qualquer leitor racional deveria ignorar o elogio ou, pelo menos, avaliá-lo em conjunto às críticas, que sempre estão à disposição, embora em lugares diferentes. Ainda assim, já escrevi várias recomendações, mas nunca para livros concorrentes. Hesitei diante do pedido. Será que essa recomendação seria um tiro pela culatra? Por que eu deveria ajudar alguém que poderia acabar disputando comigo o primeiro lugar? Ao pensar sobre esse assunto, percebi que havia caído no viés de comparação social [*social comparison bias*] — ou seja, a tendência a negar ajuda a quem possa superá-lo, mesmo que, a longo prazo, você pareça um imbecil por isso.

Recomendações de livros são um exemplo inofensivo de viés de comparação social. No entanto, esse fenômeno atingiu níveis perigosos no meio acadêmico. O objetivo de todo pesquisador é publicar o máximo possível de artigos nas revistas científicas mais prestigiadas. Com o tempo, você constrói uma reputação, e logo os editores começam a lhe pedir que avalie os artigos enviados por outros pesquisadores. No final das contas, é comum que apenas dois ou três especialistas decidam o que é ou não publicado em determinada área de conhecimento. Considerando isso, o que acontece quando um jovem pesquisador envia um artigo avassalador que vira de cabeça para baixo todo o departamento e ameaça derrubar os medalhões de seus tronos? Os especialistas serão particularmente rigorosos ao avaliar o artigo. Está aí o *viés de comparação social* a pleno vapor.

O psicólogo Stephen Garcia e seus colegas pesquisadores contam que um ganhador de prêmio Nobel impediu que um jovem e promissor colega se candidatasse a um emprego na universidade "dele". Essa atitude pode parecer prudente a curto prazo, mas depois se revela contraproducente. E se aquele jovem prodígio entrar para outro núcleo de pesquisa e lá aplicar sua inteligência, provavelmente suplantando o renome mundial da velha universidade? Garcia sugere que o viés de comparação social pode ser o motivo por que quase nenhum grupo de pesquisa se mantém em evidência por muitos anos seguidos.

O viés de comparação social também é motivo de preocupação entre start-ups. Guy Kawasaki foi "evangelista tecnológico"* da Apple por quatro anos. Hoje, ele investe em capital de risco de empresas promissoras e aconselha empreendedores. Segundo Kawasaki, "profissionais de mercado de nível A contratam funcionários ainda melhores que eles próprios. Mas está claro, porém, que profissionais de nível B contratam profissionais de nível C, para se sentirem melhores que os contratados, e os de nível C contratam os de nível D. Se você começar a contratar pessoal de nível B, prepare-se para o que Steve Jobs chamou de "explosão de idiotas" na sua empresa. Em outras palavras, comece a contratar pessoal de nível B e você acabará com pessoal de nível Z. Recomendação: contrate pessoas que sejam melhores que você, senão em breve você será o líder de um grupo de zés-ninguém. O chamado efeito Duning-Kruger se aplica ao pessoal de nível Z: os inaptos são mestres em ignorar o tamanho da própria incompetência. Eles sofrem de superioridade ilusória, o que os leva a cometer ainda mais erros de raciocínio, criando assim um círculo vicioso que corrói os talentos do grupo ao longo do tempo.

---

* Profissional de marketing responsável por atrair consumidores fiéis para novas tecnologias, engajando-os de forma a torná-los multiplicadores desses produtos. (N.T.)

Quando a universidade em que estudava fechou devido a um surto de peste entre 1666 e 1667, Isaac Newton, então com 25 anos, mostrou a um professor, Isaac Barrow, a pesquisa que estava conduzindo em seu tempo livre. Imediatamente, Barrow desistiu da cadeira na universidade e se tornou aluno de Newton. Que gesto nobre. Que atitude ética. Qual foi a última vez que você ouviu falar de um professor abandonando o cargo para abrir lugar para um candidato mais talentoso? E qual foi a última vez que você leu sobre um presidente de empresa que pendurou o paletó ao perceber que um de seus duzentos funcionários faria um trabalho melhor?

Conclusão: você estimula pessoas mais talentosas do que você? É verdade que, a curto prazo, a preponderância de estrelas pode ameaçar seu status. Mas, a longo prazo, você só irá lucrar com as contribuições desses talentos. Alguém vai suplantar você em algum momento, de qualquer forma. Até lá, trate de se entrosar com os novos talentos — e aprenda com eles. Por tudo isso, no fim das contas acabei escrevendo a recomendação.

74

Por que não se pode confiar em primeiras impressões

Efeitos de primazia e recentidade

Permita-me apresentá-lo, leitor, a dois homens, Alan e Ben. Sem pensar muito, diga-me qual dos dois você prefere. Alan é esperto, esforçado, impulsivo, crítico, teimoso e ciumento. Ben, no entanto, é ciumento, teimoso, crítico, impulsivo, esforçado e esperto. Com quem você preferiria ficar preso no elevador? A maioria das pessoas escolhe o Alan, mesmo que as descrições sejam exatamente as mesmas. O cérebro presta mais atenção aos primeiros adjetivos das listas, fazendo com que você identifique duas personalidades diferentes. Alan é esperto e esforçado. Bem é ciumento e teimoso. As primeiras características obscurecem as seguintes. Isso é denominado efeito de primazia.

Se não fosse pelo efeito de primazia, as pessoas se conteriam mais na hora de decorar luxuosamente as portarias dos prédios onde trabalham. Seu advogado adoraria aparecer em uma reunião com você vestindo tênis em vez de sapatos de couro bem engraxados.

O efeito de primazia também dá margem a erros práticos. Daniel Kahneman, ganhador do prêmio Nobel, conta como costumava dar notas às provas dos alunos quando começou a dar aulas na universidade. Ele fazia como a maioria dos professores e corrigia as provas em ordem: aluno 1, seguido do aluno 2 e assim por diante. Isso significava que os alunos que acertavam as primeiras questões o conquistavam, afetando, portanto, a forma como ele avaliava o restante das respectivas provas. Logo, Kahneman trocou de método e começou a corrigir as questões em lotes — ele corrigia primeiro a questão 1 de todas as provas, depois todas as questões 2 etc. Com isso, ele anulou o efeito de primazia.

Infelizmente, nem sempre é possível replicar esse artifício. Ao recrutar novos funcionários, por exemplo, você corre o risco de contratar o candidato que causar a melhor primeira impressão. O ideal seria reunir todos os candidatos e fazê-los responder à mesma pergunta, um depois do outro.

Digamos que você faça parte do conselho de uma empresa. Um assunto polêmico é levantado — assunto sobre o qual você ainda não tem opinião formada. O primeiro argumento que você escutar será crucial para a sua avaliação geral. O mesmo se aplica aos demais membros do conselho, e isso é um dado que você pode explorar: se você tem uma opinião, não hesite em comunicá-la antes dos outros. Dessa forma, você terá mais influência sobre seus colegas e os atrairá para o seu lado. Se, no entanto, você for o presidente do conselho, sempre peça a opinião dos membros em ordem aleatória, para que ninguém fique em desvantagem.

Nem sempre o culpado é o efeito de primazia. O efeito de recentidade, que funciona de maneira contrária, também é relevante. Quanto mais recente uma informação, melhor lembraremos dela. Isso acontece porque a "gaveta" da nossa memória de curto prazo tem muito pouco espaço. Quando uma nova informação é arquivada, alguma informação mais antiga é descartada para liberar espaço.

Em que ponto o efeito de primazia suplanta o efeito de recentidade e vice-versa? Se você tiver que tomar uma decisão imediata com base em uma série de "impressões" (como características, respostas de prova etc.), o efeito de primazia tem mais peso. Mas se a sequência de impressões foi formada há algum tempo, o efeito de recentidade prevalece. Por exemplo, se você ouviu um discurso algumas semanas atrás, vai se lembrar com mais clareza do argumento final ou do tema principal do que das suas primeiras impressões.

Conclusão: as primeiras e as últimas impressões são preponderantes, o que significa que o conteúdo imprensado entre as duas tem pouca influência. Elas vão enganar você, não tenha dúvida, de uma forma ou de outra. Tente avaliar todos os aspectos de forma imparcial. Não é fácil, mas há formas de contornar isso. Em entrevistas, eu falo e anoto uma classificação a cada cinco minutos e calculo a média no final. Dessa forma, eu garanto que o "miolo" conte tanto quanto o olá e o adeus.

75

Por que o que é "feito em casa" é sempre melhor

Síndrome do "não inventado aqui"

Minhas habilidades culinárias são bem modestas, e minha mulher sabe disso. No entanto, de vez em quando faço um prato que consegue se passar por comível. Algumas semanas atrás, comprei um linguado. Determinado a fugir da monotonia dos molhos familiares, vislumbrei uma receita nova — uma ousada combinação de vinho branco, purê de pistache, mel, raspas de casca de laranja e um fio de vinagre balsâmico. Ao comer, minha mulher empurrou o peixe para a beira do prato e começou a tirar o molho, sorrindo com melancolia. Eu, por outro lado, não achei nem um pouco ruim. Expliquei-lhe que ela estava perdendo uma criação revolucionária, mas sua expressão permaneceu a mesma.

Duas semanas depois, o prato do dia era linguado novamente. Dessa vez, minha mulher foi a cozinheira. Ela fez dois molhos: seu consagrado *beurre-blanc* e uma nova receita de um reputado chef francês. O novo ficou horrível. Depois do jantar, ela confessou que aquela não era nenhuma receita francesa, era uma receita suíça: a minha obra-prima de duas semanas atrás! Ela me pegou. Fui vítima da síndrome do "não inventado aqui" [*Not-Invented-Here-Syndrome*], que nos engana a achar que tudo que nós mesmos criamos é imbatível.

A síndrome do "não inventado aqui" faz com que você se apaixone por suas próprias ideias. Isso vale não apenas para molhos de peixe, mas para qualquer tipo de solução, ideias de negócios e invenções. Empresas costumam classificar ideias internas como muito mais importantes do que ideias que vêm de fora, mesmo que, na prática, não se trate de uma ideia externa. Há pouco tempo, almocei com o CEO de uma empresa especializada em software para seguradoras de saúde. Ele me contou da dificuldade em vender seu software para potenciais clientes, embora sua empresa seja líder do mercado no quesito atendimento, segurança e funcionalidade. A maioria das seguradoras está convencida de que a melhor solução é a que elas desenvolveram internamente ao longo de trinta anos. Outro CEO mencionou a dificuldade da equipe que trabalha na sede da empresa em aceitar soluções propostas por filiais remotas.

Quando pessoas trabalham em conjunto para solucionar um problema e elas próprias avaliam as ideias propostas, a síndrome do "não inventado aqui" inevitavelmente exercerá alguma influência. Portanto, é interessante separar a equipe em duas. O primeiro grupo cria as ideias, o segundo as avalia, e vice-versa. Temos a tendência a achar que nossas próprias ideias de negócios são mais bem-sucedidas do que as ideias dos outros. Essa autoconfiança é a base do empreendedorismo próspero, mas também explica por que tantas start-ups apresentam retorno pífio.

O psicólogo Dan Ariely mensurou a síndrome do "não inventado aqui" desta forma: em seu blog no *New York Times*, ele pediu que os leitores criassem soluções para seis questões, tais como: "Como as cidades podem reduzir o consumo de água sem recorrer a limitações legais?" Os leitores tinham de comentar e avaliar a viabilidade de todas as ideias propostas. Foi-lhes pedido também que especificassem quanto tempo e dinheiro eles investiriam em cada ideia. Por fim, os leitores tinham de responder usando uma lista predefinida de cinquenta palavras, para que todos dessem mais ou menos as mesmas respostas. Apesar disso, a maioria avaliou suas próprias ideias como mais importantes e viáveis do que as demais, embora as sugestões fossem praticamente idênticas.

Na esfera social, a síndrome do "não inventado aqui" traz sérias consequências. Negligenciamos ideias inteligentes simplesmente porque vieram de outras culturas. Na Suíça, onde os estados ou "cantões" têm poderes distintos, um pequeno cantão não aprovou o sufrágio feminino. Para mudar essa lei, foi necessária uma ordem da justiça federal em 1990 — num espantoso caso de síndrome do "não inventado aqui". O mesmo caso são as modernas rotatórias de trânsito, com suas nítidas regras de preferência, que foram projetadas por engenheiros de tráfego britânicos nos anos

1960 e implementadas em todo o Reino Unido. Demorou trinta anos repletos de resistência e ignorância para que esse óbvio recurso contra congestionamentos fosse adotado pelos Estados Unidos e pela Europa continental. Hoje, só na França há mais de 30 mil rotatórias, que os franceses provavelmente atribuem ao arquiteto que fez a Place de l'Étoile.

Conclusão: ficamos embriagados com nossas criações. Para curar essa bebedeira, dê um passo atrás de vez em quando e avalie a qualidade das suas ideias em retrospecto. Quais ideias de dez anos atrás eram de fato extraordinárias? Pois é.

76

Como lucrar com o improvável

O cisne negro

"Todos os cisnes são brancos." Essa afirmação foi irrefutável por anos a fio. Cada cisne branco como neve corroborava a afirmação. Um cisne de cor diferente? Impensável. Assim foi até 1697, quando Willem de Vlamingh viu um cisne negro pela primeira vez, numa expedição à Austrália. Desde então, cisnes negros se tornaram símbolos do improvável.

Você investe no mercado de capitais. Entra ano, sai ano, o índice Dow Jones sobe e cai ligeiramente. Aos poucos, você se acostuma a esses altos e baixos sutis. Então, sem avisar, chega um dia como 19 de outubro de 1987, quando o mercado cai 22%. Sem aviso. Este acontecimento foi um Cisne Negro, conforme descreve Nassim Taleb em seu livro *A lógica do cisne negro*.

Um *cisne negro* é um evento inimaginável que afeta sua vida, sua carreira, sua empresa, seu país de forma substancial. Há Cisnes Negros positivos e negativos. O meteorito que cai na sua cabeça, a descoberta de ouro na Califórnia, o colapso da União Soviética, a invenção do transistor, os navegadores de internet, a queda do ditador egípcio Mubarak ou qualquer evento que vire sua vida de cabeça para baixo: são todos Cisnes Negros.

Seja qual for sua opinião a respeito de Donald Rumsfeld, ex-secretário de Defesa dos EUA, em 2002 ele expressou um conceito filosófico com extrema clareza em uma coletiva de imprensa: há coisas que sabemos ("fatos conhecidos"), há coisas que não sabemos ("desconhecimentos conhecidos") e há coisas que não sabemos que não sabemos ("desconhecimentos desconhecidos").

Qual é o tamanho do universo? O Irã tem armas nucleares? A internet nos deixa mais inteligentes ou mais burros? Esses são exemplos de "desconhecimentos conhecidos". Com o devido esforço, podemos esperar que sejam respondidos algum dia. Ao contrário dos "desconhecimentos desconhecidos". Há dez anos, ninguém previu a febre do Facebook. Trata-se de um Cisne Negro.

Por que Cisnes Negros são importantes? Porque, por mais absurdo que possa parecer, eles estão surgindo com cada vez mais frequência e tendem a ser mais significativos. Não é preciso parar de planejar o futuro, mas os Cisnes Negros costumam destruir nossos planos mais bem pensados. A interação entre feedbacks cíclicos e influências não lineares pode gerar resultados inesperados. A razão: o cérebro humano é programado para facilitar a caça e a coleta. Na Era do Gelo, quase nunca nos deparávamos com algo verdadeiramente fora do comum. O cervo caçado às vezes era mais rápido ou mais lento, e às vezes mais gordo ou mais magro. Tudo girava em torno de uma média estável.

Hoje é diferente. Uma mudança pode fazer com que sua renda aumente 10 mil vezes. Pergunte a Larry Page, Usain Bolt, George Soros, J. K. Rowling ou Bono. Não havia reviravoltas do destino como essas; extremos dessa magnitude eram desconhecidos. Somente na história recente esse tipo de acontecimento se tornou possível — e disso vem nosso problema com cenários extremos. Como probabilidades não podem ser menores do que zero e nosso raciocínio é passível de erro, podemos partir do princípio de que tudo tem probabilidade maior do que zero.

Então, o que pode ser feito? Ponha-se em situações onde é possível pegar carona num Cisne Negro positivo (por mais improvável que isso seja). Torne-se um artista, inventor ou empreendedor de algum produto com possibilidade de expansão. Se você vende seu tempo (p. ex., como empregado, dentista, jornalista), pode esperar sentado por uma reviravolta dessas. Se quiser continuar como assalariado, evite ambientes propícios aos Cisnes Negros. Isso significa passar longe de endividamentos, investir suas economias da forma mais conservadora possível e se acostumar a um padrão de vida modesto — não importa se sua grande reviravolta aconteça ou não.

77

Conhecimento é pessoal e intransferível

Dependência de domínio

Escrever livros sobre como pensar claramente traz muitos bônus. Investidores e líderes de mercado passam a me convidar para fazer palestras em troca de um bom dinheiro. (A propósito, isso é um erro de avaliação da parte deles: livros são muito mais baratos.) Em um congresso de medicina, vivi uma situação interessante. Eu estava falando da *negligência com a taxa-base* (ver capítulo 29) e usei um exemplo médico para ilustrá-la: em um paciente com 40 anos, uma dor lancinante no peito (entre outros fatores) pode indicar tanto um problema de coração quanto estresse. Este último é muito mais frequente (tem taxa-base maior), então é aconselhável avaliar essa causa primeiro. Esse exemplo fazia muito sentido, e os médicos entenderam o argumento intuitivamente. Mas quando usei um exemplo da economia, a maioria vacilou.

O mesmo acontece quando falo para investidores. Quando explico falácias com exemplos do mercado financeiro, a maioria entende imediatamente. No entanto, se uso situações da biologia, muitos ficam perdidos. Conclusão: representações não transitam bem entre áreas do conhecimento. Esse efeito é chamado de dependência de domínio [*domain dependence*].

Em 1990, Harry Markowitz ganhou o Prêmio Nobel de Economia por sua "teoria de seleção de carteiras" [*portfolio selection*]. Esse conceito descreve a composição ótima de uma carteira de investimentos, considerando risco e perspectiva de retorno. Quanto à carteira pessoal de Markowitz — como ele distribuía suas economias entre ações e títulos —, ele simplesmente escolheu uma distribuição meio a meio: metade em ações, metade em títulos. O ganhador do prêmio Nobel foi incapaz de aplicar seu processo engenhoso em seus próprios negócios. Um caso flagrante de dependência de domínio: Markowitz não conseguiu transferir conhecimento entre a esfera acadêmica e a privada.

Tenho um amigo irremediavelmente viciado em adrenalina, que escala paredões de pedra com inclinação negativa e se joga do alto de penhascos vestido com um *wingsuit*. Ele me explicou por que abrir um negócio é perigoso: não se pode jamais descartar a possibilidade de falência. "Prefiro estar falido a estar morto", retruquei. Ele não percebeu minha lógica.

Como autor, sei como é difícil transferir habilidades para uma nova área. Para mim, imaginar enredos e criar personagens para um romance é tarefa fácil. A página em branco não me assusta. A história é bem diferente quando se trata, digamos, de uma parede em branco. No que diz respeito à decoração de interiores, sou capaz de ficar num quarto por horas a fio, com as mãos nos bolsos, sem que me brote uma única ideia.

O mundo dos negócios é tomado pela dependência de domínio. Uma empresa de software contrata um bem-sucedido vendedor de bens de consumo. O novo cargo embota seu talento, pois transferir suas habilidades de vendas de produtos para serviços é extremamente difícil. Da mesma forma, um apresentador que seja excepcional diante de grupos pequenos pode sucumbir quando a plateia chegar a cem pessoas. Um talento do marketing pode ser promovido a diretor-executivo e descobrir que não tem qualquer criatividade para pensar estratégias.

Com o exemplo de Markowitz, vimos que é particularmente complicado manejar a transferência entre as esferas profissional e privada. Conheço executivos que são líderes carismáticos no escritório e pobres coitados em casa. Da mesma forma, é difícil ver profissionais mais apegados ao cigarro do que os próprios profetas da saúde, os médicos. Os índices de violência doméstica são duas vezes maiores entre policiais do que civis. Romances de críticos literários recebem as piores críticas. E é praticamente lugar-comum que os casamentos de terapeutas sejam mais frágeis do que os de seus clientes. O acadêmico de matemática Persi Diaconis conta sua história: "Há alguns anos, eu estava tentando decidir se deveria me transferir de Stanford para Harvard. Perturbei meus amigos com discussões infinitas. Por fim, um deles me disse: 'Você é um dos nossos maiores teóricos em tomada de decisão. Você deveria listar os prós e os contras e tentar calcular por alto a vantagem esperada.' Sem pensar, retruquei na hora: 'Ora, Sandy, isso é coisa séria.'"

É difícil transferir o que você domina em determinada área para outra. E é especialmente desafiador transferir o saber acadêmico para a vida real — partir do que é razoável em teoria para o que é possível na prática. Por certo, essa premissa também é válida para este livro. É árduo transferir o conhecimento destas páginas para sua vida diária. Mesmo para mim, como autor, é árduo fazer essa transição. Não é fácil transferir a sabedoria dos livros para a sabedoria das ruas.

78

O mito do pensamento unânime

Efeito do falso consenso

O que você prefere: música dos anos 1960 ou 1980? Como você acha que o público em geral responderia a essa pergunta? A maioria tende a extrapolar suas preferências. Se alguém adora os anos 1960, irá automaticamente presumir que as demais pessoas também adoram a mesma década. O mesmo ocorre com fãs dos anos 1980. É comum superestimar a unanimidade e achar que todos pensam como nós. Essa falácia é conhecida como efeito do falso consenso.

Psicólogo sediado na Universidade de Stanford, Lee Ross notou isso em 1977. Ele confeccionou uma placa-sanduíche que dizia: "Coma no restaurante do Joe", e perguntou a alunos aleatórios se estariam dispostos a andar com a placa pelo campus por meia hora. Os alunos também teriam de estimar quantas pessoas aceitariam a tarefa. Os que usariam a placa presumiram que a maioria (62%) também concordaria com a tarefa. Por outro lado, os que recusaram educadamente achavam que a maioria das pessoas (67%) não aceitaria uma tarefa tão tola. Em ambos os casos, os alunos acharam que representavam a maioria.

O efeito de falso consenso é corrente em grupos organizados e facções políticas, que consistentemente superestimam a popularidade de suas causas. Um exemplo óbvio é o aquecimento global. Seja qual for o grau de gravidade emprestado à questão, você provavelmente acha que a maioria das pessoas partilha da sua opinião. Da mesma forma, quando políticos se sentem confiantes em relação a uma eleição, não se trata apenas de otimismo cego: eles não conseguem deixar de superestimar a própria popularidade.

A arte de pensar claramente

Com artistas, o caso é ainda pior. Em 99% dos novos projetos, eles esperam ter mais sucesso do que antes. Um exemplo pessoal: eu tinha absoluta certeza de que meu romance *Massimo Marini* seria um sucesso estrondoso. Achava que esse livro era pelo menos tão bom quanto os outros, que haviam vendido bem. Mas o público não achou o mesmo e me mostrou que eu estava enganado: mais uma vez, efeito do falso consenso.

O mundo dos negócios, sem dúvida, também é igualmente dado a tais falsas conclusões. Um departamento de Pesquisa & Desenvolvimento pode ter certeza do apelo de determinado produto, mas isso não significa que os consumidores pensarão da mesma maneira. Empresas cujos líderes vêm da área de tecnologia são muito afetadas por esse efeito. Os desenvolvedores ficam apaixonados pelos recursos sofisticados de seus produtos e acreditam erroneamente que essas características também vão impressionar os consumidores.

O efeito do falso consenso é fascinante por mais um motivo. Quando alguém não partilha de nossas opiniões, nós o julgamos "anormal". O experimento de Ross corrobora essa afirmativa: os alunos que usariam a placa-sanduíche consideraram os que se recusaram como travados e mal-humorados, enquanto os que se recusaram viram o outro lado como idiotas que queriam chamar atenção.

Talvez você se lembre do conceito de prova social (ver capítulo 4), a noção de que, quanto mais pessoas acreditarem numa ideia, melhor ela é. O efeito do falso consenso é idêntico à prova social? Não. A prova social é uma estratégia de sobrevivência evolutiva. Ao longo dos últimos 100 mil anos, seguir a maioria salvou nossa pele muito mais vezes do que avançar sozinhos. Com o efeito do falso consenso, não há influências externas envolvidas. Apesar disso, ainda assim esse efeito tem função social, e é por isso que a evolução não eliminou esse traço. O cérebro humano não é programado para reconhecer a verdade, mas para deixar o máximo de descendentes possível. Quem parecia corajoso e convincente (graças ao efeito do falso consenso) gerava uma impressão positiva, atraía uma quantidade de recursos desproporcional e assim aumentava a chance de passar os genes para as gerações futuras. Questionadores eram menos atraentes.

Conclusão: parta do princípio de que sua visão de mundo não é partilhada pelo público. Mais do que isso: não parta do princípio de que as pessoas que pensam diferente são idiotas. Antes de desconfiar delas, duvide de suas próprias ideias.

79

Você estava certo desde o princípio
Falsificação da história

Winston Smith, um homem de 39 anos, frágil e ressentido, é escriturário no Ministério da Verdade. Seu trabalho é atualizar documentos e artigos de jornais antigos conforme as concepções mais recentes. Seu trabalho é importante. Revisar o passado cria a ilusão de infalibilidade e ajuda o governo a garantir poder absoluto.

Esse tipo de deturpação histórica, descrita em *1984*, o clássico de George Orwell, está bastante viva ainda hoje. Não se espante, mas também há um pequeno Winston trabalhando compulsivamente no seu cérebro. Pior: no livro de Orwell, ele labuta sem vontade e acaba se revoltando contra o sistema; no seu cérebro, no entanto, ele age com a maior eficiência, de acordo com os seus desejos e objetivos, caro leitor. Winston nunca vai se levantar contra você. O escriturário revisa suas lembranças de forma tão natural — e até mesmo elegante —, que você nem percebe que ele está ali. Discreto e confiável, Winston se livra de conceitos antigos e errôneos. Conforme cada concepção ultrapassada desaparece, uma a uma, você começa a achar que estava certo desde o início.

Em 1973, Gregory Markus, cientista político americano, perguntou a opinião de 3 mil pessoas sobre temas políticos controversos, como a legalização das drogas. As respostas variavam entre "concordo plenamente" e "discordo plenamente". Dez anos depois, ele entrevistou os mesmos participantes, sobre os mesmos assuntos, além de perguntar-lhes quais foram as respostas dadas uma década antes. Resultado: as respostas que eles lembravam ter dado em 1973 eram quase idênticas às suas visões de mundo atuais — e completamente diferentes das respostas originais.

Ao ajustar de forma inconsciente concepções antigas conforme as atuais, evitamos qualquer prova embaraçosa da nossa falibilidade. É uma inteligente estratégia para lidar com esse sentimento, porque, por mais firmes que sejamos, admitir erros é uma tarefa emocionalmente difícil. Mas isso é ridículo. Não seria melhor soltar um gritinho de alegria todas as vezes que percebemos que estávamos errados? Afinal, esse tipo de percepção significa que nunca mais cometeremos o mesmo erro e que, no fundo, demos um passo adiante. Mas ninguém vê isso dessa maneira.

Quer dizer que nosso cérebro só guarda memórias infiéis? Claro que não! Afinal, você se lembra do exato momento em que conheceu o amor da sua vida, como se fosse hoje. E você também se lembra exatamente de onde estava em 11 de setembro de 2001, quando soube do ataque terrorista em Nova York, não é? Você se lembra direitinho de com quem estava conversando e como se sentiu. Suas lembranças do 11 de setembro são extraordinariamente vívidas e detalhadas. Psicólogos chamam esse tipo de recordação de "memórias em lampejo" [*flashbulb memory*]: elas parecem tão incontestáveis quanto fotografias.

Mas não são. As memórias em lampejo são tão falhas quanto as lembranças normais. Elas são resultado de uma reconstrução. Ulric Neisser, um dos pioneiros da ciência cognitiva, pesquisou esse tipo de memória. Em 1986, no dia seguinte à explosão do ônibus espacial *Challenger*, ele pediu a estudantes que fizessem uma redação relatando suas reações ao desastre. Três anos depois, o pesquisador entrevistou as mesmas pessoas. Menos de 7% dos dados recentes correspondiam aos relatos iniciais. Na verdade, 50% dos novos relatos estavam errados em relação a dois terços dos relatos iniciais, e 25% não correspondiam em nem um único detalhe. Neisser apresentou um desses relatos conflitantes à autora. Sua resposta foi: "Esta é a minha letra, mas eu jamais teria escrito uma coisa dessas." A pergunta continua: por que memórias em lampejo parecem tão reais? Ninguém sabe.

Pode-se dizer com segurança que metade das suas lembranças está errada. Nossas memórias estão repletas de equívocos, inclusive as aparentemente impecáveis memórias em lampejo. Nossa fé nelas pode ser inofensiva — ou letal. Pense no recurso corrente a testemunhas oculares e identificação de suspeitos para acusar criminosos. Não é prudente confiar nesse tipo de relato sem investigações mais aprofundadas, mesmo que a testemunha tenha certeza absoluta de que é capaz de reconhecer facilmente o criminoso.

80

Por que você se identifica com seu time de futebol

Viés de endogrupo e exogrupo

Na minha infância, um típico domingo de inverno seria assim: minha família sentada em frente à televisão, assistindo a uma corrida de esqui. Meus pais torciam pelos esquiadores suíços e esperavam que eu fizesse o mesmo. Eu não conseguia entender o porquê de tanta comoção. Em primeiro lugar, por que descer uma montanha correndo em cima de duas tábuas? Isso faz tanto sentido quanto descer a montanha pulando num pé só, fazendo malabarismo com três bolinhas e parando a cada 100 metros para lançar um tronco de árvore o mais longe possível. Em segundo, como pode um centésimo de segundo fazer diferença? O bom senso diria que se dois esquiadores cruzam a linha de chegada num intervalo tão pequeno, ambos são igualmente bons. Em terceiro lugar, por que eu deveria me identificar com os competidores suíços? Eu tinha algum parentesco com eles? Certamente não. Eu nem sabia como eles pensavam ou o que eles liam e, se morássemos apenas a alguns metros além da fronteira suíça, eu provavelmente iria (ou teria de) torcer por outro time.

Isso nos leva a uma pergunta: a identificação com um grupo, seja uma equipe esportiva, uma etnia, uma empresa, uma nacionalidade, significa erro de raciocínio?

Ao longo de milhares de anos, a evolução moldou nossos padrões de comportamento, inclusive a atração por determinados grupos. No passado, a identificação grupal era de suma importância. Cuidar de si mesmo sozinho era quase impossível. Conforme alguns começaram a formar alianças, todos tiveram que seguir o exemplo. Indivíduos não tinham a menor chance diante do coletivo. Quem se recusava a fazer parte era expulso ou perdia não apenas o lugar no grupo, mas também o direito de passar seus genes. Não é surpresa que sejamos animais sociais — nossos ancestrais também o eram.

A psicologia vem investigando diferentes efeitos de grupo, que podem ser categorizados sob a expressão viés de endogrupo e exogrupo [*in-Group Out-Group Bias*]. Em primeiro lugar, grupos se formam com base em critérios pouco significativos, até mesmo triviais. No esporte, basta o lugar onde se nasce, e nos negócios, a empresa onde você trabalha. Para testar essa hipótese, o psicólogo britânico Henri Tajfel dividiu pessoas que não se conheciam em grupos, sorteando quem ficaria em cada grupo. Em seguida, o pesquisador anunciou aos membros de um grupo que eles foram selecionados porque gostavam de determinado tipo de arte. Os resultados foram impressionantes. Embora (a) não se conhecessem, (b) estivessem agrupados aleatoriamente e (c) não fossem conhecedores de arte, os membros desse grupo concordavam mais com os colegas do que com os membros dos demais grupos. Em segundo lugar, achamos que pessoas de fora de nosso grupo são mais semelhantes do que realmente são. Esse fenômeno é denominado viés de homogeneidade exogrupal [*out-group homogeinety bias*]. Disso derivam estereótipos e preconceitos. Já reparou que, em filmes de ficção científica, somente os humanos têm culturas diferentes e os alienígenas não têm? Em terceiro lugar, como os grupos costumam se formar com base em valores comuns, as ideias de seus membros recebem apoio exagerado. Tal distorção é perigosa, especialmente no mundo empresarial, onde leva à infame cegueira organizacional.

É compreensível que membros de uma mesma família se ajudem. Como você partilha genes com seus irmãos, é natural que se interesse pelo bem-estar deles. Mas existe também o "pseudoparentesco", que suscita as mesmas emoções, mas sem relação de sangue. Sentimentos como esses podem levar ao maior erro cognitivo de todos: dar a vida por um grupo aleatório — também conhecido como ir à guerra. Não é à toa que a palavra "pátria" sugere parentesco. E não é por acaso que o objetivo de qualquer treinamento militar é transformar soldados em "irmãos". Concluindo: preconceito e aversão são respostas biológicas a tudo que é estrangeiro. A identificação com um grupo tem sido uma estratégia de sobrevivência há centenas de milhares de anos. Não é mais. Essa identificação distorce sua visão dos fatos. Se você for convocado para a guerra e não concordar com seus objetivos, deserte.

81

A diferença entre risco e incerteza

Aversão à ambiguidade

Duas caixas. A caixa A contém cem bolas, cinquenta vermelhas e cinquenta pretas. A caixa B também contém cem bolas, mas você não sabe quantas são vermelhas e quantas são pretas. Se você, sem olhar, tirar uma bola vermelha de uma das caixas, ganhará 100 dólares. Que caixa você escolhe, A ou B? A maioria escolhe a caixa A.

Vamos brincar de novo, usando as mesmas caixas. Desta vez, você ganhará 100 dólares se pegar uma bola *preta*. Qual caixa você escolhe? É provável que você escolha a caixa A de novo. Mas isso não faz sentido! Na primeira rodada, você presumiu que a caixa B continha menos bolas vermelhas (e mais bolas pretas), portanto, pensando racionalmente, desta vez você teria de escolher a caixa B.

Não se preocupe, você não está sozinho nesse erro, muito pelo contrário. Esse resultado é conhecido como "Paradoxo de Ellsberg", assim denominado em homenagem a Daniel Ellsberg, psicólogo de Harvard. (Ele também vazou documentos ultrassecretos do Pentágono para a imprensa, o que levou à queda de Richard Nixon.) O Paradoxo de Ellsberg prova empiricamente que preferimos probabilidades conhecidas (caixa A) a desconhecidas (caixa B).

Dessa forma, chegamos ao risco e à incerteza (ou ambiguidade) e à diferença entre esses conceitos. Risco significa que as probabilidades são conhecidas. Incerteza significa que as probabilidades não são conhecidas. Com base no risco, podemos decidir se aceitamos ou não uma aposta. No campo da incerteza, no entanto, é muito mais difícil tomar decisões. Os termos "risco" e "incerteza" costumam ser tão confundidos quanto "café com leite" e "pingado" — com consequências muito mais graves. É possível fazer cálculos com o risco, mas não com a incerteza. A tricentenária ciência do risco é chamada de estatística, e um monte de professores lidam com ela. No entanto, não existe um único livro que trate da incerteza. Por causa disso, tenta-se encaixar a ambiguidade em categorias de risco, mas sem muito sucesso. Vejamos dois exemplos, um da medicina (onde essa categorização funciona) e uma da economia (onde não funciona).

Existem bilhões de seres humanos na Terra. Nossos corpos não são muito diferentes. Temos mais ou menos a mesma altura (ninguém chega a 30 metros) e idade (ninguém vive 10 mil anos nem apenas um milissegundo). A maioria tem dois olhos, quatro válvulas cardíacas, 32 dentes. Outras espécies poderiam nos considerar homogêneos — muito semelhantes entre si, da mesma forma que achamos todos os ratos parecidos. Por isso, há muitas doenças semelhantes, e faz sentido dizer, por exemplo: "Você tem 30% de chance de morrer de câncer." Por outro lado, a afirmação seguinte não faz sentido: "O dólar tem 30% de chance de entrar em colapso nos próximos cinco anos." Por quê? A economia faz parte do reino da incerteza. Não existem bilhões de moedas comparáveis, de cuja história possamos derivar probabilidades. A diferença entre risco e incerteza também ilustra a diferença entre seguro de vida e *swaps* de crédito. Este último é uma apólice de seguro contra certos casos de inadimplência de empresas. No caso do seguro de vida, trabalha-se no calculável domínio do risco. Em relação aos *swaps* de crédito, lida-se com a incerteza. Essa confusão contribuiu para o caos da crise financeira de 2008. Se você ouvir frases como "o *risco* de hiperinflação é x" ou "o *risco* para nossa posição societária é y", pode começar a se preocupar.

Para não tirar conclusões precipitadas, aprenda a tolerar a ambiguidade. É uma tarefa difícil, e que você não pode influenciar ativamente. Sua amígdala cerebral tem papel crucial aqui. Essa área do tamanho de uma noz é responsável pelo processamento de memórias e emoções. Conforme a constituição da amígdala, você será capaz de tolerar incertezas com mais ou menos facilidade. Isso é evidente quanto à orientação política pessoal: quanto mais aversão à incerteza, mais conservador será seu voto. Sua posição política tem, em parte, bases biológicas.

A diferença entre risco e incerteza

De qualquer forma, quem quiser pensar claramente tem que entender a diferença entre risco e incerteza. Em poucas áreas é possível contar com probabilidades claras: cassinos, cara ou coroa, livros de probabilidade. Com frequência, nos deparamos com a perturbadora ambiguidade. Aprenda a conviver com isso sem sobressaltos.

82

Por que seguimos o status quo
Efeito default

Certo dia, num restaurante, corri os olhos pela carta de vinhos em desespero. Irouléguy? Harslevelü? Susumaniello? Não sou nenhum especialista, mas era possível perceber que algum sommelier estava tentando se exibir com aquela seleção. Fui salvo na última página: "Vinho da casa: Réserve du Patron, Borgonha", 52 dólares. Escolhi aquele vinho na mesma hora. Não poderia ser ruim, imaginei.

Uso iPhone há vários anos. O aparelho permite que eu customize tudo — uso de dados, sincronização de aplicativos, criptografia do celular e até mesmo o volume do disparador da câmera fotográfica. Quantos desses recursos você acha que eu configurei até agora? Acertou: nenhum.

Em minha defesa, não me empolgo muito com tecnologia. Na verdade, sou mais uma vítima do chamado efeito default. As configurações-padrão são confortáveis e acolhedoras como um travesseiro macio, onde nos acomodamos com prazer. Da mesma forma que costumo ficar com o vinho da casa e com as configurações de fábrica do celular, a maioria das pessoas se agarra às opções comuns. Por exemplo, é comum que carros novos sejam anunciados em apenas uma cor. Em todo catálogo e anúncio de TV ou revista, o carro aparece com a mesma cor, embora haja uma miríade de tons à venda. A porcentagem de compradores que escolhem essa cor-padrão excede em muito a porcentagem de compradores que escolheram essa cor particular anteriormente. Muitos escolhem por default.

Em seu livro *Nudge: O empurrão para a escolha certa*, o economista Richard Thaler e o professor de direito Cass Sunstein ilustram como o governo direciona os cidadãos sem restringir inconstitucionalmente as liberdades individuais. Basta que as autoridades ofereçam poucas opções — sempre incluindo uma opção default para os indecisos. Veja como os estados americanos de New Jersey e Pensilvânia apresentaram duas apólices de seguro de automóveis para seus habitantes. A primeira apólice era mais barata, mas acenava com certos direitos à indenização em caso de acidente. New Jersey veiculou essa apólice como a opção default, e a maioria das pessoas aceitou-a de bom grado. Na Pensilvânia, no entanto, a segunda e mais cara opção foi oferecida como a padrão e logo se tornou líder de vendas. Esse resultado é notável, especialmente se considerarmos que os motoristas de ambos os estados não são muito diferentes em relação às coberturas esperadas e a quanto estão dispostos a pagar.

Observe também este experimento. Há escassez de doadores de órgãos. Apenas 40% das pessoas fazem essa escolha. Os pesquisadores Eric Johnson e Dan Goldstein perguntaram ao público se, em caso de morte, elas optariam ativamente por *não* doar órgãos. Ao tornar a doação a opção default, a concordância aumentou de 40% para mais de 80% dos pesquisados, uma enorme diferença entre padrões de participação e não participação.

O efeito default age mesmo quando nenhuma opção-modelo é mencionada. Nesses casos, fazemos nossa escolha antes mesmo da indicação geral, expandindo e santificando o status quo. As pessoas anseiam pelo que já sabem. Entre experimentar algo novo ou se ater à alternativa já testada e conhecida, tendemos a ser muito conservadores, mesmo que a mudança seja benéfica. Meu banco, por exemplo, cobra uma taxa anual de 60 dólares para enviar extratos da conta corrente pelo correio. Eu poderia economizar esse dinheiro se baixasse os extratos via internet. No entanto, embora esse serviço caro (e devorador de papel) venha me incomodando há anos, eu não consigo tomar a atitude de me livrar disso de uma vez por todas.

Então, de onde vem o "viés do status-quo"? Além de pura comodidade, a aversão à perda também tem seu papel. Lembre-se de que perdas nos aborrecem duas vezes mais do que ganhos semelhantes nos alegram. Por esse motivo, tarefas como renegociar contratos em vigor são tão difíceis. Não importa se o contrato é pessoal ou profissional: cada concessão que fazemos pesa duas vezes mais do que as que recebemos, fazendo com que esse tipo de troca pareça uma grande perda no geral.

A arte de pensar claramente

Tanto o efeito default como o viés do status quo mostram que temos uma forte tendência a nos apegar à forma como as coisas são, mesmo que isso nos bote em desvantagem. Ao alterar as configurações default, é possível alterar o comportamento humano.

"Acho que vivemos segundo alguma grande concepção default oculta", sugeri a meu companheiro de jantar, esperando atraí-lo para uma discussão filosófica profunda. "Talvez só precise de algum tempinho para se desenvolver", retrucou ele, após provar o Réserve du Patron.

83

Por que entramos em pânico diante da "última chance"

Medo do arrependimento

Duas histórias: Paul tem ações da empresa A. Ao longo do ano, pensou em vendê-las e comprar ações da empresa B. Acabou não vendendo. Hoje, ele sabe que, se tivesse feito a transação, teria ganhado 1.200 dólares. Segunda história: George tinha ações da empresa B. Ao longo do ano, ele as vendeu e comprou ações da empresa A. Hoje ele sabe que, se tivesse continuado com a B, teria lucrado 1.200 dólares. Quem ficou mais arrependido?

Arrependimento é a sensação de ter tomado a decisão errada. Você queria receber uma segunda chance. Ao serem perguntados sobre quem se sentiu pior, 8% dos entrevistados responderam Paul, e 92%, George. Por quê? Pensando de forma objetiva, as situações são idênticas. Ambos não tiveram sorte, escolheram a ação errada e perderam a mesma quantia. A única diferença: Paul já tinha as ações de A, enquanto George as comprou. Paul foi passivo; George, ativo. Paul representa a maioria — a maioria deixa o dinheiro parado por anos —, e George é a exceção. Aparentemente, quem não segue a manada se arrepende mais.

Nem sempre o que toma atitude fica mais arrependido. Às vezes, não agir é a exceção. Um exemplo: uma venerável editora se recusa a publicar em e-book. Livros são feitos de papel, afirma o proprietário, que se mantém fiel à tradição. Logo em seguida, dez editoras vão à falência. Nove delas tentaram lançar livros eletrônicos e fracassaram. A última vítima é a editora conservadora que só publica em papel. Quem vai se arrepender mais da decisão, e quem vai merecer mais simpatia? Isso mesmo, o estoico editor avesso à tecnologia.

Destaquei um exemplo do livro *Rápido e devagar: duas formas de pensar*, de Daniel Kahneman. Após todo desastre de avião, ouvimos histórias de um pobre infeliz que queria viajar um dia antes ou depois, mas que, por algum motivo, mudou o voo no último minuto. Como ele é a exceção, lamentamos mais por ele do que pelos passageiros "normais", que estavam programados para o malfadado voo desde o início.

O medo do arrependimento pode provocar comportamentos irracionais. Para enganar aquele terrível frio na barriga, tendemos a agir de forma conservadora, de forma a não nos desviarmos muito da multidão. Ninguém está imune a isso, nem mesmo corretores de ações extremamente autoconfiantes. Estatísticas mostram que, todo ano, no dia 31 de dezembro (o dia D de avaliações de desempenho e cálculo de bônus), os corretores tendem a se livrar de ações mais exóticas e se adequar à opinião geral. Da mesma forma, o medo do arrependimento (e o efeito dotação) impede que você jogue fora coisas de que não precisa mais. Você tem medo do remorso que sentirá no caso improvável de precisar daqueles tênis velhos.

O medo do arrependimento é mais irritante quando combinado com uma oferta estilo "última chance". O panfleto do safári acena com "a última chance de ver um rinoceronte antes que a espécie seja extinta". Se você nunca quis ver um animal desses até hoje, por que voaria até a Tanzânia para fazer isso agora? Não é racional.

Digamos que há muito tempo você sonhe em ter uma casa. Os terrenos estão acabando. Restam apenas alguns com vista para o mar. Restam três, dois, e então apenas um. É sua última chance! Com esse pensamento martelando na cabeça, você cede e compra o último terreno por um preço exorbitante. O medo do arrependimento fez com que você achasse que essa era uma oportunidade única, quando, na verdade, sempre haverá propriedades com vista para o lago à venda. A oferta de terrenos maravilhosos não acabará tão cedo. "Últimas chances" nos deixam em pânico, e o medo do arrependimento pode tomar conta até mesmo do corretor de ações mais realista.

84

Detalhes vistosos nos deixam cegos

Efeito de destaque

Imagine que a discussão sobre a maconha esteja dominando a mídia nos últimos meses. Programas de televisão mostram maconheiros, plantadores clandestinos e traficantes. A imprensa marrom publica fotos de meninas de 12 anos fumando baseado. Jornais de grande formato enumeram argumentos médicos e destacam aspectos sociais, até mesmo filosóficos, da substância. Só se fala em maconha. Vamos supor, só por um instante, que fumar maconha não afete o ato de dirigir. Da mesma forma que qualquer pessoa está sujeita a acidentes, um motorista com um baseado também se envolve em acidentes aqui e ali — por pura coincidência.

Kurt é jornalista. Certa noite, ele vê um acidente. Alguém enfiou o carro numa árvore. Como Kurt tem bom relacionamento com a polícia, descobre que encontraram maconha no banco traseiro do veículo. O jornalista corre para a redação e escreve a manchete: "Maconha mata mais um motorista."

Como dito antes, estamos partindo do princípio de que a relação estatística entre maconha e acidentes de trânsito seja zero. Portanto, a manchete de Kurt é infundada. Ele foi vítima do efeito de destaque. *Destaque* se refere a alguma característica proeminente, um aspecto realçado, uma particularidade, algo que lhe prenda o olhar. O efeito de destaque faz com que características proeminentes recebam muito mais atenção do que merecem. Como a maconha é o aspecto que se sobressai naquele acidente, Kurt acha que a substância foi a responsável pela batida.

Alguns anos depois, Kurt passa a cobrir a área de negócios. Uma das maiores empresas do mundo acabou de anunciar que uma mulher será sua nova CEO. Parem as máquinas! Kurt abre o laptop e começa a redigir sua coluna: a pessoa em questão, digita ele, conseguiu o cargo apenas por ser do sexo feminino. Na verdade, o gênero influenciou a promoção em nada, até porque homens costumam ocupar os cargos no topo da hierarquia. Se fosse tão importante ter mulheres como líderes, outras empresas já o teriam feito. Mas, na matéria de jornal, o gênero é o aspecto saliente, e portanto ganha peso indevido.

Não são apenas os jornalistas que caem no efeito de destaque. Todos caímos. Dois homens roubam um banco e logo são presos. Descobre-se que são nigerianos. Embora nenhum grupo étnico esteja vinculado a um índice exagerado de roubos, esse dado *destacado* distorce nosso raciocínio. De novo esses imigrantes clandestinos, pensamos. Se um armênio comete um estupro, o crime é atribuído aos "armênios", em vez de a outros fatores que também existem entre os demais cidadãos. Dessa forma são formados os preconceitos. Esquece-se facilmente que a imensa maioria de imigrantes vive dentro da lei. Sempre nos lembramos das exceções indesejáveis — elas recebem *destaque* especial. Portanto, sempre que imigrantes estão envolvidos, o que vem primeiro à mente são os acontecimentos negativos e fora do comum.

O efeito de destaque não influencia apenas a forma como interpretamos o passado, mas também como imaginamos o futuro. Daniel Kahneman e Amos Tversky, seu colaborador, descobriram que enfatizamos sem justificativa dados *em destaque* quando fazemos prognósticos. Isso explica por que investidores são mais sensíveis a notícias sensacionais (ou seja, a demissão de um CEO) do que a informações menos impressionantes (como o crescimento a longo prazo dos lucros de uma empresa). Mesmo analistas profissionais não conseguem escapar do efeito de destaque.

Conclusão: informações *em destaque* têm influência indevida na forma como você pensa e age. Tendemos a negligenciar fatores ocultos, de desenvolvimento lento ou discretos. Não se deixe cegar pelas anormalidades. Um livro cuja capa seja incomum, em vermelho flamejante, chega à lista dos mais vendidos. Sua primeira reação é atribuir o sucesso à capa memorável. Não faça isso. Reúna a energia mental necessária para lutar contra as explicações aparentemente óbvias.

85

O dinheiro não está nu

Efeito do dinheiro da banca

Dia chuvoso de outono, no início dos anos 1980. O vento remexe as folhas molhadas na calçada. Empurrando minha bicicleta morro acima para chegar à escola, percebo uma folha estranha presa no pé. Era grande e tinha cor de ferrugem, e quando me abaixei percebi que se tratava de uma nota de 500 francos suíços! Era o equivalente a 250 dólares naquela época, uma verdadeira fortuna para um estudante colegial. O dinheiro nem esquentou no meu bolso: comprei uma bicicleta de primeira linha, com freios a disco e câmbio Shimano, um dos melhores modelos disponíveis no mercado. O engraçado é que minha bicicleta velha estava funcionando bem.

Eu não estava completamente duro naquela época, pois tinha conseguido juntar umas poucas centenas de francos cortando a grama da vizinhança. No entanto, nunca passou pela minha cabeça gastar aquele dinheiro suado em algo tão supérfluo. O máximo que eu me permitia era uma ida ao cinema de vez em quando. Foi preciso alguma reflexão para que eu me desse conta de como meu comportamento fora irracional. Dinheiro é dinheiro, afinal de contas. Mas não o vemos assim. Dependendo de como o conseguimos, o tratamos de forma diferente. O dinheiro não está nu; ele se cobre com um manto emocional.

Duas perguntas: Você trabalhou muito o ano inteiro. Ao final dos 12 meses, sua conta tem 20 mil dólares a mais do que tinha no início. O que você faz com esse dinheiro? (a) Deixa parado na conta. (b) Investe. (c) Usa para fazer melhorias necessárias, como reformar a cozinha que está cheia de mofo ou trocar os pneus do carro. (d) Faz um cruzeiro de luxo. Se você pensa como a maioria das pessoas, escolherá as opções A, B ou C.

Segunda pergunta: Você ganha 20 mil dólares na loteria. O que você faz com o dinheiro? Escolha entre as opções A, B, C ou D anteriores. A maioria escolhe C ou D. E, sem dúvida, ao escolher assim essas pessoas demonstram um erro de raciocínio. Pode contar da forma como preferir: 20 mil dólares continuam sendo 20 mil dólares.

É comum ver ilusões parecidas em cassinos. Um amigo aposta mil dólares na roleta — e perde tudo. Ao comentar o acontecido, ele afirma: "Na verdade eu não perdi mil dólares na roleta. Ganhei esse dinheiro ontem!" Mas é a mesma quantia! "Para mim, não é", retruca ele, aos risos.

Dinheiro que chega de graça, que é achado no chão ou herdado, é tratado de forma muito mais frívola do que o dinheiro que é fruto do esforço. O economista Richard Thaler denominou esse fenômeno como efeito do dinheiro da banca [*house-money effect*]. Esse fenômeno nos leva a assumir riscos maiores e, por isso, muitos ganhadores de loteria acabam em pior situação do que antes de receber o prêmio. O antigo ditado "o que vem fácil vai fácil" é uma fraca tentativa de minimizar perdas reais.

Thaler dividiu seus alunos em dois grupos. Foi dito ao primeiro grupo que seus participantes receberiam 30 dólares e poderiam escolher se participavam de um jogo de cara ou coroa: se tirassem coroa, ganhariam 9 dólares; se tirassem cara, perderiam 9 dólares. Setenta por cento dos alunos escolheu arriscar. O segundo grupo não receberia nada a princípio, mas poderia escolher entre receber 30 dólares ou participar do cara ou coroa, em que cara rendia 21 dólares e coroa, 39 dólares. Apenas 43% ficaram dispostos a apostar — embora o valor esperado para as duas opções fosse o mesmo, 30 dólares.

Estrategistas de marketing sabem da utilidade do efeito do dinheiro da banca. Sites de apostas na internet "dão" 100 dólares de crédito para quem se inscreve. Empresas de cartão de crédito fazem o mesmo quando se preenche a ficha de inscrição. Companhias aéreas presenteiam alguns milhares de milhas para quem entra para o programa de milhagem. Empresas de telefonia lhe dão ligações gratuitas para que você se acostume a usar muito o celular. Boa parte da mania de cupons-desconto deriva do efeito do dinheiro da banca.

Conclusão: cuidado quando receber dinheiro ou quando uma empresa lhe der algo de graça. É bem provável que você tenha que pagar por isso com juros, por pura extravagância. É melhor rasgar as roupas vistosas desse dinheiro aparentemente sem ônus. Troque-as por um macacão de operário. Bote a quantia na sua conta bancária ou invista-a na sua empresa.

86

Por que resoluções de ano-novo não funcionam
Procrastinação

Um amigo, escritor, alguém que sabe como capturar emoções em frases — vamos chamá-lo de artista — escreve livros modestos de cem páginas a cada sete anos. Sua produção equivale a duas linhas por dia. Quando perguntado sobre essa produtividade miserável, ele responde: "Fazer a pesquisa é muito mais gostoso do que escrever." Assim, ele se senta à escrivaninha e fica horas navegando na internet ou mergulhado nos livros mais obscuros — tudo na esperança de topar com uma história magnífica e esquecida. Depois de encontrar a inspiração adequada, ele se convence de que não há por que começar enquanto não estiver no "clima certo". Infelizmente, o clima certo é ocorrência rara.

Outro amigo tenta parar de fumar, e tentou todos os dias nos últimos dez anos. Todo cigarro era o último. Quanto a mim? Minha declaração de imposto de renda está em cima da mesa há seis meses. Até hoje espero que os formulários apareçam preenchidos magicamente.

Procrastinação é a tendência a adiar atividades desagradáveis, mas importantes: a árdua tarefa de ir à academia, de trocar o seguro do carro por outro mais barato, de escrever cartões de agradecimento. Nem mesmo resoluções de ano-novo vão ajudar você nisso.

Procrastinar é imbecil, porque nenhum projeto se conclui sozinho. Sabemos que essas tarefas serão benéficas, então por que continuamos a varrê-las para debaixo do tapete? Por causa do intervalo de tempo que existe entre semear e colher. Fazer a ponte entre esses dois extremos requer um alto grau de energia mental, como demonstrado pelo psicólogo Roy Baumeister em um engenhoso experimento. Ele botou alunos em frente a um forno, que assava um tabuleiro de biscoitos de chocolate. O cheiro maravilhoso tomava a sala toda. O professor, então, deixou uma tigela de rabanetes ao lado do forno, e avisou aos alunos que eles poderiam comer todos os rabanetes que quisessem, mas que os biscoitos estavam proibidos. Em seguida, deixou os alunos sozinhos por meia hora. Os alunos de um segundo grupo puderam comer quantos biscoitos quisessem. Logo depois, os dois grupos tiveram de resolver um complexo problema de matemática. Os alunos que não puderam comer os biscoitos desistiram da tarefa duas vezes mais rapidamente do que os alunos que comeram biscoitos à vontade. Aquele período de autocontrole havia drenado suas energias mentais — ou força de vontade — que agora eram necessárias para resolver o problema de matemática. Força de vontade é como uma bateria, pelo menos a curto prazo. Se ela se esgota, os desafios futuros ficam prejudicados.

Essa sacada é fundamental. O autocontrole não está disponível 24 horas por dia. É preciso tempo para reabastecer. A boa notícia é que, para tanto, basta renovar seus níveis de açúcar no sangue e relaxar.

Embora comer o suficiente e permitir-se tirar intervalos seja importante, outra condição necessária é se munir de vários truques para se manter na linha. Isso inclui eliminar as distrações. Quando estou escrevendo um romance, desligo a internet. Fico muito tentado a ficar navegando on-line quando chego a algum trecho mais complicado. O truque mais eficaz, no entanto, é estabelecer prazos. O psicólogo Dan Ariely descobriu que datas estipuladas por autoridades externas — por exemplo, por um professor ou pela Receita Federal — funcionam melhor. Prazos autoimpostos só funcionam se a tarefa for dividida em partes, com datas-limite para cada etapa.

Então, vença a si mesmo. A procrastinação é irracional, mas humana. Para combatê-la, use uma abordagem combinada. Veja como minha vizinha conseguiu escrever a tese de doutorado em três meses: ela alugou uma saleta sem telefone nem internet. Estabeleceu três datas, uma para cada parte da tese. Contou para todo mundo quais eram os prazos e chegou a imprimir as datas no verso de seu cartão de visita. Dessa forma, transformou os prazos pessoais em compromissos públicos. Na hora do almoço e à noite, ela recarregava as baterias lendo revistas de moda e dormindo bastante.

87

Construa seu próprio castelo

Inveja

Três cenários. Qual deles o irritaria mais? (a) O salário dos seus amigos aumenta. O seu continua igual. (b) O salário deles continua igual. O seu também. (c) O salário deles é reduzido. O seu também. Se você escolheu a resposta A, não se preocupe, isso é perfeitamente normal: você foi mais uma vítima do monstro da inveja.

Agora, uma historinha russa: um fazendeiro encontra uma lâmpada mágica. Ele a esfrega, fazendo surgir um gênio que promete lhe conceder um desejo. O fazendeiro pensa por alguns instantes. Por fim, diz: "Meu vizinho tem uma vaca, e eu não tenho nenhuma. Quero que a dele morra."

Por mais absurdo que isso pareça, é possível que você se identifique com o fazendeiro. Admita: algum pensamento dessa natureza deve ter lhe ocorrido em algum momento da vida. Imagine que um colega ganhe um bônus bem gordo e você receba apenas um vale-presente. Você fica com inveja. Isso gera uma cadeia de comportamentos irracionais: você para de ajudá-lo, sabota seus projetos, talvez até fure os pneus do Porsche dele. E fica feliz quando ele quebra a perna esquiando. De todas as emoções, a inveja é a mais imbecil. Por quê? Porque é relativamente fácil desligá-la. Pelo menos em comparação à raiva, à tristeza e ao medo. "A inveja é o mais estúpido dos vícios, porque não lhe é possível extrair nenhuma vantagem", já dizia Balzac. Em resumo, a inveja é o tipo mais sincero de lisonja; fora isso, é uma perda de tempo.

Muitas coisas provocam inveja: bens, status, saúde, juventude, talento, popularidade, beleza. Esse sentimento costuma ser confundido com ciúme, porque as reações físicas que ambos provocam são idênticas. A diferença: o objeto da inveja é palpável (status, dinheiro, saúde etc.) O objeto do ciúme é o comportamento de uma terceira pessoa. A inveja requer duas pessoas. O ciúme, por outro lado, requer três: Peter tem ciúme de Sam porque a vizinha bonitona ligou para o Sam.

Paradoxalmente, com a inveja, canalizamos o ressentimento para quem se parece conosco em idade, carreira e moradia. Não invejamos homens de negócios do século retrasado. Não invejamos plantas nem animais. Não temos inveja de milionários que moram do outro lado do mundo — apenas dos que moram do outro lado da cidade. Sou escritor, portanto não sinto inveja de músicos, gerentes e dentistas, mas de outros escritores. Um CEO inveja CEOs mais poderosos. Uma supermodelo tem inveja de supermodelos mais bem-sucedidas. Aristóteles já sabia disso: "O oleiro tem inveja do oleiro."

Isso nos leva a um erro prático clássico: digamos que seu sucesso financeiro lhe permita se mudar de um bairro proletário para um bairro chique. Nas primeiras semanas, você gosta de estar o mais perto de tudo e de ver os amigos impressionados com seu novo apartamento e endereço. Mas logo percebe que apartamentos de proporções completamente diferentes o cercam. Você trocou seu antigo grupo de amigos por um muito mais rico. Situações que não o incomodavam antes passam a perturbá-lo. A consequência é inveja e ansiedade de status.

Como controlar a inveja? Em primeiro lugar, pare de se comparar aos outros. Em segundo lugar, encontre seu "círculo de competência" e o preencha sozinho. Crie um nicho onde você seja o melhor. Não importa a magnitude da sua área de competência. O importante é ser o senhor do castelo.

Como todas as emoções, a inveja se origina em nosso passado evolucionário. Se o hominídeo da caverna ao lado pegasse um pedaço maior do mamute, isso significava menos carne para o perdedor. A inveja nos motivou a tomar uma atitude diante dessa situação. Caçadores-coletores que não agiam desapareceram do nosso conjunto de genes. Em casos extremos, morriam de fome, enquanto os demais se fartavam. Somos os filhos dos invejosos. No entanto, no mundo de hoje, inveja não é vital. Se meu vizinho comprar um Porsche, isso não significa que ele tenha tirado algo de mim.

Quando fico me rasgando de inveja, minha mulher costuma me lembrar: "Tudo bem ter inveja, mas apenas das pessoas a que você aspira se tornar um dia."

88

Por que você prefere novelas a estatística

Personificação

Por dezoito anos, a mídia dos Estados Unidos não pôde mostrar fotos de caixões de soldados mortos em combate. Em fevereiro de 2009, o secretário de Defesa Robert Gates suspendeu a proibição, e tais imagens inundaram a internet. Oficialmente, é preciso que os parentes do falecido autorizem a publicação, mas é difícil fiscalizar o cumprimento desse tipo de regra. Por que a proibição? Para disfarçar os verdadeiros custos da guerra. É fácil saber o número de mortos, mas estatísticas não nos impressionam. Pessoas, por outro lado, especialmente as mortas, provocam uma reação emocional.

Por que isso? Desde o início dos tempos, os grupos foram essenciais para nossa sobrevivência. Portanto, ao longo das últimas centenas de milhares de anos, desenvolvemos uma impressionante percepção sobre como os outros pensam e se sentem. A ciência denomina esse fenômeno como "teoria da mente". Esse experimento ilustra a teoria: você recebe 100 dólares e tem que dividir a quantia com um desconhecido. Você pode decidir como será a divisão. Se a outra pessoa ficar feliz com sua proposta, o dinheiro será dividido como você sugeriu. Se ela recusar sua oferta, você terá que devolver os 100 dólares e ninguém recebe nada. Como você divide o dinheiro?

Faria sentido oferecer muito pouco para o desconhecido — talvez um dólar. Afinal de contas, pouco é melhor do que nada. No entanto, na década de 1980, quando economistas começaram a testar esses "jogos de ultimato" (o termo técnico para esse tipo de situação), os sujeitos se comportaram de forma bastante variada: ofereceram entre 30% e 50%. Divisões abaixo de 30% eram consideradas "injustas". O jogo de ultimato é uma das manifestações mais claras da "teoria da mente": resumindo, nós sentimos empatia pelo outro.

No entanto, com uma pequena mudança, é possível eliminar essa compaixão quase completamente: separando-se os jogadores em salas diferentes. Quando não se vê — ou não se conhece — a outra pessoa, é mais difícil reproduzir o sentimento alheio, que se torna uma abstração. Assim, a fração oferecida cai, em média, para menos de 20%.

Em outro experimento, o psicólogo Paul Slovic pediu doações. A um grupo, foi mostrado um retrato de Rokia, uma criança macérrima com olhar suplicante que mora no Malauí. Em seguida, os sujeitos doaram em média 2,83 dólares (de um total de 5 dólares que cada participante recebeu para preencher um breve questionário de pesquisa). Ao segundo grupo foram mostrados dados estatísticos sobre a fome naquele país africano, inclusive o fato de que mais de 3 milhões de crianças sofriam de desnutrição. O valor doado médio caiu 50%. Isso não faz sentido: seria de se esperar que a generosidade das pessoas aumentasse se soubessem a extensão do desastre. Mas nós não funcionamos assim. Estatísticas não nos mobilizam; pessoas, sim.

Faz muito tempo que a imprensa sabe que relatos factuais e tabelas de dados não atraem leitores. Disso vem a máxima "dê uma cara para a história". Se uma empresa é notícia, publique-se uma foto do CEO na matéria (seja rindo ou de cara feia, conforme a situação do mercado). Se um país é manchete, o presidente será sua representação. Se um terremoto acontece, uma vítima se torna o rosto da tragédia.

Tal obsessão explica o sucesso de uma importante invenção cultural: os livros de romance. Esse objeto irresistível projeta conflitos pessoais e interpessoais em alguns poucos destinos individuais. Um acadêmico pode ter escrito uma dissertação parruda sobre os métodos de tortura psicológica na Nova Inglaterra puritana, mas ainda preferimos ler *A letra escarlate*, de Nathaniel Hawthorne. E quanto à Grande Depressão? Em sua versão estatística, é apenas uma longa série de números. Enquanto um drama familiar, em *As vinhas da ira*, de John Steinbeck, é inesquecível.

Conclusão: cuidado ao se deparar com histórias humanas. Procure os fatos e a distribuição estatística por trás do relato. Você não deixará de se emocionar, mas será capaz de contextualizar os acontecimentos corretamente. Se, por outro lado, sua intenção for mobilizar e motivar pessoas, não deixe de temperar sua história com nomes e rostos.

89

Você não faz ideia do que está ignorando

Ilusão de atenção

Após tempestades no sul da Inglaterra, um rio de uma cidade pequena transbordou. A polícia interditou o trecho do rio onde, antes da enchente, havia uma passagem para veículos, e desviou o trânsito. A travessia ficou fechada por duas semanas, mas todo dia pelo menos um carro passava pela placa de alerta e caía na correnteza forte. Os motoristas ficavam tão concentrados no GPS que nem percebiam o que estava bem à sua frente.

A observação acima foi feita pelos psicólogos cognitivos Daniel Simons e Christopher Chabris. Em Harvard, na década de 1990, os pesquisadores filmaram duas equipes de alunos trocando passes de basquete. Uma equipe vestia camisetas pretas, e a outra, brancas. Um resumo do vídeo está disponível no YouTube, com o nome *The Monkey Business Illusion.* * (Dê uma olhada antes de continuar a leitura.) No vídeo, pede-se que os espectadores contem quantas vezes os jogadores de camiseta branca passam a bola. As duas equipes se movem em círculos, passando por fora e por dentro, para a frente e para trás. Subitamente, no meio do vídeo, algo bizarro acontece: um aluno vestido de gorila entra no meio da sala, bate no peito e logo desaparece novamente. Ao final, pergunta-se se o espectador notou algo incomum. Metade das pessoas fica pasma: Gorila? Que gorila?

O teste do gorila invisível é considerado um dos mais famosos experimentos em psicologia e demonstra a chamada ilusão de atenção: temos certeza de que percebemos tudo o que acontece à nossa frente. Mas, na

---

* Conhecido em português como "Teste do Gorila Invisível". (N.T.)

verdade, normalmente vemos apenas aquilo em que estamos nos concentrando — nesse caso, nos passes feitos pelo time de branco. Interrupções inesperadas e despercebidas podem ser tão grandes e ostensivas como um gorila.

A ilusão de atenção pode ser perigosa, por exemplo, quando se fala ao celular ao volante do carro. Na maioria das vezes, fazer isso não é problema. O telefonema não influencia de forma negativa a tarefa objetiva de manter o carro no meio da pista e frear quando o carro à frente fizer o mesmo. Mas diante de um evento inesperado, como uma criança que atravessa a rua correndo, sua atenção estará muito ocupada para que você reaja a tempo. Pesquisas mostram que, quando o motorista fala ao celular, o tempo de reação é tão lento como se ele estivesse sob efeito de álcool ou drogas. Além disso, não importa se você pega o celular com uma mão só, se o segura entre a cabeça e o pescoço ou se usa um fone: sua resposta a ocorrências inesperadas continuará comprometida.

Você deve conhecer a expressão "elefante na sala". Ela se refere a um assunto óbvio, mas que ninguém quer discutir, numa espécie de tabu. Em contraste, vamos definir o que é o "gorila na sala": um assunto que é de extrema importância e urgência, e que é absolutamente necessário abordar, mas de que ninguém ouviu falar.

Vejamos o caso da Swissair, uma empresa aérea que estava tão concentrada em expansão que não percebeu sua liquidez indo embora e faliu em 2001. Ou o desgoverno do bloco oriental que levou à queda do Muro de Berlim. Ou dos riscos na contabilidade dos bancos a que, até 2007, ninguém prestava atenção. Esses gorilas dançaram bem na nossa frente — e quase não os enxergamos.

Isso não quer dizer que perdemos todos os acontecimentos extraordinários. O ponto crucial da questão é que tudo que não é notado continua negligenciado. Portanto, não fazemos ideia do que está sendo ignorado. É exatamente por isso que ainda nos agarramos à perigosa ilusão de que percebemos tudo o que é importante.

Livre-se da ilusão de atenção de vez em quando. Analise todos os cenários possíveis e impossíveis. Que eventos inesperados podem acontecer? O que se esconde por trás e ao redor de questões em destaque? O que ninguém está abordando? Preste atenção ao silêncio da mesma forma que se presta atenção ao barulho. Verifique a periferia, não apenas o centro. Algo incomum pode ter proporções enormes, e mesmo assim passar despercebido. Tamanho e singularidade não bastam para ser notado. Temos que esperar o que é grande e incomum.

90

Palavras ao vento
Deturpação estratégica

Vamos supor que você esteja se candidatando ao emprego dos sonhos. Você mexe no seu currículo até que o texto fique impecável. Na entrevista, destaca suas realizações e habilidades e se esquiva dos reveses e pontos fracos. Quando perguntado se é capaz de aumentar as vendas em 30% cortando custos em 30%, você responde com tranquilidade: "Pode contar com isso." Embora esteja tremendo por dentro e se remoendo para imaginar como vai dar conta de uma tarefa dessas, você faz e diz tudo o que é necessário para conseguir o emprego. Você se concentra em impressionar os entrevistadores; os detalhes ficam para depois. Você sabe que, se der respostas mais realistas, vai ficar para trás na corrida.

Imagine que você seja um jornalista e tenha uma ótima ideia para um livro. O assunto está na boca do povo. Você encontra um editor disposto a pagar um bom adiantamento. No entanto, ele quer um cronograma. O editor tira os óculos e o encara: "Quando você vai me entregar o manuscrito? Pode ser daqui a seis meses?" Você engole em seco, pois nunca escreveu um livro em menos de três anos. Sua resposta: "Pode contar com isso." É claro que sua intenção não era mentir, mas você sabe que não receberá o adiantamento se falar a verdade. Depois do contrato assinado e do dinheiro bem seguro na sua conta bancária, sempre dá para enrolar o editor por algum tempo. Você é escritor; seu trabalho é inventar histórias!

O nome oficial desse tipo de comportamento é deturpação estratégica [*strategic misrepresentation*]: quanto mais vantagens estiverem em jogo, mais exageradas serão suas afirmativas. A deturpação estratégica não funciona em todas as áreas. Se seu oftalmologista lhe promete uma visão perfeita por cinco vezes seguidas, mas após cada consulta você enxerga pior do que antes, em algum momento você vai parar de levá-lo a sério. No entanto, vale a pena se valer da deturpação estratégica no caso de tentativas únicas — por exemplo, em entrevistas, como vimos anteriormente. Uma determinada empresa não vai contratá-lo várias vezes. Nesse caso, é sim ou não.

Mais vulneráveis à deturpação estratégica são os projetos de porte monumental, em que (a) a contabilidade é difusa (por exemplo, se a administração que fechou o contrato tiver saído do poder), (b) muitas empresas estão envolvidas, gerando acusações mútuas, ou (c) o prazo final é marcado para alguns anos à frente. Ninguém entende mais de projetos em grande escala do que o professor Bent Flyvbjerg, da Universidade de Oxford. Por que estouros de prazo e orçamento são tão frequentes? Porque não é a melhor proposta que vence a concorrência, é a que parece melhor no papel. Flyvbjerg denomina isso como "darwinismo às avessas": quem "doura a pílula" é premiado com o projeto. Entretanto, a deturpação estratégica é simplesmente uma enganação descarada? Sim e não. Mulheres que usam maquiagem são uma fraude? Homens que alugam Porsches para demonstrar riqueza são mentirosos sem pudor? Sim e não. A rigor, sim, mas essa mentira é socialmente aceitável, então ninguém se importa muito com isso. O mesmo vale no caso da deturpação estratégica.

Em muitos casos, a deturpação estratégica é inofensiva. Mas, em questões significativas, como sua saúde ou futuros funcionários, é bom ficar alerta. Portanto, quando estiver lidando com pessoas (um candidato promissor, um autor, um oftalmologista), não se fie pelo que elas falam; observe o desempenho anterior delas. Quando se trata de projetos, avalie o cronograma, benefícios e custos de projetos similares, e questione as propostas que foram otimistas demais. Peça a um contador que destrinche o projeto. Acrescente uma cláusula ao contrato que estipule multas financeiras por perda de prazo e erro no orçamento inicial. E, como medida de segurança adicional, transfira o dinheiro para uma *scrow account.**

---

* Conta especial constituída pelas partes contratantes junto a uma terceira entidade, sob contrato, destinada a acolher depósitos a serem feitos pelo devedor e ali mantidos em custódia para liberação após o cumprimento de requisitos especificados. (N.T.)

91

Cadê o botão de desligar?

Pensar demais

Era uma vez uma centopeia inteligente. Da beirada da mesa, ela olha para baixo e vê um saboroso grão de açúcar do outro lado da cozinha. Inteligente como era, a centopeia começa a pensar qual é a melhor rota: por qual perna da mesa ela deve descer — esquerda ou direita —, e por qual perna deve subir? A tarefa seguinte era decidir com que pé ela deveria dar o primeiro passo, em que ordem os outros pés deveriam se mexer e assim por diante. Sendo adepta da matemática, a centopeia analisou todas as variantes e escolheu o melhor caminho. Finalmente, deu o primeiro passo. No entanto, ainda absorta em cálculos e reflexões, se embaralhou toda e ficou paralisada no meio do caminho. Por fim, não avançou mais e morreu de fome.

Aberto de Golfe da Grã-Bretanha de 1999: o golfista francês Jean van de Velde jogou impecavelmente até o último buraco. Com três tacadas na liderança, ele poderia se dar ao luxo de fazer um *double bogey* (ficar duas tacadas acima do par) e ainda assim vencer. Moleza! As grandes ligas de golfe estavam a um passo de distância. Bastava que jogasse de forma conservadora. Mas, assim que Van de Velde se posicionou, gotas de suor começaram a lhe brotar da testa. Deu a tacada como um novato. A bola foi direto para os arbustos e aterrissou a 200 metros do buraco. O golfista ficou cada vez mais nervoso. As tacadas seguintes não foram melhores. Jogou a bola no capim alto e depois dentro do lago. Tirou os sapatos, entrou na água e, por alguns momentos, considerou dar a tacada ali mesmo. Mas acabou decidindo pela penalidade. Então, tacou a bola na areia. Sua postura lembrava a de um principiante. Finalmente, chegou ao *green* e, na sétima tentativa, ao buraco. Van de Velde perdeu o Aberto da Grã-Bretanha e garantiu um lugar na história do golfe com seu *triple bogey*. Foi o começo do fim de sua carreira. (Ele comemorou um impressionante retorno às competições em 2005.)

Na década de 1980, a revista americana *Consumer Reports* pediu que vários provadores profissionais experimentassem 45 variedades de geleia de morango. Alguns anos depois, os acadêmicos de psicologia Timothy Wilson e Jonathan Schooler repetiram o experimento com alunos da Universidade de Washington. Os resultados foram quase idênticos. Alunos e especialistas preferiram o mesmo tipo. Mas essa foi apenas a primeira parte do experimento. Wilson repetiu o procedimento com um segundo grupo de alunos que, dessa vez, tinha de preencher um questionário justificando as notas em detalhes. A classificação foi totalmente distorcida. Algumas das melhores variedades acabaram em último lugar na preferência.

Basicamente, quando se pensa demais, acaba-se isolando a mente da sabedoria emocional. É possível que isso soe um tanto esotérico — e um pouco surpreendente, vindo de alguém como eu, que luta para eliminar a irracionalidade do raciocínio —, mas não é. Emoções são um produto do cérebro, da mesma forma que pensamentos claros e racionais o são. Elas são apenas uma forma diferente de processamento de informações — mais primordial, mas não necessariamente inferior. Na verdade, às vezes quem dá o conselho mais sábio são as emoções.

Com isso, levanta-se uma questão: quando escutar a cabeça e quando escutar o coração? Como regra prática, poderíamos dizer que, se a situação envolve atividades habituais (lembre-se da centopeia, de Van de Velde ou de tocar um instrumento) ou perguntas que você já respondeu milhares de vezes (pense no círculo de competência de Warren Buffett, citado anteriormente), é melhor não ficar pensando até esgotar o último detalhe. O mesmo se aplica a decisões que nossos antepassados da Idade da Pedra já enfrentavam — como avaliar o que é comestível, quem daria um bom amigo, em quem confiar. Para esse tipo de propósito, temos a heurística, atalhos mentais que são claramente superiores ao pensamento racional. Quando se trata de assuntos complexos, no entanto, como decisões sobre investimentos, é indispensável fazer reflexões sóbrias. A evolução não nos deu as ferramentas para esse tipo de consideração, portanto a lógica se sobrepõe à intuição.

92

Por que você assume tarefas demais

Falácia do planejamento

Todas as manhãs, você faz uma lista com as tarefas do dia. Com que frequência todos os itens são riscados até fim do dia? Sempre? Dia sim, dia não? Uma vez por semana? Se for como a maioria das pessoas, você alcança esse raro estado uma vez por mês. Em outras palavras, você sempre assume tarefas demais. Mais do que isso: seus planos são absurdamente ambiciosos. Isso seria perdoável se você fosse um novato no planejamento. Mas você vem fazendo listas de tarefas há anos, se não décadas. Você conhece muito bem sua capacidade, e é pouco provável que a superestime todo santo dia. Não estou de brincadeira: em outras áreas, você aprende com a experiência. Então, por que não vemos essa curva de aprendizado quando se trata de fazer planos? Embora tenha plena consciência de que muitos de seus planos anteriores foram otimistas em excesso, você acredita com toda a sinceridade que, hoje, a mesma carga de trabalho — ou maior — é totalmente factível. Daniel Kahneman denomina esse fenômeno como falácia do planejamento.

Quase toda faculdade exige que os alunos escrevam monografias nos últimos semestres do curso. O psicólogo canadense Roger Buehler, junto a uma equipe de colaboradores, pediu em suas turmas de formandos que cada aluno especificasse duas datas de entrega para o trabalho final: a primeira seria um prazo "realista", e a segunda, um prazo considerando um atraso catastrófico. Apenas 30% dos alunos cumpriram o prazo realista. Em média, foi necessário 50% mais tempo do que o planejado — e uma semana além do prazo catastrófico.

A falácia do planejamento fica bastante evidente quando pessoas trabalham juntas, seja na área de negócios, acadêmica ou política. Grupos superestimam prazos e benefícios e sistematicamente subestimam custos e riscos. O edifício em forma de concha da Sydney Opera House foi planejado em 1957. A inauguração estava prevista para 1963, com orçamento de 7 milhões de dólares. A Opera finalmente abriu as portas em 1973, após gastos de 102 milhões — 14 vezes mais do que a previsão!

Por que não nascemos exímios planejadores? Primeiro motivo: autoilusão. Queremos ser bem-sucedidos e terminar tudo que assumimos. Segundo: ficamos muito concentrados no projeto e negligenciamos influências externas. É muito comum que acontecimentos inesperados derrotem nossos planos. Isso também vale para agendas diárias. Sua filha engasga com uma espinha de peixe. A bateria do seu carro arria. Uma oportunidade de comprar um imóvel aparece na sua frente e tem que ser decidida com urgência. Lá se vai a programação. Se você tivesse se planejado de forma ainda mais detalhada, o problema estaria resolvido? Não. O planejamento passo a passo só amplifica a falácia de planejamento. Uma agenda muito minuciosa faz com que seu foco se estreite ainda mais, o que dificulta a antecipação do inesperado.

Então, o que fazer? Mude o foco de fatores internos, como seu próprio projeto, para fatores externos, como projetos similares. Procure a taxa-base e analise o passado. Se outros empreendimentos da mesma natureza demoraram três anos e devoraram 5 milhões de dólares, é provável que o mesmo se aplique ao seu projeto — não importa quão cuidadoso seja o seu planejamento. E, ainda mais importante, antes de tomar decisões, faça a chamada sessão *pre-mortem* (literalmente, antes da morte). O psicólogo americano Gary Klein recomenda o seguinte discurso para sua equipe: "Imaginem que estamos um ano à frente de hoje. Seguimos o planejamento à risca. O resultado é um desastre. Vocês têm de cinco a dez minutos para escrever sobre essa catástrofe." Essas histórias lhe mostrarão como o plano pode acabar.

93

Martelos só enxergam pregos
Deformação profissional

Um homem pega um empréstimo, abre uma empresa e vai à falência logo depois. Ele cai em depressão e comete suicídio.

Que lição podemos tirar dessa história? Se for um analista de negócios, você quer saber por que a empresa não deu certo: ele não era um bom líder? A estratégia estava errada, o mercado era restrito demais, a concorrência grande demais? Como profissional de marketing, você se perguntará se as campanhas foram mal organizadas ou se o homem não conseguiu atingir o público-alvo. Um especialista em finanças se perguntará se o empréstimo foi a melhor forma de financiamento. Um jornalista da editoria local verá o potencial da história: sorte minha ele ter se matado! O escritor pensará em como transformar o incidente numa tragédia grega. O banqueiro achará que o setor de empréstimos cometeu um erro. O socialista culpará a falência do capitalismo. O religioso conservador enxergará uma punição divina. O psiquiatra diagnosticará níveis de serotonina baixos. Qual é o ponto de vista "correto"?

Nenhum deles. "Se sua única ferramenta é o martelo, todos os seus problemas serão pregos", disse Mark Twain — uma citação que resume a deformação profissional [*déformation professionnelle*] perfeitamente. Charlie Munger, sócio de Warren Buffett, denominou esse fenômeno de "síndrome do homem do martelo" [*the man with the hammer tendency*] em homenagem a Twain: "Mas essa é uma forma completamente desastrosa de raciocínio e de agir no mundo. É preciso ter modelos múltiplos. E tais modelos devem vir de várias disciplinas, porque toda a sabedoria do mundo não cabe num pequeno departamento de universidade."

A arte de pensar claramente

Veja alguns exemplos de deformação profissional: cirurgiões querem resolver todas as doenças com um bisturi, mesmo que os pacientes possam ser tratados por métodos menos invasivos. Exércitos pensam primeiro em soluções militares. Engenheiros, em soluções estruturais. Gurus de tendências veem tendências em todo lugar (a propósito, essa é uma das formas mais imbecis de se enxergar o mundo). Resumindo: se você pergunta às pessoas qual é o cerne de algum problema, elas normalmente vincularão a resposta às suas áreas de especialidade.

O que há de errado nisso? É bom que, digamos, um alfaiate se atenha ao que sabe. A deformação profissional se torna perigosa quando as pessoas passam a aplicar conhecimentos especializados em áreas alheias. Você já deve ter topado com algumas delas: professores que repreendem os amigos como se fossem alunos. Mães que começam a tratar os maridos como crianças. Ou lembre-se da onipresente planilha de Excel: nós a usamos mesmo quando não é pertinente — por exemplo, ao gerar projeções financeiras de dez anos para start-ups ou ao comparar amantes em potencial "recrutados" em sites de namoro. A planilha de Excel pode ser uma das mais perigosas recentes invenções.

Mesmo dentro da própria jurisdição, o homem do martelo tende a usá-lo em excesso. Críticos literários são treinados para detectar as referências, os símbolos e as mensagens ocultas do autor. Como escritor, sei que esses profissionais tiram essas descrições da cartola, quando na verdade não há nenhuma. Isso não difere muito dos procedimentos de jornalistas da área de economia. Eles esmiúçam os pronunciamentos mais triviais de presidentes de bancos centrais e, de alguma forma, descobrem indícios de mudanças na política fiscal por meio de análise do discurso.

Conclusão: se você levar seu problema para um especialista, não espere a melhor solução global. Espere uma abordagem que possa ser resolvida com a caixa de ferramentas do especialista. O cérebro não é um computador central. Na verdade, é um canivete com ferramentas especializadas. Infelizmente, nossos canivetes são incompletos. Conforme nossa experiência de vida ou nosso conhecimento profissional, já temos algumas lâminas. Mas, para ficarmos mais bem equipados, é preciso acrescentar mais duas ou três ferramentas ao nosso repertório — modelos mentais bem distantes da nossa área de especialidade. Por exemplo, ao longo dos últimos anos, comecei a pensar o mundo sob um ponto de vista biológico, e portanto renovei minha compreensáo sobre sistemas complexos. Identifique suas deficiências e procure as metodologias e os conhecimentos adequados para equilibrá-las. Leva-se cerca de um ano para internalizar as ideias mais importantes de um campo desconhecido, e vale a pena: seu canivete vai ficar mais parrudo e mais versátil, e seu raciocínio, mais afiado.

94

Missão cumprida

O efeito Zeigarnik

Berlim, 1927: um grupo formado por estudantes e professores universitários vai a um restaurante. O garçom ouve os pedidos um a um, inclusive pedidos especiais, mas não se dá ao trabalho de anotar nada. Isso não vai dar certo, pensam todos. Após uma curta espera, porém, todos os clientes recebem exatamente o que pediram. Depois do jantar, Bluma Zeigarnik, estudante russa de psicologia, percebe que esqueceu o cachecol. Ela volta ao restaurante e encontra o garçom com memória inacreditável e pergunta se ele o viu. O garçom responde com um olhar vazio. Não faz ideia de quem ela é ou onde se sentou. "Como é que você pode ter esquecido", pergunta ela, indignada. "Ainda mais com essa sua supermemória." O garçom responde de maneira curta: "Eu guardo todos os pedidos na cabeça — até que sejam servidos."

Zeigarnik e o orientador, Kurt Lewin, estudaram esse estranho comportamento e descobriram que todo mundo funciona mais ou menos como o garçom. Raramente nos esquecemos de tarefas não cumpridas; elas permanecem na nossa consciência e ali ficam, cutucando-nos como se fossem uma criança pequena, enquanto não lhes dermos atenção. Por outro lado, depois de terminar a tarefa e riscá-la da nossa lista mental, ela é apagada da memória.

A pesquisadora emprestou o nome a esse fenômeno: os cientistas hoje falam do efeito Zeigarnik. Em suas pesquisas, no entanto, ela descobriu algumas exceções à regra: certas pessoas conseguiam pensar claramente mesmo que tivessem dezenas de projetos em andamento. Apenas recentemente Roy Baumeister e sua equipe de pesquisa da Universidade da Flórida conseguiram lançar luz sobre o assunto. Ele selecionou alunos que fariam o exame final em poucos meses e os dividiu em três grupos. O grupo 1 tinha de se concentrar em uma festa durante o semestre corrente. O grupo 2 tinha de se concentrar na prova. O grupo 3 tinha de se concentrar na prova e também criar um plano de estudos detalhado. Depois, Baumeister pediu-lhes que completassem palavras com tempo muito limitado. Alguns estudantes liam "pa..." e completavam "pânico", enquanto outros pensavam em "parabéns" ou "Paris". Foi uma maneira inteligente de descobrir o que estava na cabeça dos jovens. Como esperado, o grupo 1 ficou mais relaxado em relação à prova que viria, enquanto o grupo 2 não conseguia pensar em outra coisa. O resultado do grupo 3 foi o mais surpreendente. Embora tivessem que se dedicar à prova que se aproximava, suas mentes estavam tranquilas e nada ansiosas. Outros experimentos confirmaram o resultado. Tarefas de grande porte só nos consomem até que tenhamos uma ideia clara de como lidar com elas. Zeigarnik cometeu um erro ao acreditar que era necessário concluir as tarefas para apagá-las da memória. Não é, basta um bom plano de ação.

David Allen, autor do best-seller *A arte de fazer acontecer*, argumenta que tem um objetivo: ter a mente clara como água. Para isso, não é preciso dividir a vida inteira em compartimentos organizados. É preciso, sim, um plano detalhado para lidar com as áreas mais complicadas. Esse plano pode ser dividido em tarefas passo a passo e, preferivelmente, deve ser colocado no papel. Sua mente só conseguirá descansar quando isso for feito. O adjetivo "detalhado" é importante. "Organizar a festa de aniversário da minha mulher" ou "procurar um novo emprego" são inúteis. Allen força os clientes a dividir os projetos em vinte a cinquenta tarefas individuais.

Vale notar que a recomendação de Allen parece contradizer a falácia do planejamento: quanto mais detalhado o plano, mais tendemos a ignorar fatores periféricos que sabotam os projetos. Eis o pulo do gato: se você quiser paz de espírito, adote a abordagem de Allen. Se quiser a estimativa mais precisa possível com relação a custo, benefício e duração de determinado projeto, esqueça o plano detalhado e analise projetos semelhantes. Se você quer ambas as coisas, faça as duas.

Felizmente, você pode fazer tudo isso por conta própria, com a ajuda de um aparelho que decididamente é de baixa tecnologia. Coloque um bloco de anotações ao lado da cama. Da próxima vez que não conseguir dormir, anote as tarefas pendentes e como você vai enfrentá-las. Isso vai silenciar a cacofonia de vozes internas. "Você quer encontrar Deus, mas a ração do gato acabou, então crie um plano para lidar com isso", diz Allen. É um bom conselho, mesmo que você já tenha encontrado Deus ou não tenha um gato.

95

O barco é mais importante do que a remada

Ilusão de habilidade

Por que existem tão poucos empreendedores em série — empresários que abrem empresas bem-sucedidas uma após a outra? É claro que temos Steve Jobs e Richard Branson, mas eles representam uma minúscula minoria. Empreendedores seriais representam menos de 1% de todas as pessoas que abrem empresas. Todos eles se aposentam e se mandam para um iate particular após o primeiro sucesso, como Paul Allen, cofundador da Microsoft? Claro que não. Os verdadeiros homens de negócios têm iniciativa e ambição demais para ficar sentados horas a fio numa cadeira de praia. Isso acontece porque eles não conseguem se desapegar e querem mimar suas empresas até os 65 anos? Não. A maioria dos fundadores vende suas ações em até dez anos. Na verdade, é de se esperar que esses homens de iniciativa, que são abençoados pelo talento, por uma boa rede de contatos pessoais e uma sólida reputação, tenham as qualidades necessárias para fundar muitas outras start-ups. Então, por que pararam? Não pararam. Só não conseguiram outros sucessos. Só uma resposta faz sentido: a sorte desempenha um papel mais importante do que a habilidade. Nenhum empresário gosta de ouvir isso. Quando ouvi falar sobre ilusão de habilidade pela primeira vez, minha reação foi: "Como assim, meu sucesso foi um acaso feliz?" De início, a ideia parece algo ofensiva, especialmente se você se esforçou para chegar lá.

Vamos analisar de maneira sóbria o sucesso empresarial: quanto dele vem da sorte e quanto é fruto de trabalho duro e talento singular? É fácil a pergunta ser mal interpretada. É claro que muito pouco se conquista sem talento e nada é conquistado sem trabalho duro. Mas, infelizmente, não são as habilidades, nem o trabalho, nem o esforço, os critérios-chave para o sucesso. Eles são *necessários*, mas não suficientes. Como sabemos disso? Há um teste muito simples: quando alguém é bem-sucedido por um longo tempo — mais do que isso, quando tem mais sucesso a longo prazo quando comparado a pessoas menos qualificadas —, então, e só então, o talento é o elemento essencial. Esse não é o caso da maioria dos fundadores de empresas. Caso contrário, a maioria dos empreendedores bem-sucedidos continuaria, após a primeira vitória, a plantar e cultivar segundas, terceiras e quartas start-ups.

E os líderes corporativos? Qual a importância deles para o sucesso de uma empresa? Pesquisadores determinaram um conjunto de características pessoais que supostamente estão associadas a "CEOs talentosos", tais como certos procedimentos de administração, brilhantismo estratégico no passado, entre outras. Depois mediram a relação entre esses comportamentos, por um lado, e o crescimento do valor de mercado das empresas durante o reinado desses CEOs, por outro. O resultado foi que, se compararmos duas empresas escolhidas aleatoriamente, em 60% dos casos o CEO mais competente lidera a mais forte. Em 40%, o CEO menos talentoso comanda a empresa mais forte. São apenas 10 pontos percentuais a mais do que a ausência de relação. Segundo Kahneman, "é difícil imaginar que as pessoas comprem, cheias de entusiasmo, livros escritos por líderes empresariais que, na média, são apenas um pouco melhores que a norma". Até Warren Buffett desdenha da deificação dos CEOs: "Um bom histórico gerencial [...] se deve mais ao barco de negócios em que se está do que à eficiência das remadas."

Em determinadas áreas, a habilidade não cumpre qualquer papel. No livro *Rápido e devagar: duas formas de pensar*, Kahneman descreve a visita a uma empresa de gestão de ativos. Para orientá-lo, a empresa lhe enviou uma planilha com o desempenho de todos os consultores de investimentos ao longo dos oito anos anteriores. Os profissionais foram classificados com os números 1, 2, 3 e assim por diante, em ordem descendente. Os dados eram compilados todos os anos. Kahneman rapidamente calculou a correlação entre os rankings anuais. Mais especificamente, calculou a correlação entre o primeiro e o segundo ano, o primeiro e o terceiro, o primeiro e o quarto, até chegar ao sétimo e ao oitavo. O resultado? Pura coincidência. Às vezes o consultor estava no topo da lista, às vezes estava em último. Se um profissional tivesse um ótimo ano, isso não era sustentado pelos anos anteriores, nem era levado para os seguintes. A correlação era zero. E ainda assim os consultores ganhavam bônus por desempenho. Em outras palavras, a empresa estava recompensando a sorte, não o desempenho.

Conclusão: certas pessoas ganham a vida graças às próprias habilidades, como pilotos, encanadores e advogados. Em outras áreas, a habilidade é necessária, mas não essencial, como no caso de empreendedores e líderes. Por fim, a sorte é o fator decisivo em várias áreas, como nos mercados financeiros. Aqui, a ilusão de habilidade prevalece. Então, dê aos encanadores o devido crédito e guarde uma risadinha para os bem-sucedidos do mercado financeiro.

96

Por que as listas de checagem enganam você

Efeito de presença

Apresento-lhe agora duas séries de números. A série A consiste em 724, 947, 421, 843, 394, 411, 054 e 646. O que esses números têm em comum? Não continue a ler até ter uma resposta. É mais simples do que você pensa. O número 4 aparece em todos eles. Agora examine a série B: 349, 851, 274, 905, 772, 032, 854 e 113. Qual a ligação entre eles? Não continue a leitura até descobrir. A série B é bem mais difícil, não é? A resposta é que nenhum deles contém o número 6. O que você pode aprender com isso? A ausência é muito mais difícil de detectar que a presença. Em outras palavras, damos muito mais ênfase ao que está presente do que ao que está ausente.

Semana passada, durante uma caminhada, me ocorreu que nada doía. Foi um pensamento inesperado. Eu raramente sinto dor, de qualquer maneira, mas quando sinto, ela está muito presente. Por outro lado, raramente percebo a ausência de dor. É um fato tão simples e tão óbvio que fiquei espantado. Durante um momento, fiquei exultante, até que a pequena revelação sumiu da minha mente de novo.

Num recital de música clássica, uma orquestra tocava a *Nona Sinfonia* de Beethoven. Uma onda de entusiasmo tomou a sala de concertos. Durante a ode, no quarto movimento, lágrimas de alegria podiam ser vistas ali e acolá. Que sorte nossa essa sinfonia existir, pensei. Mas isso é realmente verdade? Seríamos menos felizes sem a obra? Provavelmente não. Se a sinfonia nunca tivesse sido composta, ninguém sentiria falta dela. O diretor não receberia ligações enfurecidas dizendo: "Faça com que a sinfonia seja escrita e apresentada imediatamente." Resumindo, o que existe é muito mais significativo do que aquilo que está faltando. A ciência chama isso de efeito de presença.

As campanhas de prevenção usam esse efeito muito bem. A frase "o cigarro causa câncer de pulmão" é muito mais forte do que "não fumar leva a uma vida sem câncer de pulmão". Auditores e outros profissionais que usam listas de checagem estão sujeitos ao efeito de presença [*Feature-Positive Effect*]: uma declaração de impostos em aberto fica imediatamente em evidência, porque está presente nas listas. O que não consta delas, no entanto, são fraudes mais artísticas, como as que aconteceram na Enron e no esquema Ponzi de Bernie Madoff. Também ausentes estão as fraudes de investidores inescrupulosos como Nick Leeson e Jerome Kerviel, que vitimaram os bancos Barings e Société Générale. Ações financeiras incomuns como essas não aparecem em listas de checagem. E nem são, necessariamente, ilegais. Um banco de crédito hipotecário vai ficar atento a uma queda na renda do devedor porque isso aparece na lista. A instituição, no entanto, não vai acompanhar a desvalorização de uma propriedade por causa da construção de uma usina de incineração de lixo na vizinhança, por exemplo.

Vamos dizer que você fabrique um produto questionável, como um molho de salada com alto nível de colesterol. O que você faz? Promove, no rótulo, as vinte vitaminas presentes no molho e omite o nível de colesterol. Os consumidores não vão notar a ausência. E assim as características positivas vão deixá-los seguros e bem informados.

No meio acadêmico, encontramos constantemente o efeito de presença. Hipóteses confirmadas são publicadas e, em casos excepcionais, podem até receber o Prêmio Nobel. Por outro lado, é muito mais difícil que uma hipótese falsificada seja publicada e, até onde sei, nenhuma ganhou o Nobel. A falsificação, no entanto, tem tanto valor científico quanto a confirmação. Outra consequência do efeito é que também estamos mais abertos a conselhos positivos (faça X) do que a sugestões negativas (não faça Y), não importa o quanto a última possa ser útil.

A conclusão é que temos problemas em perceber "não eventos". Estamos cegos ao que não existe. Percebemos que está acontecendo uma guerra, mas não valorizamos a ausência de guerras em tempos de paz. Se estamos saudáveis, raramente pensamos em doenças. Ou, se pousamos em Cancún, não lembramos que o avião não caiu. Se pensássemos com mais frequência na ausência, talvez fôssemos mais felizes, mas este é um trabalho mental exigente. A maior questão filosófica é: por que algo existe e *nada*, não? Não espere uma resposta rápida. Ao contrário, a própria pergunta representa um instrumento útil para combater o efeito de presença.

97

Desenhando o alvo em torno da flecha

Escolhas a dedo

Em suas páginas na internet, os hotéis sempre mostram o que têm de melhor. Escolhem cuidadosamente cada foto, e só as imagens mais belas e majestosas chegam aos sites. Ângulos desfavoráveis, vazamentos nos canos e restaurantes malcuidados são varridos para debaixo do tapete esfarrapado. É claro que você sabe que isso acontece. Quando chega ao saguão decadente, simplesmente dá de ombros e segue para a recepção. O que o hotel fez, explica Nassim Taleb, é o que se chama em inglês de *cherry picking* [escolher cerejas], ou seja, escolher a dedo e mostrar apenas as características mais atraentes e esconder as outras. Como acontece com hotéis, você tem a mesma expectativa velada em relação a propagandas de carros, imóveis ou escritórios de advocacia. Você sabe como são as coisas, então não vai cair nessa conversa.

A reação é distinta, no entanto, quando se trata de relatórios anuais de empresas, fundações e órgãos governamentais. Nesse caso, você espera descrições objetivas. Não se engane. Essas organizações também escolhem as informações a dedo. Se as metas são atingidas, elas estarão lá, caso contrário, nem serão mencionadas.

Imagine que você seja chefe de um departamento. O conselho o convida a apresentar os resultados da sua equipe. Como você aborda a tarefa? Dedica a maioria dos seus slides de PowerPoint para detalhar os triunfos da equipe e escolhe alguns outros, simbólicos, para identificar "desafios". Quaisquer outros objetivos não atingidos serão convenientemente esquecidos.

Relatos pessoais são uma forma particularmente ardilosa de *escolher a dedo*. Imagine que você seja diretor-administrativo de uma empresa fabri-

258

cante de um aparelho eletrônico e uma pesquisa tenha revelado que a grande maioria dos consumidores não consegue operá-lo, porque é muito complicado. O gerente de Recursos Humanos resolve opinar, contando a seguinte história: "Meu sogro comprou o aparelho ontem e aprendeu a usar na hora." Que importância você daria a esse relato em particular? Perto de zero. É difícil, porém, rejeitar um relato pessoal, porque sabemos como nossos cérebros são vulneráveis a esse tipo de história. Para evitar isso, líderes astutos treinam a si mesmos ao longo da carreira para se tornarem hipersensíveis a histórias assim e cortá-las pela raiz assim que são contadas.

Quanto mais importante ou elitista for determinada área, mais estamos propensos às escolhas a dedo. Em *Antifrágil*, Taleb descreve como todas as áreas de pesquisa, da filosofia à medicina, passando pela economia, adulteram resultados: "Como acontece na política, a academia também tem as ferramentas necessárias para dizer o que fez por nós, não o que deixou de fazer, mostrando assim como seus métodos são indispensáveis." Pura escolha a dedo. Nosso respeito aos acadêmicos, porém, é grande demais para que percebamos isso.

Pense também na medicina. Dizer ao mundo que fumar é prejudicial é a maior contribuição desse campo do saber humano nos últimos sessenta anos, superior a todos os avanços em pesquisa e prática médica desde o final da Segunda Guerra Mundial. O médico Druin Burch confirma essa afirmação no livro *Taking the Medicine* [Tomando o remédio]. Algumas coisas escolhidas a dedo, como os antibióticos, por exemplo, nos distraem, e assim os pesquisadores de novas drogas são celebrados, enquanto os ativistas contra o cigarro não são.

Os departamentos administrativos de grandes empresas costumam glorificar a si próprios, da mesma forma que os hotéis. São mestres em mostrar tudo o que fizeram, mas nunca comunicam o que não conseguiram fazer pela empresa. O que fazer? Se você for membro do conselho supervisor de uma grande empresa, pergunte pelo que não foi "escolhido a dedo", os projetos malsucedidos e as metas não cumpridas. Você vai aprender bem mais com essas informações do que com os sucessos. É incrível perceber que perguntas como essa raramente são feitas. Em segundo lugar, em vez de empregar uma horda de controladores financeiros para calcular custos até os mínimos centavos, confira duas vezes os objetivos. Você ficará chocado ao descobrir que, com o tempo, as metas originais se perderam no caminho. Elas foram substituídas, secreta e silenciosamente, por objetivos autodefinidos que são sempre atingíveis. Se você ouvir falar de tais metas, fique bastente atento. É o equivalente a atirar uma flecha e desenhar o alvo onde ela cair.

98

A caça pré-histórica a bodes expiatórios

Falácia da causa única

Chris Matthews é um dos principais jornalistas da rede de televisão MSNBC. Em seu programa de notícias, ele entrevista um especialista em política atrás do outro. Nunca entendi muito bem o que é um especialista em política nem por que alguém segue essa carreira. Em 2003, a invasão do Iraque pelos Estados Unidos era o assunto da vez. No entanto, mais importantes do que as respostas dos especialistas eram as perguntas de Chris Matthews: "Qual é *o motivo* por trás da guerra?"; "Eu queria saber se o 11 de Setembro é *a razão*, porque muita gente acha que é retaliação."; "Você acha que as armas de destruição em massa foram *a razão* da guerra?", "Por que você acha que os Estados Unidos invadiram o Iraque? O *motivo real*, sem enrolação." E assim por diante.

Não tolero mais perguntas como essas. São sintomas de um dos mais comuns erros mentais, um equívoco para o qual, estranhamente, não existe termo corriqueiro. Por enquanto, a estranha frase, falácia da causa única, vai ter que servir.

Cinco anos depois, em 2008, o pânico tomou conta do mercado financeiro. Os bancos desmoronaram e tiveram de ser recuperados com dinheiro público. Investidores, políticos e jornalistas atiravam para todos os lados na tentativa de chegar à raiz da crise. A política monetária vaga de Alan Greenspan? A estupidez dos investidores? As duvidosas agências de classificação de risco? Auditores corruptos? Modelos de risco ruins? Ganância pura e simples? Nenhuma delas, e todas elas, são a causa.

Um verão agradável na Índia, o divórcio de um amigo, a Primeira Guerra Mundial, um tiroteio numa escola, o sucesso mundial de uma empresa, a invenção da escrita — qualquer um que pense racionalmente sabe que não são fatores únicos que levam a tais acontecimentos. De fato, são centenas, milhares, infinitos fatores somados. Ainda assim, continuamos a querer espetar a culpa na conta de um único motivo.

"Uma maçã cai quando está madura. Por quê? É porque o peso a faz cair? Ou porque o talo está murcho, porque o sol a queima, porque se tornou pesada demais, porque o vento a sacudiu ou, muito simplesmente, porque um garoto embaixo da árvore quer comê-la? Nenhuma dessas causas é a válida." Nesse trecho de *Guerra e Paz*, Tolstói acerta na mosca.

Digamos que você seja gerente de produto de uma conhecida marca de cereais matinais e tenha acabado de lançar uma variedade orgânica e sem açúcar. Após um mês, o novo produto se revela um doloroso e inquestionável fiasco. Como você investiga a causa? Em primeiro lugar, você já sabe que não há fator único. Pegue uma folha de papel e anote todos os motivos em potencial. Faça o mesmo em relação aos motivos por trás dos motivos. Após algum tempo, você terá uma rede de possíveis fatores de influência. Em segundo lugar, destaque os que você pode mudar e apague os que não pode (como "a natureza humana"). Em terceiro lugar, faça testes empíricos, variando os fatores em destaque em diferentes mercados. Isso vai lhe custar tempo e dinheiro, mas é a única maneira de escapar do lamaçal de suposições superficiais.

A falácia da causa única é tão antiga quanto perigosa. Aprendemos a enxergar as pessoas como "mestres dos próprios destinos". Isso foi enunciado por Aristóteles há 2.500 anos. Hoje, sabemos que tal visão está errada. A noção de livre-arbítrio está aberta a discussões. Nossas ações derivam da interação de milhares de fatores, desde predisposição genética à forma de criação, desde escolaridade até o nível de concentração de hormônios entre os neurônios. Ainda assim, continuamos adeptos da velha imagem de autogovernança. Além de um equívoco, essa noção também é moralmente questionável. Acreditando em motivos únicos, podemos rastrear vitórias ou desastres até chegar a um indivíduo e carimbá-lo com o selo de "responsável". A caça imbecil por um bode expiatório anda de mãos dadas com o exercício do poder — um jogo com que a humanidade peleja há milhares de anos.

A arte de pensar claramente

Ainda assim, a falácia da causa única é muito popular, a ponto de a cantora Tracy Chapman construir sua carreira mundial em cima desse fenômeno. *Give Me One Reason* [Dê-me um motivo] é a música que lhe assegurou o sucesso. Mas espere — não havia mais alguns motivos?

99

Por que os apressadinhos parecem ser motoristas cautelosos

Erro da intenção de tratamento

Pode ser difícil acreditar, mas os apressadinhos dirigem com mais segurança do que os chamados motoristas cautelosos. Por quê? Bem, pense no seguinte. A distância de Miami a West Palm Beach é de cerca de 120 quilômetros. Vamos colocar aqueles que cobrem a distância em uma hora ou menos na categoria de "motoristas imprudentes", porque viajam a uma velocidade de 120 km/h ou mais. Todos os demais estão no grupo de motoristas cautelosos. Qual grupo sofre menos acidentes? Sem dúvida, os "imprudentes". Todos fizeram a viagem em menos de uma hora, então não podem ter se envolvido em acidentes. Isso automaticamente coloca todos os motoristas que se envolveram em acidentes na categoria dos mais lentos. Esse exemplo demonstra uma falácia traiçoeira, o chamado erro da intenção de tratamento. Infelizmente, não existe termo mais sugestivo.

Talvez o conceito lhe pareça semelhante ao viés de sobrevivência (ver capítulo 1), mas é diferente. No viés de sobrevivência você só vê os sobreviventes, não os projetos que deram errado ou os carros envolvidos em acidentes. No erro da intenção de tratamento, os projetos que deram errado ou os carros envolvidos em acidentes aparecem com destaque, mas na categoria errada.

Recentemente, um banqueiro me mostrou um estudo interessante, cujos resultados concluíam que empresas com dívidas no balanço patrimonial são significativamente mais lucrativas do que empresas sem dívidas (apenas patrimônio líquido). O banqueiro insistia com veemência que todas as empresas deveriam pedir empréstimos à vontade, e o banco dele era o melhor lugar para fazer isso, é claro. Examinei o estudo com mais atenção. Como aquilo era possível? De fato, das mil empresas escolhidas aleatoriamente, as que contraíram empréstimos maiores mostravam maior rendimento não só em participação societária, mas também em capital total. Elas eram, em todos os aspectos, mais bem-sucedidas do que as empresas financiadas de forma independente. Então a ficha caiu. Empresas não lucrativas não tomam cmpréstimos corporativos. Logo, fazem parte do grupo "apenas patrimônio líquido". As outras empresas que constituem este grupo têm maior reserva de liquidez, continuam a operar por mais tempo e, mesmo que estejam enfrentando graves dificuldades, continuam a fazer parte do estudo. Por outro lado, empresas que pediram empréstimos vultosos vão à falência mais rapidamente. A partir do momento em que não conseguem mais pagar os juros, o banco toma a frente e as empresas são vendidas — desaparecendo da amostra. As que permanecem no "grupo em dívida" são relativamente saudáveis, não importa o montante acumulado em dívidas no balanço patrimonial.

Se você está achando que entendeu bem, é melhor ter cuidado. O erro de intenção de tratamento não é fácil de reconhecer. Um exemplo fictício da medicina: uma empresa farmacêutica desenvolve uma nova droga para combater doenças no coração. Um estudo "prova" que o remédio reduz significativamente a taxa de mortalidade dos pacientes. Os dados falam por si. Entre os pacientes que tomaram a droga regularmente, a taxa de mortalidade em cinco anos é de 15%. Para aqueles que tomaram placebo, a taxa é quase a mesma, indicando assim que o comprimido não funciona. No entanto, e isso é crucial, a taxa de mortalidade de pacientes que tomaram a droga em intervalos irregulares é de 30% — duas vezes mais alta! Uma grande diferença entre o uso regular e irregular, logo, o medicamento é um grande sucesso. Será mesmo?

Eis o problema: provavelmente, o fator decisivo não é o comprimido, mas o comportamento dos pacientes. Talvez alguns pacientes tenham parado de tomar a droga após os graves efeitos colaterais e por isso entraram na categoria de "uso irregular". Talvez estivessem tão doentes que lhes foi impossível continuar a tomar regularmente. De uma forma ou de outra, só os pacientes relativamente saudáveis permaneceram no grupo "regular", o que faz a droga parecer muito mais eficaz do que realmente é. Os pacientes

Por que os apressadinhos parecem ser motoristas cautelosos

muito doentes que, por essa mesma razão, não conseguiram tomar a droga regularmente acabaram entrando no grupo de "uso irregular".

Em estudos respeitados, pesquisadores da área médica avaliam os dados de todos os pacientes que originalmente tinham a intenção de se tratar (daí o título *intenção de tratamento*), não importa se participam do teste ou desistem. Infelizmente, muitos estudos não seguem essa regra. Não há como saber de antemão se essa postura é intencional ou acidental. Logo, fique atento, sempre confira se os sujeitos dos estudos, sejam motoristas que se envolveram em acidentes, empresas que faliram ou pacientes gravemente doentes, desapareceram da amostra por qualquer razão. Se isso aconteceu, arquive o estudo no lugar certo, na lixeira.

100

Por que você não deve ler jornais

A ilusão da notícia

Terremoto em Sumatra. Desastre de avião na Rússia. Homem mantém a filha presa no porão durante trinta anos. Heidi Klum se separa de Seal. Salários recordes no Bank of America. Ataque no Paquistão. Renúncia do presidente do Mali. Novo recorde mundial em arremesso de peso.

Você realmente precisa saber disso tudo?

Somos incrivelmente bem informados, mas o que sabemos é inacreditavelmente limitado. Por quê? Porque, dois séculos atrás, inventamos uma forma perniciosa de conhecimento chamada "notícia". A notícia é, para o cérebro, o que o açúcar é para o corpo: apetitosa, fácil de digerir e altamente destrutiva no longo prazo.

Comecei um experimento três anos atrás. Parei de ler e ouvir notícias. Cancelei todas as assinaturas de revistas e jornais. Livrei-me da televisão e do rádio. Apaguei os aplicativos de notícias do meu iPhone. Não toquei num único jornal e deliberadamente olhei para o outro lado quando alguém tentava me oferecer algo do tipo para ler no avião. As primeiras semanas foram duras. Muito duras. Fiquei o tempo todo com medo de perder alguma coisa. Depois de um tempo, porém, passei a ter outra visão. O resultado desses três anos: pensamentos mais claros, percepções mais valiosas, melhores decisões e muito mais tempo. E o melhor de tudo, não perdi nada de importante. Minha rede social — não o Facebook, mas a que existe no mundo real, feita de amigos e conhecidos de carne e osso — funcionou como um filtro de notícias e me manteve a par de tudo.

Por que você não deve ler jornais

Existe uma dúzia de razões para manter distância das notícias. Aqui estão as três principais. Em primeiro lugar, nossos cérebros reagem desproporcionalmente a diferentes tipos de informação. Detalhes escandalosos, chocantes, baseados em pessoas, ruidosos e de mudança rápida nos estimulam, enquanto informações abstratas, complexas e não processadas nos entorpecem. Os produtores de notícias se aproveitam desse fato. Histórias fascinantes, imagens chamativas e "fatos" sensacionais capturam a nossa atenção. Lembre-se por um momento do modelo de negócio dessas empresas: os anunciantes compram espaço e assim financiam o circo da notícia, com a condição de que os anúncios sejam vistos. O resultado: tudo o que é sutil, complexo, abstrato e profundo deve ser sistematicamente filtrado, mesmo que essas histórias sejam muito mais relevantes para as nossas vidas e para o nosso entendimento do mundo. O consumo de notícias nos faz andar por aí com um mapa mental distorcido dos riscos e ameaças que realmente enfrentamos.

Em segundo lugar, notícias são irrelevantes. Nos últimos 12 meses, você deve ter consumido cerca de 10 mil pequenos textos, talvez até trinta por dia. Seja muito honesto, cite um deles, qualquer um que tenha ajudado você a tomar uma decisão melhor para sua vida, sua carreira ou seu negócio, comparado a não ter tido contato com essa notícia. Ninguém a quem fiz a pergunta conseguiu citar mais de duas histórias úteis em um universo de 10 mil. Um resultado lamentável. As empresas de notícias garantem que a informação que fornecem coloca o leitor em uma vantagem competitiva. Muitos caem nessa conversa. Na verdade, o consumo de notícias representa uma desvantagem competitiva. Se as notícias realmente ajudassem as pessoas a progredir, os jornalistas estariam no topo da pirâmide de renda. Não estão, muito pelo contrário.

Em terceiro lugar, notícias são perda de tempo. Um ser humano médio desperdiça meio dia a cada semana lendo sobre assuntos atuais. Em termos globais, é uma imensa perda de produtividade. Tome os ataques terroristas em Mumbai, em 2008, como exemplo. Na sede por reconhecimento, os terroristas mataram duzentas pessoas. Vamos dizer que um bilhão de pessoas devotaram uma hora de seu tempo para acompanhar o desenrolar dos acontecimentos, e que essas pessoas viram atualizações minuto a minuto e ouviram o palavrório vazio de alguns "comentaristas" e "especialistas". Esse é um palpite bem realista, pois a Índia tem mais de um bilhão de habitantes. Disso, tiramos um cálculo conservador: um bilhão de pessoas multiplicado por uma hora de distração é igual a um bilhão de horas sem trabalho. Se fizermos a conversão, vemos que o consumo de notícias pôs a perder o equivalente a 2 mil vidas — dez vezes mais que o ataque. Uma observação sarcástica, porém verdadeira.

Prevejo que, se você der as costas às notícias, os benefícios serão equivalentes aos de se eliminar as outras 99 falhas que cobrimos nas páginas deste livro. Abandone o hábito. Completamente. Em vez disso, leia longos ensaios e livros. Sim, nada melhor do que livros para se entender o mundo.

EPÍLOGO

O papa perguntou a Michelângelo: "Conte-me o segredo de sua genialidade. Como você criou a estátua de Davi, a obra-prima das obras-primas?" A resposta de Michelângelo: "Simples. Tirei tudo que não era Davi." Vamos ser honestos. Não sabemos direito o que nos faz bem-sucedidos. Não dá para indicar exatamente o que nos faz feliz. Sabemos, porém, com certeza, o que destrói o sucesso e a felicidade. Essa percepção, por simples que seja, é fundamental. O conhecimento negativo (o que *não* fazer) é muito mais potente do que o positivo (o que fazer).

Pensar mais claramente e agir de forma mais inteligente significa adotar o método de Michelângelo. Não se concentre no Davi. Em vez disso, concentre-se em tudo o que não seja Davi e desbaste com o cinzel. No nosso caso, isso significa eliminar todos os erros, pois o que virá em seguida é uma forma de pensar melhor. Gregos, romanos e pensadores medievais tinham um bom termo para essa abordagem: *via negativa*. Ou seja, o caminho negativo, o caminho da renúncia, da exclusão, da redução. Os teólogos foram os primeiros a trilhar a *via negativa*: não sabemos dizer o que Deus é, só podemos dizer o que Deus não é. Ou, aplicado aos dias de hoje: não sabemos dizer o que nos leva ao sucesso, só podemos indicar o que bloqueia ou apaga o sucesso. Elimine os aspectos negativos, os erros de pensamento, que os aspectos positivos cuidam de si mesmos. É só o que precisamos saber.

Como romancista e fundador de uma empresa, eu já caí em vários tipos de armadilha. Felizmente, eu sempre consegui me libertar sozinho. Hoje, quando faço apresentações diante de doutores, presidentes de em-

Epílogo

presas, membros de conselho, investidores, políticos ou representantes do governo, tenho a sensação de afinidade. Sinto que estamos no mesmo barco, afinal de contas, estamos todos remando pela vida sem sermos engolidos pelos redemoinhos. Ainda assim, muitas pessoas se incomodam com a *via negativa*. Isso é contraintuitivo, até mesmo contracultural, em vista da sabedoria contemporânea. Basta olhar em torno e você vai encontrar inúmeros exemplos da *via negativa*. É o que o lendário investidor Warren Buffett escreve sobre si mesmo e seu parceiro Charlie Munger: "Eu e Charlie não aprendemos a resolver problemas difíceis nos negócios. O que aprendemos a fazer é evitá-los." Bem-vindo à *via negativa*.

Listei cem erros de pensamento neste livro sem responder às perguntas: "O que são erros de pensamento, afinal? O que é irracionalidade? Por que caímos nessas armadilhas?" Existem duas teorias sobre a irracionalidade, uma *quente* e outra *fria*. A *quente* é tão velha quanto andar para a frente. Platão faz a seguinte analogia: "Um cavaleiro galopa em cavalos selvagens. O cavaleiro representa a razão e os cavalos selvagens, as emoções. A razão doma os sentimentos. Se ela falha, a irracionalidade campeia." Outro exemplo: "Sentimentos são como lava borbulhante. Geralmente, a razão consegue mantê-los sob controle, mas uma vez ou outra a lava da irracionalidade entra em erupção." Logo, irracionalidade *quente*. Não há motivo para se preocupar com a lógica; ela é livre de erros. Acontece que, às vezes, as emoções a dominam.

Essa teoria quente ferveu e borbulhou durante séculos. Para João Calvino, fundador de uma forma rígida de protestantismo no século XVI, tais sentimentos representavam o mal, e só era possível repeli-los concentrando-se em Deus. As pessoas que sofriam erupções vulcânicas de emoção eram o demônio e, por isso, eram torturadas e mortas. De acordo com a teoria do psicanalista austríaco Sigmund Freud, o "ego" racionalista e o "superego" moralista controlam o "id" impulsivo, mas essa teoria não se sustenta tão bem no mundo real. Esqueça a obrigação e a disciplina. Acreditar que podemos controlar nossas emoções completamente através do pensamento é ilusório — tão ilusório quanto tentar fazer o cabelo crescer só com força de vontade.

Por outro lado, a teoria *fria* da irracionalidade ainda é recente. Depois da Segunda Guerra Mundial, muitos procuraram explicações sobre a irracionalidade dos nazistas. Explosões emocionais eram raras entre os oficiais de alta patente de Hitler. Mesmo os discursos ferozes do Führer não passavam de atuações magistrais. Não eram erupções de lava, mas ações calculadas a sangue-frio que levaram à loucura nazista. O mesmo pode ser dito de Stalin e do Khmer Vermelho.

Na década de 1960, psicólogos começaram a deixar de lado as afirmações de Freud e a examinar cientificamente a forma como pensamos, tomamos decisões e agimos. O resultado foi uma teoria fria da irracionalidade que afirma que o pensamento não é puro por si só, mas propenso a erros. Isso afeta a todos. Mesmo pessoas extremamente inteligentes caem nas mesmas armadilhas cognitivas. Da mesma forma, os erros não são distribuídos aleatoriamente. Nós erramos sistematicamente na mesma direção. Isso torna nossos equívocos previsíveis, logo, determináveis até certo grau. Mas só até certo grau, nunca completamente. Durante algumas décadas, as origens desses erros permaneceram nas sombras. Tudo o mais em nosso corpo é relativamente confiável: coração, músculos, pulmões, sistema imunológico. Por que então, em meio a todo o resto, nossos cérebros sofrem lapso após lapso?

O pensamento é um fenômeno biológico. Foi a evolução que o moldou, assim como aconteceu com as formas dos animais e as cores das flores. Imagine que pudéssemos voltar 50 mil anos no tempo, pegar um de nossos ancestrais e trazê-lo de volta conosco para o presente. Nós o levamos ao cabeleireiro e o vestimos num terno Hugo Boss. Será que ele chamaria atenção na rua? Não. É claro que ele teria de aprender a falar nosso idioma, a dirigir e a usar um celular, mas também precisamos aprender isso. A biologia desfez todas as dúvidas. Física e cognitivamente, somos caçadores-coletores vestindo Hugo Boss (ou H&M, conforme o caso).

O que mudou notavelmente desde os tempos ancestrais é o meio ambiente em que vivemos. No passado, tudo era mais simples e estável. Vivíamos em grupos pequenos de até cinquenta pessoas. Não havia avanço social ou tecnológico significativo. Foi só nos últimos 10 mil anos que o mundo começou a se transformar dramaticamente, com o desenvolvimento da agricultura, da pecuária, das vilas e cidades, do comércio mundial e dos mercados financeiros. Desde a revolução industrial, sobrou pouco do meio ambiente onde nosso cérebro se otimizou. Se você ficar 15 minutos no shopping, vai

Epílogo

passar por mais gente do que nossos ancestrais viram durante toda a vida. Qualquer um que afirme saber como estará o mundo daqui a dez anos será ridicularizado pelos fatos menos de um ano depois. Nos últimos 10 mil anos, criamos um mundo que já não somos capazes de entender. Tudo está mais sofisticado, mas também mais complexo e interdependente. O resultado é uma prosperidade material impressionante, mas também doenças derivadas do nosso estilo de vida (como diabetes tipo 2, câncer de pulmão e depressão) e erros de pensamento. Se a complexidade continuar a crescer — e vai, disso podemos ter certeza —, os erros vão aumentar e se intensificar.

No passado caçador-coletor, a atividade valia mais do que a reflexão. Reações instantâneas eram vitais, e longas ruminações, desastrosas. Se nosso camarada caçador-coletor repentinamente começasse a correr, fazia sentido sair correndo atrás, fosse um tigre-dentes-de-sabre ou um javali o responsável pelo alarme. Se você não corresse, e fosse mesmo um tigre, o preço do erro seria a morte. Por outro lado, se tivesse fugido de um javali, o erro teria custado apenas algumas calorias. Valia a pena estar errado sobre as mesmas coisas. Qualquer um que tivesse nascido diferente dava adeus ao caldeirão genético depois da primeira ou segunda incidência. Somos descendentes desses *Homines sapientes* que tendem a fugir quando a turba foge. No mundo moderno, porém, esse comportamento intuitivo é desvantajoso. O mundo de hoje recompensa a contemplação solitária e a ação independente. Qualquer um que tenha sido vítima do frenesi do mercado de ações já testemunhou isso.

A psicologia evolucionária ainda é, em grande medida, apenas uma teoria, embora muito convincente. Ela explica a maioria das falhas, mas não todas. Considere a seguinte afirmação: "Toda barra de chocolate Hershey vem em uma embalagem marrom. Logo, todas as barras de chocolate em embalagem marrom são da Hershey." Mesmo pessoas inteligentes são suscetíveis a conclusões erradas como essa. O mesmo acontece com as tribos nativas que, em grande medida, permanecem intocadas pela civilização. Nossos ancestrais caçadores-coletores certamente não eram imunes a erros de lógica. Alguns defeitos no nosso pensamento são estruturais e não tem nenhuma relação com a "mutação" do nosso meio ambiente.

Por que isso ocorre? A evolução não nos "otimiza" completamente. À medida que avançamos em meio a nossos concorrentes (por exemplo, superar os neandertais), seguimos em frente com o comportamento preso ao erro. Tomemos o pássaro cuco como exemplo. Ao longo de milhares de anos, os cucos puseram ovos nos ninhos de aves canoras, que acabam chocando e alimentando os filhotes de cuco. Isso representa um erro comportamental que a evolução não conseguiu apagar dos pássaros menores, pois não é muito grave.

Uma explicação paralela sobre a persistência dos nossos erros ganhou forma no final da década de 1990. Segundo ela, nossos cérebros são projetados para reproduzir, não para buscar a verdade. Em outras palavras, o uso primário do nosso raciocínio é a persuasão. Quem consegue convencer outras pessoas tem poder e acesso a recursos. Tais recursos são uma enorme vantagem para o acasalamento e a procriação. A verdade é, na melhor das hipóteses, um interesse secundário. Isso se reflete no mercado editorial, pois romances vendem muito mais do que títulos de não ficção, embora os últimos sejam muito mais francos.

Por fim, existe uma terceira explicação. Decisões intuitivas, mesmo que careçam de lógica, funcionam melhor em determinadas circunstâncias. A chamada pesquisa heurística trata desse tópico. Em muitas decisões, não temos todas as informações necessárias, então somos forçados a usar atalhos mentais e regras gerais (heurística). Quando se está dividido entre mais de uma pessoa, emocionalmente falando, é preciso avaliar quem é a melhor para casar. Essa não será uma decisão racional. Se você se basear apenas na lógica, vai ficar solteiro para sempre. Resumindo, costumamos escolher intuitivamente e depois justificar nossas escolhas. Muitas decisões (carreira, cônjuge, investimentos) acontecem em nível subconsciente. Uma fração de segundo depois, construímos uma razão para que tenhamos a sensação de que foi uma escolha consciente. Infelizmente, não agimos como cientistas puramente interessados em fatos objetivos. Pelo contrário: pensamos como advogados, elaborando a melhor justificativa possível para uma conclusão predeterminada.

Sendo assim, esqueça o "cérebro esquerdo ou direito" que os livros de autoajuda semi-inteligentes descrevem. Muito mais importante é a diferença entre pensamento intuitivo e racional. Ambos têm aplicações legítimas. A mente intuitiva é ágil, espontânea e consome pouca energia. O pensamento racional é lento, exigente e grande consumidor de energia (na

Epílogo

forma de açúcar no sangue). Ninguém descreveu isso melhor que o grande Daniel Kahneman em *Rápido e devagar: duas formas de pensar.*

Desde que comecei a coletar erros cognitivos, costumam me perguntar como eu consigo viver uma vida sem erros. A resposta é: não consigo. Na verdade, eu nem mesmo tento. Como todo mundo, tomo decisões instantâneas consultando não os meus pensamentos, mas os meus sentimentos. Na maioria das vezes, troco a pergunta: "O que penso disso?", por: "Como me sinto em relação a isso?" Falando francamente, antecipar e evitar falácias é uma tarefa custosa.

Para tornar as coisas mais simples, estipulei as seguintes regras: em situações cujas possíveis consequências sejam significativas (como importantes decisões pessoais ou de negócios), tento ser tão razoável e racional quanto possível na hora de escolher. Lanço mão de minha lista de erros e confiro cada um deles, como um piloto faz. Criei um organograma de checagem bastante útil, que uso para examinar decisões importantes com pente fino. Em situações com consequências pouco significativas (por exemplo, Pepsi normal ou diet, água normal ou gasosa), esqueço da otimização racional e deixo a intuição assumir o controle. Pensar é se cansar. Assim, se o potencial de dano é pequeno, não esprema o cérebro, pois os erros não vão causar um desastre permanente. Você vai viver melhor assim. A natureza não parece se importar com a perfeição das nossas decisões, desde que consigamos nos virar ao longo da vida, e desde que estejamos prontos para ser racionais quando chegar a hora das grandes decisões. A outra área em que deixo a intuição assumir o controle é o meu "círculo de competência". Quando pratica um instrumento, você aprende as notas e diz a seus dedos como tocá-las. Com o tempo, os acordes e as cordas são internalizados. Você lê uma partitura e as suas mãos tocam as notas quase automaticamente. Warren Buffett lê balanços patrimoniais como músicos profissionais leem partituras. Esse é o círculo de competência dele, o campo que ele entende e domina intuitivamente. Descubra, então, qual é o seu círculo de competência. Tenha uma exata noção dele. Dica: é menor do que você pensa. Se você tiver que tomar uma decisão séria fora do círculo, use o lento e difícil pensamento racional. Para todo o resto, dê carta branca à intuição.

AGRADECIMENTOS

O brigado a Nassim Nicholas Taleb por me inspirar a escrever este livro, mesmo que o conselho fosse para não publicá-lo em hipótese alguma. Infelizmente, ele me encorajou a escrever romances, argumentando que a não ficção não era "sexy". Obrigado a Koni Gebistorf, que editou com maestria os textos originais em alemão, e a Nicky Griffin, que traduziu o livro para o inglês (enquanto não estava em seu escritório no Google). Eu não poderia escolher melhores editores que Hollis Heimbouch, da HarperCollins, e Drummond Moir, da Sceptre, que deram o refinamento final a estes capítulos. Obrigado aos cientistas da comunidade ZURICH. MINDS pelos incontáveis debates sobre o estado da pesquisa. Agradecimentos especiais a Gerd Gigerenzer, Roy Baumeister, Leda Cosmides, John Tooby, Robert Cialdini, Jonathan Haidt, Ernst Fehr, Bruno Frey, Iris Bohnet, Dan Golstein, Tomáš Sedláček e o filósofo John Gray, pelas conversas esclarecedoras. Agradeço também a John Brockman, meu agente literário, e a sua incrível equipe por me ajudar com as edições americana e britânica deste livro. Obrigado a Frank Schirrmacher por encontrar espaço para minhas colunas no *Frankfurter Allgemeine Zeitung*, a Giovanni di Lorenzo e Moritz Mueller-Wirth pela publicação no *Die Zeit* (Alemanha), e a Martin Spieler, que tão bem as acolheu no *Sonntagszeitung* da Suíça. Sem a pressão semanal para forjar os pensamentos em um formato compreensível, minhas anotações nunca teriam sido publicadas em forma de livro.

Por tudo o que aparece aqui após os incontáveis estágios de edição, sou o único responsável. Meu maior agradecimento vai para a minha mulher, Sabine Ried, que prova, todos os dias, que a "boa vida", como definida por Aristóteles, vai muito além dos pensamentos claros e das ações inteligentes.

NOTAS E REFERÊNCIAS

Existem centenas de estudos sobre a grande maioria dos erros cognitivos e comportamentais. Em um trabalho acadêmico, a bibliografia completa facilmente ocuparia o dobro das páginas deste livro. Procurei privilegiar citações mais importantes, referências técnicas, recomendações de leitura e comentários. Este livro abrange conhecimentos baseados em pesquisas nas áreas de psicologia cognitiva e social ao longo das últimas três décadas.

VIÉS DE SOBREVIVÊNCIA
Sobre o viés de sobrevivência no que se refere a fundos e índices de mercado financeiro, ver: Elton, Edwin J.; Gruber, Martin J.; Blake, Christopher R. "Survivorship Bias and Mutual Fund Performance", *The Review of Financial Studies* 9 (4), 1996.
Para os resultados estatisticamente relevantes por acaso (*self-selection*), ver: Ioannidis, John P. A. "Why Most Published Research Findings Are False", *PLoS Med* 2 (8), e124, 2005.

ILUSÃO DO CORPO DE NADADOR
Taleb, Nassim Nicholas. *A Lógica do Cisne Negro — O impacto do altamente improvável.* Rio de Janeiro: Best Seller, 2008.
A reflexão sobre Harvard encontra-se em: Sowell, Thomas. *Economic Facts and Fallacies*, Basic Books, 2008, p. 105 ss.

EFEITO DO EXCESSO DE CONFIANÇA
Pallier, Gerry et al. "The role of individual differences in the accuracy of confidence judgments", *The Journal of General Psychology* 129 (3), 2002, p. 257 s.
Alpert, Marc; Raiffa, Howard. "A progress report on the training of probability assessors", in: Kahneman, Daniel; Slovic, Paul; Tversky, Amos. *Judgment under Uncertainty: Heuristics and Biases*, Cambridge University Press, 1982, p. 294-305.
Hoffrage, Ulrich. "Overconfidence", in: Pohl, Rüdiger. *Cognitive Illusions: a handbook on fallacies and biases in thinking, judgement and memory*, Psychology Press, 2004.
Gilovich, Thomas; Griffin, Dale; Kahneman, Daniel (orgs.). *Heuristics and Biases: The Psychology of Intuitive Judgment*, Cambridge University Press, 2002.

Notas e referências

Vallone, R. P. et al. "Overconfident predictions of future actions and outcomes by self and others", *Journal of Personality and Social Psychology* 58, 1990, p. 582-592.

Ver também: Baumeister, Roy F. *The Cultural Animal: Human Nature, Meaning and Social Life*, Oxford University Press, 2005, p. 242.

Para saber por que nos homens o efeito do excesso de confiança foi importante para a evolução, ver a interessante hipótese em: Baumeister, Roy F.: *Is there Anything Good About Men? How Cultures Flourish by Exploiting Men*, Oxford University Press, 2001, p. 211 ss.

Para a discussão sobre o efeito do excesso de autoconfiança, principalmente sobre a hipótese de que é benéfica uma autoimagem inflacionada da própria saúde, ver: Plous, Scott. *The Psychology of Judgment and Decision Making*, McGraw-Hill, 1993, p. 217 ss. e 253.

PROVA SOCIAL

Cialdini, Robert B. *Influence: The Psychology of Persuasion*, HarperCollins, 1998, p. 114 ss.

Asch, S. E. "Effects of group pressure upon the modification and distortion of judgment", in: Guetzkow, H. (org.). *Groups, Leadership and Men*, Carnegie Press, 1951.

Sobre as risadas artificiais, ver: Platow, Michael J. et al. (2005). "It's not funny if they're laughing: Self-categorization, social influence, and responses to canned laughter", *Journal of Experimental Social Psychology* 41 (5), 2005, p. 542-550.

FALÁCIA DO CUSTO IRRECUPERÁVEL

Sobre o Concorde, ver: Weatherhead, P. J. "Do Savannah Sparrows Commit the Concorde Fallacy?", *Behavioral Ecology and Sociobiology* 5, 1979, p. 373-381.

Arkes, H. R.; Ayton, P. "The Sunk Cost and Concorde effects: are humans less rational than lower animals?", *Psychological Bulletin* 125, 1999, p. 591-600.

RECIPROCIDADE

Cialdini, Robert B. *Influence: The Psychology of Persuasion*, HarperCollins, 1998, p. 17 ss.

Para a reciprocidade como cooperação biológica, ver qualquer registro de biologia a partir de 1990.

Teoria original de Robert Trivers: Trivers, R. L. (1971). *The Evolution of Reciprocal Altruism*. The Quarterly Review of Biology 46 (1): 35-57.

Sobre a fundamentação psicológico-evolucionária da reciprocidade, ver: Buss, David M. *Evolutionary Psychology. The New Science of the Mind*, Pearson, 1999. Ver também: Baumeister, Roy F. *The Cultural Animal: Human Nature, Meaning, and Social Life*, Oxford University Press, 2005.

VIÉS DE CONFIRMAÇÃO (PARTE 1)

"What Keynes was reporting is that the human mind works a lot like the human egg. When one sperm gets into a human egg, there's an authomatic shut-off device that bars any other sperm from getting in. The human mind tends strongly toward the same sort of result. And so, people tend to accumulate large mental holdings of fixed conclusions and attitudes that are not often reexamined or changed, even though there is plenty of good evidence that they are wrong." (O que Keynes estava relatando é que a mente humana trabalha de modo muito semelhante ao óvulo humano. Quando um espermatozoide penetra um óvulo humano, existe um mecanismo automático de interrupção que obstrui qualquer outro espermatozoide de entrar. A mente humana tende fortemente ao mesmo tipo de resultado. Assim, as pessoas tendem a acumular amplas cotas mentais de conclusões e atitudes fixas, que nem sempre são reavaliadas ou mudadas, mesmo que sejam grandes as evidências de que estão erradas.) (Munger, Charles T. *Poor Charlie's Almanack*, Third Edition, Donning, 2008, p. 461 s.)

Taleb, Nassim Nicholas. *A lógica do cisne negro — O impacto altamente improvável*. Rio de Janeiro: Best Seller, 2008.

"Neue Informationen stören das Bild. Wenn man einmal zu einer Entscheidung gekommen ist, so ist man froh, der ganzen Unbestimmtheit und Unentschiedenheit der Vorentscheidungsphase entronnen zu sein." (Novas informações perturbam a imagem. Quando alguém chega a uma decisão, fica feliz por ter escapado de toda a indeterminação e indecisão da fase anterior à decisão.) (Dörner, Dietrich. *Die Logik des Misslingens. Strategisches Denken in komplexen Situationen*, Rowohlt, 2003, p. 147.)

Sobre o experimento com a série de números, ver: Wason, Peter C. "On the failure to eliminate hypotheses in a conceptual task", *Quarterly Journal of Experimental Psychology* 12 (3), 1960, p. 129-140.

"Faced with the choice between changing one's mind and proving there is no need to do so, almost everyone gets busy on the proof." (Confrontado com a escolha entre mudar a mentalidade de alguém e provar que não há necessidade de fazer isso, quase todo mundo se empenha em conseguir a prova.) (John Kenneth Galbraith)

VIÉS DE CONFIRMAÇÃO (PARTE 2)

Sobre a estereotipagem como caso especial do viés de confirmação, ver: Baumeister, Roy F. *The Cultural Animal: Human Nature, Meaning, and Social Life*, Oxford University Press, 2005, p. 198 s.

VIÉS DE AUTORIDADE

Como "iatrogênicos" são designados os quadros sintomáticos e danos causados por medidas médicas. Por exemplo, a flebotomia.

Cialdini, Robert B. *Influence: The Psychology of Persuasion*, HarperCollins, 1998, p. 208 ss.

Sobre o histórico dos médicos antes de 1990, ver: Arkiha, Noga. *Passions and Tempers: A History of the Humours*, Harper Perennial, 2008.

Após a crise financeira de 2008, houve dois outros acontecimentos inesperados de extensão mundial *(black swans)*: as revoltas nos países árabes (2011) e a catástrofe provo-

Notas e referências

cada pelo tsunami e pelo reator nuclear no Japão (2011). Nenhuma das cerca de 100 mil autoridades políticas e de segurança em todo o mundo previu esses dois eventos. Razão suficiente para desconfiar das autoridades — especialmente quando se trata de "especialistas" na área social (correntes da moda, política e economia). Essas pessoas não são bobas. Elas simplesmente têm o azar de ter escolhido uma carreira em que não podem ganhar. Restam-lhes duas alternativas: a) dizer "não sei" (não é a melhor escolha quando se tem família para sustentar) ou b) ficar se gabando.

Milgram, Stanley. *Obedience to Authority — An Experimental View*, HarperCollins, 1974. Há também um DVD com o título *Obedience*, 1969.

EFEITO DE CONTRASTE

Cialdini, Robert B. *Influence: The Psychology of Persuasion*, HarperCollins, 1998, p. 11-16.

Charlie Munger também chama o efeito de contraste de "*contrast misreaction tendency*". Ver: Munger, Charles T. *Poor Charlie's Almanack*, Third Edition, Donning, 2008, p. 448 e p. 483.

Dan Ariely chama esse efeito de "problema de relatividade". Ver: Ariely, Dan: *Predictably Irrational, Revised and Expanded Edition: The Hidden Forces That Shape Our Decisions*, Harper Perennial, 2010, capítulo 1.

O exemplo original de que, dependendo do contraste, toma-se um longo caminho, provém de Kahneman/Tversky. Ver: Kahneman, Daniel; Tversky, Amos. "Prospect Theory: An Analysis of Decision under Risk", *Econometrica* 47 (2), março de 1979.

VIÉS DE DISPONIBILIDADE

"You see that again and again — that people have some information they can count well and they have other information much harder to count. So they make the decision based only on what they can count well. And they ignore much more important information because its quality in terms of numeracy is less — even though it's very important in terms of reaching the right cognitive result. We [at Berkshire] would rather be roughly right than precisely wrong. In other words, if something is terribly important, we'll guess at it rather than just make our judgment based on what happens to be easily accountable." (Você vê essa situação a todo instante, ou seja, pessoas com algumas informações fáceis e com outras bem mais difíceis de enumerar. E essas pessoas ignoram informações muito mais importantes devido à sua qualidade em termos de cálculo — embora sejam fundamentais para se chegar ao resultado cognitivo correto. Nós [em Berkshire] preferimos estar mais ou menos certos a estar exatamente errados. Em outras palavras, se alguma coisa é muito importante, preferimos avaliá-la a simplesmente fazer nosso julgamento com base no que eventualmente possa ser explicado com facilidade.) (Munger, Charles T. *Poor Charlie's Almanack*, Third Edition, Donning, 2008, p. 486.)

A arte de pensar claramente

O viés de disponibilidade também é a razão pela qual as empresas, em caso de administração de risco, limitam-se sobretudo aos riscos do mercado financeiro: nele se dispõe de dados em quantidade. Em contrapartida, em caso de riscos operacionais, quase não se dispõe de dados. Eles não são públicos. Seria necessário ter o trabalho de recolhê-los em muitas empresas, e isso sai caro. Assim, elaboram-se teorias com um material que é fácil de ser arranjado.

"The medical literature shows that physicians are often prisoners of their first-hand experience: their refusal to accept even conclusive studies is legendary." (A literatura médica mostra que os médicos costumam ser prisioneiros de sua experiência de primeira mão: sua recusa em aceitar até mesmo estudos conclusivos é lendária.) (Dawes, Robyn M. *Everyday Irrationality: How Pseudo-Scientists, Lunatics, and the Rest of Us Sistematically Fail to Think Rationally*, Westview Press, 2001, p. 102 ss.)

A confiança na qualidade das próprias decisões depende apenas do número das decisões (previsões) tomadas, pouco importa quão precisas ou não foram as decisões (previsões). Isso também pode ser designado como *consultant-problem*. Ver: Einhorn, Hillel J.; Hogarth, Robin M. "Confidence in judgment: Persistence of the illusion of validity", *Psychological Review* 85 (5), setembro de 1978, p. 395-416.

Tversky, Amos; Kahneman, Daniel. "Availability: A heuristic for judging frequency and probability", *Cognitive Psychology* 5, 1973, p. 207-232.

A FALÁCIA DO TIPO "VAI PIORAR ANTES DE MELHORAR"
Não há referências bibliográficas. Este erro de pensamento é autoexplicativo.

VIÉS DE HISTÓRIA
Dawes, Robyn M. *Everyday Irrationality: How Pseudo-Scientists, Lunatics, and the Rest of Us Systematically Fail to Think Rationally*, Westview Press, 2001, p. 111 ss.
Turner, Mark. *The Literary Mind: The Origins of Thought and Language*, Oxford University Press, 1998.

VIÉS RETROSPECTIVO
Sobre a vitória eleitoral de Reagan: Stacks, John F. "Where the Polls Went Wrong", *Time Magazine*, 1/12/1980.
Fischoff, B. "An early history of hindsight research", *Social Cognition* 25, 2007, p. 10-13.
Blank, H.; Musch, J.; Pohl, R. F. "Hindsight Bias: On Being Wise After the Event", *Social Cognition* 25 (1), 2007, p. 1-9.

O CONHECIMENTO DO MOTORISTA
A história com Max Planck encontra-se em: Charlie Munger — USC School of Law Commencement — May 13, 2007. Impresso em: Munger, Charlie. *Poor Charlie's Almanack*, Donning, 2008, p. 436.

Notas e referências

"Again, that is a very, very powerful Idea. Every person is going to have a circle of competence. And it's going to be very hard to enlarge that circle. If I had to make my living as a musician... I can't even think of a level low enough to describe where I would be sorted out to if music were the measuring standard of the civilization. So you have to figure out what your own aptitudes are. If you play games where other people have their aptitudes and you don't, you're going to lose. And that's as close to certain as any prediction that you can make. You have to figure out where you've got an edge. And you've got to play within your own circle of competence." (Novamente, é uma ideia muito poderosa. Toda pessoa terá um círculo de competência. E será muito difícil ampliar esse círculo. Se eu tivesse de viver como músico... Nem consigo pensar em um nível baixo o suficiente para descrever onde eu me encaixaria se a música fosse a medida-padrão da civilização. Portanto, você tem de entender quais são suas aptidões. Se você joga onde outras pessoas têm aptidões e você não, você irá perder. E isso é tão provável quanto qualquer previsão que você possa fazer. Você tem de entender onde tem vantagem. E tem de jogar dentro do seu próprio círculo de competência.) (Munger, Charlie. "A Lesson on Elementary Worldly Wisdom as it Relates to Investment Management and Business", University of Southern California, 1994 in *Poor Charlie's Almanack*, Donning, 2008, p. 192.)

ILUSÃO DE CONTROLE

O exemplo com as girafas foi extraído de Mayer, Christopher: "Illusion of Control — No One Can Control the Complexity and Mass of the U. S. Economy", *Freeman — Ideas on Liberty* 51 (9), 2001.

Sobre o lançamento de dados no cassino: Henslin, J. M. "Craps and magic", *American Journal of Sociology* 73, 1967, p. 316-330.

Plous, Scott. *The Psychology of Judgment and Decision Making*, McGraw-Hill, 1993, p. 171.

O psicólogo Roy Baumeister comprovou que as pessoas toleram mais dor quando têm a sensação de que compreenderam a própria doença. Doentes crônicos lidam muito melhor com a própria doença quando o médico a nomeia e lhes esclarece o que ela significa. Isso nem precisa ser verdade. O efeito funciona mesmo quando, comprovadamente, não existe nenhum medicamento contra a doença. Ver: Baumeister, Roy F. *The Cultural Animal: Human Nature, Meaning, and Social Life*, Oxford University Press, 2005, p. 97 ss.

O clássico texto a respeito: Rothbaum, Fred; Weisz, John R.; Snyder, Samuel S. "Changing the world and changing the self: A two-process model of perceived control", *Journal of Personality and Social Psychology* 42 (1), 1982, p. 5-37.

Jenkins, H. H.; Ward, W. C. "Judgment of contingency between responses and outcomes", *Psychological Monographs* 79 (1), 1965.

Sobre os botões placebo existem as seguintes referências:

Lockton, Dan: "Placebo buttons, false affordances and habit-forming", *Design with Intent*, 2008: http://architectures.danlockton.co.uk/2008/10/01/placebo-buttons-false-affordances-and-habit-forming/

Luo, Michael. "For Exercise in New York Futility, Push Buttons", *New York Times*, 27/02/2004.

Paumgarten, Nick. "Up and Then Down — The lives of elevators", *The New Yorker*, 21/04/2008.

Sandberg, Jared. "Employees Only Think They Control Thermostat", *The Wall Street Journal*, 15/01/2003.

TENDÊNCIA À HIPERSENSIBILIDADE AO INCENTIVO

Munger, Charles T. *Poor Charlie's Almanack, Third Edition, Donning, 2008, p. 450 ss.*

Sobre a história com os peixes, ibid., p. 199.

"Perhaps the most important rule in management is: 'Get the incentives right.'" (Talvez o papel mais importante na administração seja: "Estimule corretamente.") (ibid., p. 451).

"Fear professional advice when it is especially good for the advisor." (Tema o conselho profissional quando ele for especialmente bom para o conselheiro.) ("The Psychology of Human Misjudgment", in: ibid., p. 452.)

REGRESSÃO À MÉDIA

Cuidado: a regressão à média não é uma relação causal, e sim uma relação meramente estatística.

Kahneman: "I had the most satisfying Eureka experience of my career while attempting to teach flight instructors that praise is more effective than punishment for promoting skill-learning. When I had finished my enthusiastic speech, one of the most seasoned instructors in the audience raised his hand and made his own short speech, which began by conceding that positive reinforcement might be good for the birds, but went on to deny that it was optimal for flight cadets. He said, 'On many occasions I have praised flight cadets for clean execution of some aerobatic maneuver, and in general when they try it again, they do worse. On the other hand, I have often screamed at cadets for bad execution, and in general they do better the next time. So please don't tell us that reinforcement works and punishment does not, because the opposite is the case.' This was a joyous moment, in which I understood an important truth about the world." (A experiência de descoberta mais satisfatória de minha carreira ocorreu enquanto eu tentava ensinar a instrutores de voo que o elogio é mais eficaz do que a punição para promover a aprendizagem técnica. Quando terminei meu discurso entusiasmado, um dos mais experientes instrutores na plateia levantou a mão e fez seu próprio e breve discurso, que começava por conceder que um reforço positivo pode até ser bom para os pássaros, mas seguiu negando que fosse bom para cadetes da aeronáutica. Ele disse: "Em muitas ocasiões, elogiei

Notas e referências

os cadetes por uma execução perfeita de algumas manobras acrobáticas, e, em geral, quanto tentavam novamente, faziam pior. Por outro lado, muitas vezes repreendi cadetes por uma execução ruim, e, em geral, melhoravam na vez seguinte. Portanto, por favor, não venha nos dizer que o reforço dá certo e a punição, não, porque o que ocorre é o contrário." Esse foi um momento de muita alegria, no qual entendi uma verdade importante sobre o mundo.) (Citação: ver Wikipedia, entrada *Regression Toward the Mean*.)

Ver também: Frey, Ulrich; Frey, Johannes. *Fallstricke*, Beck, 2009, p. 169 ss.

TRAGÉDIA DOS COMUNS

Hardin, Garrett. "The Tragedy of the Commons", *Science* 162, 1968, p. 1243-1248.

Ver também seu livro sobre o tema: Hardin, Garrett; Baden, John. *Managing the Commons*, San Francisco, 1977.

Em seu livro *Governing the Commons: The Evolution of Institutions for Collective Action*, Elinor Ostrom, ganhadora do Prêmio Nobel de Economia, não vê a tragédia dos comuns tão preto no branco como Hardin a vê. Os envolvidos poderiam muito bem se organizar. Para tanto, não é necessário nem um ditador benevolente nem privatização. A auto-organização dos envolvidos é suficiente. Contudo, a auto-organização também é uma espécie de "administração", tal como Hardin a entende. Desse modo, Ostrom não está em oposição a Hardin.

VIÉS DE RESULTADO

Sobre a história com os macacos, ver: Malkiel, Burton Gordon. *A Random Walk Down Wall Street: The Time-tested Strategy for Successful Investing*, W. W. Norton, 1973.

Baron, J.; Hershey, J. C. "Outcome bias in decision evaluation", *Journal of Personality and Social Psychology* 54 (4), 1988, p. 569-579.

Caso você deseje conferir o exemplo dos cirurgiões, pegue qualquer manual de estatística e consulte o capítulo "Sorteando um número e colocando-o de volta na urna".

Ver também: Taleb, Nassim Nicholas. *Fooled by Randomness*, Second Edition, Random House, 2008, p. 154.

Sobre a falácia do historiador, ver também: Fischer, David Hackett. *Historians' Fallacies: Toward a Logic of Historical Thought*, Harper Torchbooks, 1970, p. 209-213.

PARADOXO DA ESCOLHA

Ambos os vídeos de Barry Schwartz estão disponíveis em TED.com.

Schwartz, Barry. *The Paradox of Choice: Why More is Less*, Harper, 2004.

Os problemas do paradoxo da escolha são ainda mais graves do que apresentados no texto. Estudos feitos em laboratório confirmaram que decidir consome uma energia que mais tarde faltará se quisermos nos defender dos impulsos emocionais. (Baumeister, Roy F. *The Cultural Animal: Human Nature, Meaning, and Social Life*, Oxford University Press, 2005, p. 316 ss.)

Botti, S.; Orfali, K.; Iyengar, S. S. "Tragic Choices: Autonomy and Emotional Response to Medical Decisions", *Journal of Consumer Research* 36 (3), 2009, p. 337-352.

Iyengar, S. S.; Wells, R. E.; Schwartz, B. "Doing Better but Feeling Worse: Looking for the 'Best' Job Undermines Satisfaction", *Psychological Science* 17 (2), 2006, p. 143-150.

"Letting people think they have some choice in the matter is a powerful tool for securing compliance." (Deixar que as pessoas pensem que têm alguma escolha na situação é uma ferramenta poderosa para assegurar obediência.) (Baumeister, Roy F. *The Cultural Animal: Human Nature, Meaning, and Social Life*, Oxford University Press, 2005, p. 323.)

VIÉS DE AFEIÇÃO

Girard, Joe. *How To Sell Anything to Anybody*, Fireside, 1977.

"We rarely find that people have good sense unless they agree with us." (Raramente achamos que as pessoas têm bom-senso, a não ser quando concordam conosco.) (La Rochefoucauld.)

Cialdini dedicou um capítulo inteiro ao *liking bias*: Cialdini, Robert B. *Influence: The Psychology of Persuasion*, HarperCollins, 1998, capítulo 5.

EFEITO DOTAÇÃO

Para o exemplo de Charlie Munger, ver: *Munger, Charles T. Poor Charlie's Almanack,* 3 ed., Donning, 2008, p. 479.

Ariely, Dan. *Predictably Irrational. The Hidden Forces that Shape Our Decisions*, HarperCollins, 2008, capítulo: "The High Price of Ownership".

Kahneman, D.; Knetsch, Jack L.; Thaler, R. "Experimental Test of the endowment effect and the Coase Theorem", *Journal of Political Economy*, 98 (6), 1991, 1325-1348.

Carmon, Z.; Ariely, D. "Focusing on the Forgone: How Value Can Appear So Different to Buyers and Sellers", *Journal of Consumer Research*, vol. 27, 2000.

"Cutting your losses is a good idea, but investors hate to take losses because, tax considerations aside, a loss taken is an acknowledgment of error. Loss-aversion combined with ego leads investors to gamble by clinging to their mistakes in the fond hope that some day the market will vindicate their judgment and make them whole." (Reduzir seus prejuízos é uma boa ideia, mas os investidores odeiam sair perdendo, pois — considerações sobre impostos à parte — perder é reconhecer o erro. A aversão à perda, combinada com o ego, leva os investidores a apostar, agarrando-se a seus erros na vã esperança de que um dia o mercado irá justificar seu julgamento e compensá-los.) (Bernstein, Peter L. *Against the Gods — The Remarkable Story of Risk*, Wiley, 1996, p. 276 e p. 294.)

"A loss has about two and a half times the impact of a gain of the same magnitude." (Uma perda tem um impacto cerca de duas vezes maior do que um ganho da mesma magnitude.) (Ferguson, Niall: *The Ascent of Money — A Financial History of the World*, Penguin Press, 2008, p. 345.)

Notas e referências

"Losing ten dollars is perceived as a more extreme outcome than gaining ten dollars. In a sense, you know you will be more unhappy about losing ten dollars than you would be happy about winning the same amount, and so you refuse, even though a statistician or accountant would approve of taking the bet." (Perder dez dólares é sentido como um efeito mais extremo do que ganhar dez dólares. Em certo sentido, você sabe que será mais infeliz se perder dez dólares do que seria feliz se ganhasse a mesma quantia; assim, você recusa a aposta, mesmo que um estatístico ou contador a aceite.) (Baumeister, Roy F. *The Cultural Animal: Human Nature, Meaning, and Social Life*, Oxford University Press, 2005, p. 319 ss.)

Quanto mais trabalho investirmos em alguma coisa, tanto mais forte será o sentimento de posse. Isso também é chamado de efeito IKEA.

Sobre o efeito IKEA, ver o website de Dan Ariely: http://danariely.com/tag/ikea-effect/

COINCIDÊNCIA

A história da explosão da igreja encontra-se em: Nichols, Luke. "Church explosion 60 years ago not forgotten", *Beatrice Daily Sun*, 1º de março de 2010.

Ver também: Plous, Scott. *The Psychology of Judgment and Decision Making*, McGraw--Hill, 1993, p. 164.

Para uma boa discussão sobre milagres, ver: Bevelin, Peter. *Seeking Wisdom. From Darwin to Munger*, Post Scriptum, 2003, p. 145.

PENSAMENTO DE GRUPO

Janis, Irving L. *Groupthink: Psychological Studies of Policy Decisions and Fiascoes*, Cengage Learning, 1982.

Wilcox, Clifton. *Groupthink*, Xlibris Corporation, 2010.

Uma espécie de contrário do pensamento de grupo é a *inteligência coletiva* (Surowiecki, James. *The Wisdom of the Crowds*, Doubleday, 2004). E funciona da seguinte forma: "Die große Masse von durchschnittlichen Menschen (also kein Pool von Fachleuten) findet oft erstaunlich richtige Lösungen — sie liegen allerdings auch mal grotesk daneben. Das hat schon Francis Galton [1907] in einem hübschen Experiment nachgewiesen: Er besuchte eine Viehausstellung, bei der ein Wettbewerb veranstaltet wurde, um das Gewicht eines Ochsen zu schätzen. Galton war der Meinung, dass die Messebesucher dazu nicht in der Lage seien, und beschloss, die fast 800 Schätzungen statistisch auszuwerten. Der Mittelwert aller Schätzungen (1.197 Pfund) kam aber dem tatsächlichen Gewicht des Ochsen (1.207 Pfund) erstaunlich nahe — Galtons Vorurteil war somit widerlegt." (A maioria das pessoas medianas [portanto, nenhum grupo de especialistas] costuma achar surpreendentes as soluções corretas — contudo, às vezes elas também se enganam de maneira grotesca. Foi o que Francis Galton [1907] comprovou em um belo experimento: ele visitou uma exposição de gado, na qual fora organizada uma competição para estimar o peso de um boi. Galton era da opinião de que os visitantes da feira não estariam capacitados para acertar o resultado, e decidiu avaliar estatisticamente as quase oitocentas estimativas. Todavia, a média de

A arte de pensar claramente

todas elas [1.197 libras] aproximou-se de modo surpreendente do peso real do boi [1.207 libras], o que refutou o preconceito de Galton.) (Jürgen Beetz. *Denken, Nachdenken, Handeln: Triviale Einsichten, die niemand befolgt*, Alibri, 2010, p. 122.)
O pensamento de grupo ocorre na interação dos participantes. Em contrapartida, a inteligência coletiva se dá quando os agentes atuam de modo independente uns dos outros (por exemplo, ao fazer uma estimativa) — o que é cada vez mais raro. A inteligência coletiva quase não é replicável cientificamente.

NEGLIGÊNCIA COM A PROBABILIDADE

Monat, Alan; Averill, James R.; Lazarus, Richard S. "Anticipatory stress and coping reactions under various conditions of uncertainty", *Journal of Personality and Social Psychology* 24 (2), novembro de 1972, p. 237-253.
"Probabilities constitute a major human blind spot and hence a major focus for simplistic thought. Reality (especially social reality) is essentially probabilistic, but human thought prefers to treat it in simple, black-and-white categories." (As probabilidades constituem o principal ponto cego humano e, portanto, o principal foco para o pensamento simplista. A realidade (sobretudo a social) é essencialmente probabilística, mas o pensamento humano prefere tratá-la em categorias simples, em preto e branco.) (Baumeister, Roy F. *The Cultural Animal: Human Nature, Meaning, and Social Life*, Oxford University Press, 2005, p. 206.)
Como não dispomos de uma compreensão intuitiva para as probabilidades, tampouco dispomos de uma compreensão intuitiva para os riscos. Assim, é sempre preciso que haja uma quebra da bolsa para que os riscos invisíveis se tornem visíveis. É surpreendente como demorou para os economistas entenderem isso. Ver: Bernstein, Peter L. *Against the Gods, The Remarkable Story of Risk*, Wiley, 1996, p. 247 ss.
Contudo, o que muitos economistas e investidores ainda não entenderam é que a volatilidade é uma medida ruim para o risco. E, no entanto, eles a empregam em seus modelos de avaliação. "How can professors spread this nonsense that a stock's volatility is a measure of risk? I've been waiting for this craziness to end for decades." (Como os professores podem difundir esse absurdo de que a volatilidade das ações é uma medida para o risco? Estou há décadas esperando que essa loucura termine.) (Munger, Charles T. *Poor Charlie's Almanack*, 3 ed., Donning, 2008, p. 101.)
Para uma discussão completa de como percebemos (erroneamente) o risco, ver: Slovic, Paul. *The Perception of Risk*, Earthscan, 2000.

VIÉS DE RISCO ZERO

Rottenstreich, Y.; Hsee, C. K. "Money, kisses and electric shocks: on the affective psychology of risk", *Psychological Science* 12, 2001, p. 185-190.
Ver também: Slovic, Paul et al. "The Affect Heuristic", in: Gilovich, Thomas; Griffin, Dale; Kahneman, Daniel. *Heuristics and Biases*, Cambridge University Press, 2002, p. 409.

Notas e referências

Um exemplo é a cláusula Delaney do Food and Drug Act de 1958, que proibia totalmente os aditivos sintéticos carcinogênicos.

VIÉS DA ESCASSEZ

Cialdini, Robert B. *Influence: The Psychology of Persuasion*, Collins, paperback edition, 2007, p. 237 ss.

Sobre os biscoitos, ver: Worchel, Stephen; Lee, Jerry; Adewole, Akanbi. "Effects of supply and demand on ratings of object value", *Journal of Personality and Social Psychology* 32 (5), novembro de 1975, p. 906-991.

Sobre os pôsteres, ver: Baumeister, Roy F. *The Cultural Animal: Human Nature, Meaning, and Social Life*, Oxford University Press, 2005, p. 102.

NEGLIGÊNCIA COM A TAXA-BASE

Para exemplo com o fã de Mozart, ver: Baumeister, Roy F. *The Cultural Animal: Human Nature, Meaning, and Social Life*, Oxford University Press, 2005, p. 206 s.

Kahneman, Daniel; Tversky, Amos. "On the psychology of prediction", *Psychological Review* 80, 1973, p. 237-251.

Ver também: Gigerenzer, Gerd. *Das Einmaleins der Skepsis*. Über den richtigen Umgang mit Zahlen und Risiken, 2002.

Ver também: Plous, Scott. *The Psychology of Judgment and Decision Making*, McGraw-Hill, 1993, p. 115 ss.

FALÁCIA DO JOGADOR

A falácia do jogador também é chamada de "falácia Monte Carlo". O exemplo de 1913 está contido na seguinte obra: Lehrer, Jonah. *How We Decide*, Houghton Mifflin Harcourt, 2009, p. 66.

Para o exemplo dos QIs, ver: Plous, Scott. *The Psychology of Judgment and Decision Making*, McGraw-Hill, 1993, p.113.

Ver também: Gilovich, Thomas; Vallone, Robert; Tversky, Amos. "The Hot Hand in Basketball: On the Misperception of Random Sequences", in: Gilovich, Thomas; Griffin, Dale; Kahneman, Daniel. *Heuristics and Biases*, Cambridge University Press, 2002, p. 601 ss.

A ÂNCORA

Sobre os números do seguro social e a roda da fortuna, ver: Ariely, Dan. *Pedictibly Irrational*, HarperCollins, 2008, capítulo 2. Ver também: Tversky, Amos; Kahneman, Daniel. "Judgment under Uncertainty: Heuristics and Biases", *Science* 185, 1974, p. 1124-1131.

Para o exemplo com Lutero em forma modificada, ver: Epley, Nicholas; Gilovich, Thomas. "Putting Adjustment Back in the Anchoring and Adjustment Heuristic", in: Gilovich, Thomas; Griffin, Dale; Kahneman, Daniel. *Heuristics and Biases*, Cambridge University Press, 2002, p. 139 ss.

Mais uma vez, ligeiramente modificado em: Frey, Johannes. *Fallstricke*, Beck, 2009, p. 40.

A arte de pensar claramente

Sobre Átila, ver: Russo, J. E.; Shoemaker, P. J. H. *Decision Traps*, Simon & Schuster, 1989, p. 6.

Sobre a estimativa do preço das casas, ver: Northcraft, Gregory B.; Neale, Margaret A. "Experts, Amateurs, and Real Estate: An Anchoring-and-Adjustment Perspective on Property Pricing Decisions", *Organizational Behavior and Human Decision Processes* 39, 1987, p. 84-97.

Para a ancoragem em situações de negociação e venda, ver: Ritov, Ilana. "Anchoring in a simulated competitive market negotiation", *Organizational Behavior and Human Decision Processes* 67, 1996, 16-25. Reimpresso em: Bazerman, M. H. (org.): *Negotiation, Decision Making, and Conflict Resolution*, vol. 2, Edward Publishers, 2005.

A INDUÇÃO

O exemplo com o ganso encontra-se em Nassim Taleb, em forma de peru do dia de Ação de Graças. Taleb tomou o exemplo de Bertrand Russell (frango), que, por sua vez, o tomou de David Hume. Taleb, Nassim Nicholas. *A Lógica do Cisne Negro — O impacto do altamente improvável*. Rio de Janeiro: Best Seller, 2008.

A indução é um dos grandes temas da filosofia do conhecimento: como podemos declarar alguma coisa sobre o futuro se nada temos além do passado? Resposta: não podemos. Toda indução é sempre marcada pela insegurança. O mesmo ocorre com a causalidade: nunca podemos saber se algo sucede de maneira causal, mesmo que o tenhamos observado um milhão de vezes. David Hume tratou esses temas com maestria no século XVIII.

AVERSÃO À PERDA

Para o fato de uma perda pesar duas vezes mais que um ganho, ver: Kahneman, Daniel; Tversky, Amos. "Prospect Theory: An Analysis of Decisio under Risk", *Econometrica* 47 (2), março de 1979, p. 273.

Para o exemplo da campanha para o diagnóstico precoce do câncer de mama, ver: Meyerowitz, Beth E.; Chaiken, Shelly. "The effect of message framing on breast self-examination attitudes, intentions, and behavior", *Journal of Personality and Social Psychology* 52 (3), março de 1987, p. 500-510.

Reagimos com mais intensidade a estímulos negativos do que a estímulos positivos. Ver: Baumeister, Roy F. *The Cultural Animal: Human Nature, Meaning, and Social Life*, Oxford University Press, 2005, p. 201 e p. 319.

Essa pesquisa descreve que não somos a única espécie com aversão à perda. Os macacos também demonstram esse erro de pensamento: Silberberg, A. et al. "On loss aversion in capuchin monkeys", *Journal of the Experimental Analysis of Behavior* 89, 2008, p. 145-155.

PREGUIÇA SOCIAL

Kravitz, David A.; Martin, Barbara. "Ringelmann rediscovered: The original article", *Journal of Personality and Social Psychology* 50 (5), 1986, p. 936-941.

Notas e referências

Latané, B.; Williams, K. D.; Harkins, S. "Many hands make light the work: The causes and consequences of social loafing", *Journal of Personality and Social Psychology* 37 (6), 1979, p. 822-832.

Ver também: Plous, Scott. *The Psychology of Judgment and Decision Making*, McGraw-Hill, 1993, p. 193.

Sobre o *risky shift*, ver: Pruitt, D. "Choice shifts in group discussion: An introductory review", *Journal of Personality and Social Psychology* 20 (3), 1971, p. 339-360 e Moscovici, S.; Zavalloni, M. "The group as a polarizer of attitudes", *Journal of Personality and Social Psychology* 12, 1969, p. 125-135.

CRESCIMENTO EXPONENCIAL

Para o exemplo dos trinta dias, ver: Munger, Charles T. *Poor Charlie's Almanack*, 3 ed., Donning, 2008, p. 366.

Para bons exemplos sobre o crescimento exponencial, ver: Dörner, Dietrich. *Die Logik des Misslingens. Strategisches Denken in komplexen Situationen*, Rowohlt, 2003, p. 161 ss.

Ver também: Dubben, Hans-Hermann; Beck-Bornholdt, Hans-Peter. *Der Hund, der Eier legt. Erkennen von Fehlinformation durch Querdenken*, Rororo, 2006, p. 120 ss.

O crescimento exponencial da população também foi o tema dos anos 1970, quando a escassez dos recursos apareceu pela primeira vez no campo de visão do público. Ver: Meadows, Donella H. et al. *The Limits to Growth*, University Books, 1972. A *new economy*, com sua crença no crescimento sem inflação e com escassez de recursos, colocou esse tema de lado. Desde a escassez de matéria-prima em 2007, sabemos que esse tema não está esquecido. Muito pelo contrário. A população mundial ainda cresce de maneira cada vez mais exponencial.

MALDIÇÃO DO VENCEDOR

O clássico sobre o tema: Thaler, Richard. "The Winner's Curse", *Journal of Economic Perspectives* 1, 1988.

Quando se trata de levar vantagem sobre o outro, ver: Malhotra, Deepak. "The desire to win: The effects of competitive arousal on motivation and behavior", *Organizational Behavior and Human Decision Processes* 111 (2), março de 2010, p. 139-146.

Quanto você pagaria por cem dólares? Exemplo extraído de Plous, Scott. *The Psychology of Judgment and Decision Making*, McGraw-Hill, 1993, p. 248.

"Warren Buffett's rule for open-outcry auctions: don't go." *Charlie Munger on the Psychology of Human Misjudgment*. Discurso proferido na universidade de Harvard, em junho de 1995.

ERRO FUNDAMENTAL DE ATRIBUIÇÃO

Lee Ross, psicólogo de Stanford, foi o primeiro a descrever o viés fundamental de atribuição. Ver: Ross, L. "The intuitive psychologist and his shortcomings: Distortions in the attribution process", in: Berkowitz, L. (org.): *Advances in experimental social psychology* (vol. 10), Academic Press, 1977.

A arte de pensar claramente

Para o experimento com o discurso, ver: Jones, E. E.; Harris, V. A. "The attribution of attitudes", *Journal of Experimental Social Psychology* 3, 1967, p. 1-24.
Ver também: Plous, Scott. *The Psychology of Judgment and Decision Making*, McGraw-Hill, 1993, p. 180 s.

FALSA CAUSALIDADE

Dubben, Hans-Hermann; Beck-Bornholdt, Hans-Peter. *Der Hund, der Eier legt. Erkennen von Fehlinformation durch Querdenken*, 2006, p. 175 ss.
Para o belo exemplo com as cegonhas, ibid., p. 181.
Sobre ter livros em casa, ver: National Endowment for the Arts: *To Read or Not To Read: A Question of National Consequence*, novembro de 2007.

EFEITO HALO

O livro definitivo sobre o efeito halo na economia, do qual também extraí o exemplo da Cisco: Rosenzweig, P. *The Halo Effect: and the Eight Other Business Delusions That Deceive Managers*, Free Press, 2007.
Thorndike, E. L. "A Constant error on psychological rating", *Journal of Applied Psychology* IV, 1920, p. 25-29.
Nisbett, Richard E.; Wilson, Timothy D. "The halo effect: Evidence for unconscious alteration of judgments", *Journal of Personality and Social Psychology* 35 (4), 1977, p. 250-256.

CAMINHOS ALTERNATIVOS

Para o exemplo da roleta-russa, ver: Taleb, Nassim Nicholas: *Fooled By Randomness*, Random House, 2001, p. 23.
"It is hard to think of Alexander the Great or Julius Caesar as men who won only in the visible history, but who could have suffered defeat in others. If we have heard of them, it is simply because they took considerable risks, along with thousands of others, and happened to win. They were intelligent, corageous, noble (at times), had the highest possible obtainable culture in their day — but so did thousands of others who live in the musty footnotes of history." (É difícil pensar em Alexandre, o Grande, ou Júlio César como homens que venceram apenas na história visível, mas que podem ter sofrido derrotas em outras. Se ouvimos falar deles é porque simplesmente assumiram riscos consideráveis, além de milhares de outros, e acabaram vencendo. Eram inteligentes, corajosos, nobres (às vezes) e tinham a mais elevada cultura que se podia obter em seu tempo — mas também havia milhares de outros que viveram no rodapé embolorado da história.) (Taleb, Nassim Nicholas: *Fooled by Randomness*, Random House, 2001, p. 34.)
"My argument is that I can find you a security somewhere among the 40.000 available that went up twice that amount every year without fail. Should we put the social security money into it?" (Meu argumento é de que posso encontrar para você um

Notas e referências

título em meio aos 40 mil disponíveis que aumentaram em duas vezes essa quantia todos os anos sem falhar. Devemos investir dinheiro do seguro social nele?) (ibid., p. 146).

ILUSÃO DE PROGNÓSTICO

Tetlock, Philip E. *How Accurate Are Your Pet Pundits?* Project Syndicate/Institute for Human Sciences, 2006.

Koehler, Derek J.; Brenner, Lyle; Griffin, Dale. "The Calibration of Expert Judgment. Heuristics and biases beyond the laboratory", in: Gilovich, Dale Griffin and Daniel Kahneman (orgs.). *Heuristics and Biases. The Psychology of Intuitive Judgment*, Cambridge University Press, 2002, p. 686.

"The only function of economic forecasting is to make astrology look respectable." (A única função do prognóstico econômico é fazer a astrologia parecer respeitável.) (John Kenneth Galbraith, http://news.bbc.co.uk/2/hi/business/4960280.stm)

A sentença de Tony Blair sobre o prognóstico encontra-se em: Buehler, Roger; Griffin, Dale; Ross, Michael. "Inside the planning fallacy: The causes and consequences of optimistic time predictions", in: Gilovich, Thomas; Griffin, Dale; Kahneman, Daniel (orgs.). *Heuristics and Biases: The Psychology of intuitive judgment*, Cambridge University Press, 2002, p. 270.

"There have been as many plagues as wars in history, yet always plagues and wars take people equally by surprise." (Na história, tantas foram as pestes quantas foram as guerras; no entanto, pestes e guerras sempre pegam as pessoas de surpresa.) (Albert Camus, *A peste*.)

"I don't read economic forecasts. I don't read the funny papers." (Não leio prognósticos econômicos. Não leio as histórias em quadrinhos.) (Warren Buffett.)

Theodore Levitt, professor de Harvard: "It's easy to be a prophet. You make twenty-five predictions and the ones that come true are the ones you talk about." (É fácil ser profeta. Você faz 25 previsões, e as que se realizam são aquelas sobre as quais você falará.) (Bevelin, Peter. *Seeking Wisdom. From Darwin to Munger*, Post Scriptum, 2003, p. 145.)

"There are 60.000 economists in the U. S., many of them employed full-time trying to forecast recessions and interest rates, and if they could do it successfully twice in a row, they'd all be millionaires by now... as far as I know, most of them are still gainfully employed, which ought to tell us something." (Há 60 mil economistas nos Estados Unidos, muitos deles empregados em tempo integral para tentar prever recessões e taxas de juro; se conseguissem fazer isso duas vezes seguidas, a esta altura estariam milionários... até onde sei, a maioria deles ainda depende de um trabalho remunerado, o que deve significar alguma coisa.) (Lynch, Peter. *One Up On Wall Street*, Simon Schuster, 2000.)

E como essa frase foi tão incisiva, segue outra citação do mesmo livro: "Thousands of experts study overbought indicators, oversold indicators, head-and-shoulder patterns, put-call ratios, the Fed's policy on money supply, foreign investment, the movement of the constellations through the heavens, and the moss on oak tress, and they can't predict markets with any useful consistency, any more than the gizzard squeezers could tell the Roman emperors when the Huns would attack." (Milhares de especialistas estudam indicadores sobrecomprados, indicadores sobrevendidos, *head-and-shoulders patterns*, *put-call ratios*, a política do Fed para fornecimento de dinheiro, investimento estrangeiro, o movimento das constelações pelos céus e o musgo nos carvalhos, e não conseguem prever os mercados com nenhuma consistência útil, não mais do que os harúspices podiam dizer aos imperadores romanos quando os hunos iam atacar.) (ibid.)

Analistas da bolsa são ótimos em prognosticar *a posteriori*: "The analysts and the brokers. They don't know anything. Why do they always downgrade stocks after the bad earnings come out? Where's the guy that downgrades them before the bad earnings come out? That's the smart guy. But I don't know any of them. They're rare, they're very rare. They're rarer than Jesse Jackson at a Klan meeting." (Os analistas e os corretores. Eles não sabem de nada. Por que sempre desvalorizam as ações depois que os lucros ruins são publicados? Onde está o cara que as desvaloriza antes que os lucros ruins sejam publicados? Esse cara, sim, é que é bom. Mas não conheço nenhum deles. São raros, muito raros. São mais raros do que Jesse Jackson em uma reunião da [Ku Klux] Klan.) (Perkins, Marc. 2000TheStreet.com.)

FALÁCIA DA CONJUNÇÃO

A história de Klaus é uma variante modificada da chamada "história de Linda", em Tversky e Kahneman: Tversky, Amos; Kahneman, Daniel. "Extension versus intuitive reasoning: The conjunction fallacy in probability judgment", *Psychological Review* 90 (4), outubro de 1983, p. 293-331. Por essa razão, a falácia da conjunção também é conhecida como "problema de Linda".

O exemplo do consumo de petróleo foi um pouco modificado e simplificado. O exemplo original encontra-se em: Tversky, Amos; Kahneman, Daniel. "Extension versus intuitive reasoning: The conjunction fallacy in probability judgment", *Psychological Review* 90 (4), outubro de 1983, p. 293-315.

Sobre as duas formas de pensar — intuitiva versus racional ou sistema 1 versus sistema 2 —, ver: Kahneman, Daniel. "A perspective on judgment and choice", *American Psychologist* 58, 2003, p. 697-720.

ENQUADRAMENTO

Tversky, Amos; Kahneman, Daniel. "The Framing of Decisions and the Psychology of Choice", Science, New Series, vol. 211, 1981, p. 453-458.

Sobre o efeito *framing* na medicina, ver: Dawes, Robyn M. *Everyday Irrationality: How Pseudo-Scientists, Lunatics, and the Rest of Us Systematically Fail to Think Rationally*, Westview Press, 2001, p. 3 ss.

Notas e referências

Shepherd, R. et al. "The effects of information on sensory ratings and preferences: The importance of attitudes", *Food Quality and Preferences* 3 (3), 1991-1992, p. 147-155.

VIÉS DE AÇÃO

Bar-Eli, Michael et al. "Action Bias among Elite Soccer Goalkeepers: The Case of Penalty Kicks", *Journal of Economic Psychology* 28 (5), 2007, p. 606-621.

Warren Buffett rejeita com êxito o viés de ação: "We don't get paid for *activity*, just for being *right*. As to how long we'll *wait*, we'll wait *indefinitely*." (Não somos pagos por *atividade*, mas para *acertarmos*. Quanto ao tempo que *esperaremos*, ele é *indefinido*.) (Buffett, Warren. Berkshire Hathaway Annual Meeting, 1998.)

"The stock market is a no-called-strike game. You don't have to swing at everything — you can wait for your pitch. The problem when you're a money manager is that your fans keep yelling, 'Swing, you bum!'" (O mercado de ações é como um jogo de beisebol em que nem sempre é necessário rebater a bola. Você não precisa rebater todas as bolas — pode esperar ter o seu arremesso. O problema, quando você é um investidor, é que seus torcedores não param de gritar: "Rebata, seu inútil!") (Buffett, Warren. Berkshire Hathaway Annual Meeting, 1999.)

"It takes character to sit there with all that cash and do nothing. I didn't get to where I am by going after mediocre opportunities." (É preciso ter caráter para ficar ali sentado com todo aquele dinheiro e não fazer nada. Não cheguei aonde cheguei correndo atrás de oportunidades medíocres.) (Munger, Charlie. *Poor Charlie's Almanack*, 3 ed., Donning, 2008, p. 61.)

"Charlie realizes that is difficult to find something that is really good. So, if you say 'No' ninety percent of the time, you're not missing much in the world." (Charlie se dá conta de que é difícil encontrar algo realmente bom. Portanto, se você disser "não" 90% do tempo, não estará perdendo grande coisa no mundo.) (ibid., p. 99.)

"There are huge advantages for an individual to get into a position where you make a few great investments and just sit on your ass: You're paying less to brokers. You're listening to less nonsense." (Há enormes vantagens individuais quando você alcança uma posição em que faz poucos grandes investimentos e não tira o traseiro da cadeira: você paga menos para os corretores e ouve menos besteiras.) (ibid., p. 209.)

VIÉS DE OMISSÃO

Baron, Jonathan. *Thinking and Deciding*, Cambridge University Press, 1988, 1994, 2000.

Asch, D. A. et al. "Omission bias and pertussis vaccination", *Medical Decision Making* 14, 1994, p. 118-124.

Baron, Jonathan; Ritov, Ilana. "Omission bias, individual differences, and normality", *Organizational Behavior and Human Decision Processes* 94, 2004, p. 74-85.

Ver também: "Der Unterlassungseffekt", capítulo da dissertação: Schweizer, Mark. *Kognitive Täuschungen vor Gericht*, Zurique, 2005.

A arte de pensar claramente

VIÉS DE AUTOATRIBUIÇÃO

Schlenker, B. R.; Miller, R. S. "Egocentrism in groups: Self-serving biases or logical information processing?", *Journal of Personality and Social Psychology* 35, 1977, p. 755-764.

Miller, D. T.; Ross, M. "Self-serving biases in the attribution of causality: Fact or fiction?", *Psychological Bulletin* 82, 1975, p. 213-225.

Arkin, R. M.; Maruyama, G. M. "Attribution, affect and college exam performance", *Journal of Educational Psychology* 71, 1979, p. 85-93.

Baumcister, Roy F. *The Cultural Animal: Human Nature, Meaning, and Social Life*, Oxford University Press, 2005, p. 215 ss.

"Of course you also want to get the self-serving bias out of your mental routines. Thinking that what's good for you is good for the wider civilization, and rationalizing foolish or evil conduct, based on your subconscious tendency to serve yourself, is a terrible way to think." (É claro que você também quer o viés de autoatribuição fora das suas rotinas mentais. Pensar que o que é bom para você também é bom para a civilização mais ampla e racionalizar uma conduta tola ou ruim, com base na sua tendência subconsciente de servir a você mesmo, é um modo terrível de pensar.) (Munger, Charles T. *Poor Charlie's Almanack*, 3 ed., Donning, 2008, p. 432.)

Sobre o experimento com as notas escolares, ver: Johnson, Joel T. et al. "The 'Barnum effect' revisited: Cognitive and motivational factors in the acceptance of personality descriptions", *Journal of Personality and Social Psychology* 49 (5), novembro de 1985, p. 1378-1391.

Sobre as notas escolares, ver também o vídeo em TED.com: Ariely, Dan. *Why we think it's OK to cheat and steal (sometimes)*.

Ross, M.; Sicoly, F. "Egocentric biases in availability and attribution", *Journal of Personality and Social Psychology* 37, 1979, p. 322-336.

ESTEIRA HEDÔNICA

Taleb, Nassim Nicholas. *A Lógica do Cisne Negro — O impacto do altamente improvável*. Rio de Janeiro: Best Seller, 2008.

Gilbert, Daniel T. et al. "Immune neglect: A source of durability bias in affective forecasting", *Journal of Personality and Social Psychology* 75 (3), 1998, p. 617-638.

Gilbert, Daniel T.; Ebert, Jane E. J. "Decisions and Revisions: The Affective Forecasting of Changeable Outcomes", *Journal of Personality and Social Psychology* 82 (4), 2002, p. 503-514.

Gilbert, Daniel T. *Stumbling on happiness*, Alfred A. Knopf, 2006.

Gilbert, Daniel T. *Why are we happy?*, (vídeo) em TED.com.

Frey, Bruno S.; Stutzer, Alois. *Happiness and Economics: How the Economy and Institutions Affect Human Well-Being*, Princeton, 2001.

Em conformidade com o tema, o estudo sobre as mulheres que receberam implantes no seio foi rapidamente publicado em muitas revistas sobre estilo de vida. Entretanto, a sondagem (112 mulheres) é bastante modesta. Ver: Young, V. L.; Nemecek, J. R.;

Nemecek, D. A. "The efficacy of breast augmentation: breast size increase, patient satisfaction, and psychological effects", *Plastic and Reconstructive Surgery* 94 (7), dezembro de 1994, p. 958-969.

VIÉS DA AUTOSSELEÇÃO

"A more deliberate form of self-selection bias often occurs in measuring the performance of investment managers. Typically, a number of funds are set up that are initially incubated: kept closed to the public until they have a track record. Those that are successful are marketed to the public, while those that are not successful remain in incubation until they are. In addition, persistently unsuccessful funds (whether in an incubator or not) are often closed, creating survivorship bias. This is all the more effective because of the tendency of investors to pick funds from the top of the league tables regardless of the performance of the manager's other funds." (Uma forma mais deliberada de viés da autosseleção costuma ocorrer quando se mede o desempenho de gestores de investimento. Na maioria das vezes, é estabelecido um número de fundos que, inicialmente, são incubados: são mantidos perto do público até adquirirem um histórico. Aqueles que obtêm algum sucesso são negociados com o público, enquanto aqueles que não são bem-sucedidos permanecem em incubação até conseguirem algum êxito. Além disso, geralmente os fundos com fracasso persistente (estando ou não na incubadora) são encerrados, criando *survivorship bias*. Isso é tanto mais eficaz devido à tendência dos investidores a escolher fundos do topo da lista sem considerar o desempenho dos outros fundos dos gestores.) (Citado a partir de moneyterms.co.uk.)

"It is not uncommon for someone watching a tennis game on television to be bombarded by advertisements for funds that did (until that minute) outperform other by some percentage over some period. But, again, why would anybody advertise if he didn't happen to outperform the market? There is a high probability of the investment coming to you if its success is caused entirely by randomness. This phenomenon is what economists and insurance people call adverse selection." (Não é incomum para alguém que está assistindo a uma partida de tênis na televisão ser bombardeado com propagandas de fundos que, pelo menos até aquele minuto, superam outros em alguma porcentagem por algum período. Porém, novamente, por que alguém iria fazer propaganda se esse fundo não superasse o mercado? Há uma grande probabilidade de o investimento chegar a você se seu sucesso foi causado inteiramente por acaso. Esse fenômeno é o que economistas e corretores de seguro chamam de seleção adversa.) (Taleb, Nassim Nicholas. *Fooled by Randomness*, 2 ed., Random House, 2008, p. 158.)

"Gibt es in der Natur vielleicht Dinge und Ereignisse, von denen wir nie etwas erfahren, weil sie unser Gehirn nicht bewältigt?" (Haverá na natureza coisas e acontecimentos dos quais nunca tomaremos conhecimento porque nosso cérebro não os domina?) (Vollmer, Gerhard. *Evolutionäre Erkenntnistheorie*, Hirzel, 2002, p. 135.)

"Der Erkenntnisapparat muss nicht perfekt sein. Dass er nicht ideal sein muss, zeigt auch der Vergleich mit Tieren, die ja auch überleben, obwohl ihr Erkenntnisapparat weit

A arte de pensar claramente

weniger gut arbeitet." (O aparato do conhecimento não precisa ser perfeito. O fato de ele não ter de ser ideal é o que também mostra a comparação com os animais, que também sobrevivem, embora seu aparato de conhecimento não trabalhe tão bem.) (ibid., p. 137.)

VIÉS DE ASSOCIAÇÃO

Sobre a história do vazamento de gás, ver: Baumeister, Roy F. *The Cultural Animal: Human Nature, Meaning, and Social Life*, Oxford University Press, 2005, p. 280.

Buffett prefere ouvir as notícias ruins, e sem rodeios. As boas-novas podem esperar. Ver: Munger, Charles T. *Poor Charlie's Almanack*, 3 ed., Donning, 2008, p. 472.

"Don't shoot the messenger" (Não atire no mensageiro) aparece pela primeira vez em *Henry IV*, parte 2, 1598, de Shakespeare.

Em muitos Estados, como na Nova Inglaterra do século XVIII, havia a profissão de "*town crier*" (clamador da cidade). Sua tarefa consistia em difundir várias vezes notícias ruins — por exemplo, o aumento dos impostos. Para controlar a síndrome "kill--the-messenger", os Estados adotaram leis (mais uma vez, supostamente lidas pelos clamadores da cidade) que puniam com pena máxima quem ferisse ou insultasse o clamador. Hoje já não somos tão civilizados. Simplesmente mandamos para a cadeia os "clamadores" mais barulhentos — ver o caso de Julian Assange, fundador do Wikileaks.

SORTE DE INICIANTE

Taleb, Nassim Nicholas. *A Lógica do Cisne Negro — O impacto do altamente improvável*. Rio de Janeiro: Best Seller, 2008.

DISSONÂNCIA COGNITIVA

Plous, Scott. *The Psychology of Judgment and Decision Making*, McGraw-Hill, 1993, p. 22 ss.

O clássico texto sobre a dissonância cognitiva encontra-se em: Festinger, Leon; Carlsmith, James, M. "Cognitive Consequences of Forced Compliance", *Journal of Abnormal and Social Psychology* 58, 1959.

Elster, Jon. *Sour Grapes: Studies in the Subversion of Rationality*, Cambridge University Press, 1983, p. 123 ss.

Segundo Taleb, um dos pontos fortes do investidor George Soros é a completa ausência de dissonância cognitiva. Soros é capaz de mudar de opinião de um segundo para outro — sem o menor escrúpulo. Ver: Taleb, Nassim Nicholas. *Fooled by Randomness*, 2 ed., Random House, 2008, p. 239.

DESCONTO HIPERBÓLICO

Há uma série de relatórios de pesquisa a respeito do desconto hiperbólico. O primeiro artigo de pesquisa é o seguinte: Thaler, R. H. "Some Empirical Evidence on Dynamic Inconsistency", *Economic Letters* 8, 1981, p. 201-207.

Notas e referências

Sobre o teste com o marshmallow, ver: Shoda, Yuichi; Mischel, Walter; Peake, Philip K. "Predicting Adolescent Cognitive and Self-Regulatory Competencies from Preschool Delay of Gratification: Identifying Diagnostic Conditions", *Developmental Psychology* 26 (6), 1990, p. 978-986.

A esse respeito, ver também o excelente artigo no *New Yorker*: Lehrer, Jonah. "Don't! The secret of self-control", 18 de maio de 2009.

"The ability to delay gratification is very adaptive and rational, but sometimes it fails and people grab for immediate satisfaction. The effect of the immediacy resembles the certainty effect:... underneath the sophisticated thinking process of the cultural animal there still lurk the simpler needs and inclinations of the social animals. Sometimes they win out." (A habilidade para adiar a satisfação é muito adaptável e racional, mas às vezes falha, e as pessoas buscam satisfação imediata. O efeito do imediatismo se parece com o efeito da certeza: [...] por baixo do sofisticado processo mental do animal cultural ainda se escondem as necessidades e as inclinações mais simples dos animais sociais. Às vezes elas acabam conseguindo vencer.) (Baumeister, Roy F. *The Cultural Animal: Human Nature, Meaning, and Social Life*, Oxford University Press, 2005, p. 320 s.)

O que acontece quando os períodos são longos? Suponhamos que você administre um restaurante, e, em vez de pagar a conta de cem dólares hoje, um cliente lhe sugira transferir para sua conta 1.700 dólares em trinta anos — o que corresponde a um bom juro de 10%. Você aceitaria? Provavelmente não. Quem sabe o que pode acontecer em trinta anos? Teria você cometido um erro de pensamento então? Não. Em oposição ao *desconto hiperbólico*, taxas de juro mais elevadas em longos períodos são totalmente adequadas. Na Suíça estava em debate (antes de Fukushima) o projeto para construir uma usina nuclear com um *payback* de trinta anos. Um projeto idiota. Quem sabe quantas tecnologias novas não podem surgir no mercado nesses trinta anos? Um *payback* de dez anos seria justificável, mas não de trinta — dessa vez, sem levar nenhum risco em conta.

A JUSTIFICATIVA DOS "PORQUÊS"

Experimento com a xérox, de Ellen Langer. In Cialdini, Robert B. *Influence: The Psychology of Persuasion*, ed. rev. Nova York: HarperCollins, 1993, p. 4.

A justificativa dos "porquês" funciona muito bem, contanto que a situação em jogo seja de pouca importância (como fazer cópias). Quando os interesses são maiores, as pessoas escutam os argumentos com atenção. Goldstein, Noah; Martin, Steve; Cialdini, Robert. *Yes! — 50 Scientifically Proven Ways to Be Persuasive.* Nova York: Free Press, 2008, p. 150-53.

FADIGA DE DECISÃO

"O problema da fadiga de decisão afeta tudo, desde carreiras de CEOs a sentenças de prisão de condenados julgados por juízes cansados. Esse fenômeno influencia o comportamento de todos, executivos ou não, todos os dias." Baumeister, Roy; Tierney, John: *Força de Vontade — A Redescoberta do Poder Humano*. São Paulo: Lafonte, 2012.

Experimento entre alunos "decididores" e "não decididores": Ibid.

Exemplo com juízes: Ibid.

Artigo completo sobre decisões de juízes: Danziger, Shai; Levav, Jonathan; Avnaim-Pesso, Liora: "Extraneous Factors in Judicial Decisions". In *Proceedings of the National Academy of Science*, 108, nº 17, 25/2/2011, p. 6889-92.

Baumeister, Roy. "Ego Depletion and Self-Control Failure: an Energy Model of the Self's Executive Function". In *Self and Identity*, 1, nº 2, 1/4/2002, p. 129-36.

D. Vohs, Kathleen; Baumeister, Roy F.; Twenge, Jean M.; Schmeichel, Brandon J.; M. Tice, Dianne; Crocker, Jennifer: "Decision Fatigue Exhausts Self-regulatory resources — But So does Accommodating to Unchosen Alternatives". Trabalho em fase de elaboração, 2005.

Loewenstein, George; Read, Daniel; Baumeister, Roy. *Time and Decision: Economic and Psychological Perspectives on Intertemporal Choice*. Nova York: Russell Sage Foundation, 2003, p. 208.

Após a árdua tarefa de fazer compras em supermercados, consumidores sofrem de fadiga de decisão. Comerciantes se valem dessa situação e expõem produtos que são comprados por impulso, como balas e chicletes, ao lado dos caixas — logo antes da linha de chegada da maratona decisória. Ver: Tierney, John. "Do you Suffer from decision Fatigue?", *New York Times Magazine*, 17/8/2011.

Quando apresentar a proposta para o CEO: o melhor horário é às 8h. O CEO estará relaxado, pois terá acordado há pouco tempo, e sua glicemia estará alta após o café da manhã — combinação perfeita para tomar decisões corajosas.

VIÉS DE CONTÁGIO

O viés de contágio também é denominado como "heurística de contágio".

Resumo on-line do viés de contágio: "Once in Contact, Always in Contact." Gilovich, Thomas; Griffin, Dale; Kahneman, Daniel (org.), *Heuristics and Biases: The Psychology of Intuitive Judgment*. Cambridge: Cambridge University Press, 2002, p. 212.

Ver também o verbete da Wikipédia "Peace and Truce of God". acessado em 21/10/2012.

Daileader, Philip: *The High Middle Ages*. Chantilly: The Teaching Company, 2001, curso nº 869, palestra 3, começando em 26'30".

Exemplo das flechas foi extraído de "Kennedy vs. Hitler". In Gilovich, Griffin; Kahneman (org.), *Heuristics and Biases*, p. 205. Os autores do artigo (Paul Rozin e Carol Nemeroff) não abordam o "contágio", mas a "lei de similaridade". Acrescentei o exemplo de heurística de contágio, que, num sentido mais amplo, tem um pendor para a mágica.

Retratos de mães: um grupo de controle que não viu fotos teve desempenho melhor ao acertar os alvos. Os participantes se comportaram como se os retratos tivessem poderes mágicos que poderiam machucar as pessoas reais. Em experimento similar,

Notas e referências

fotografias de John Kennedy e Adolf Hitler foram coladas aos alvos. Embora todos os alunos se esforçassem para lançar o dardo com a máxima pontaria possível, os que lançavam em alvos com a foto de Kennedy tiveram desempenho bem pior. (Ibid.)

Ninguém gosta de se mudar para casas, apartamentos ou salas de pessoas falecidas há pouco tempo. Por outro lado, empresas adoram se mudar para escritórios que pertenceram a outras companhias de sucesso. Por exemplo, quando a milo.com se mudou para a University Avenue, 165, em Palo Alto, Califórnia, gerou-se grande repercussão, pois Logitech, Google e Paypal passaram pelo mesmo prédio. Como se essas "boas vibrações" pudessem alavancar as start-ups instaladas naquele edifício. Certamente, isso está relacionado à proximidade com a Universidade de Stanford.

Cálculo da quantidade de moléculas por respiração: a atmosfera contém aproximadamente 10^{44} moléculas. A massa atmosférica total é de $5,1x10^{18}$ kg. A densidade do ar ao nível do mar é de cerca de $1,2$ kg/m^3. De acordo com o número de Avogrado, há $2,7x10^{25}$ moléculas por metro cúbico de ar. Portanto, em um litro há $2,7x10^{22}$ moléculas. Em média, respiramos cerca de sete litros de ar por minuto (cerca de um litro por inalação) ou 3.700 m^3 por ano. Saddam Hussein "consumiu" 260.000 m^3 de ar. Partindo do princípio de que ele reinalou aproximadamente 10% desse volume, temos 230.000 m^3 de ar "contaminado" por Saddam na atmosfera. Portanto, $6,2x10^{30}$ moléculas passaram pelos pulmões de Saddam e agora estão espalhadas pela atmosfera. A concentração dessas moléculas no ar equivale a $6,2x10^{-14}$. Isso nos dá $1,7$ bilhão de moléculas "contaminadas" por inalação.

Ver também: Nemeroff, Carol; Rozin, Paul: "The Makings of the Magical Mind: The Nature of Function of Sympathetic Magic". In Rosengren, Karl S., Johnson, Carl N.; Harris, Paul L. (org.): *Imagining the Impossible: Magical, Scientific, and Religious Thinking in Children*. Cambridge: Cambridge University Press, 2000, p. 1-34.

O PROBLEMA DAS MÉDIAS

Não atravesse um rio se ele tiver (em média) 120 centímetros de profundidade: Taleb, Nassim Nicholas: *A Lógica do Cisne Negro — O impacto do altamente improvável*. Rio de Janeiro: Best Seller, 2008.

A renda média familiar nos Estados Unidos era de US$109.500 em 2007. Ver: verbete da Wikipédia "Wealth in the United States", acessado em 25/10/2012, http://en.wikipedia.org/wiki/Wealth_in_the_United_States. Como considerei indivíduos, e não famílias, no exemplo do ônibus, reduzi a renda média em 50%. Esse valor não é correto, já que pessoas que vivem sozinhas também configuram tecnicamente uma família. O valor exato, no entanto, não importa para o exemplo.

AVALANCHE MOTIVACIONAL

Frey, Bruno S.: "Die Grenzen Ökonomischer Anreize", *Neue Zürcher Zeitung*, 18/5/2001. Bruno Frey defende o estudo científico da motivação intrínseca, em vez de [principalmente] incentivos financeiros.

A arte de pensar claramente

Este artigo oferece uma boa visão geral: Frey, Bruno S.; Jegen, Reto: "Motivation Crowding Theory: a Survey of Empirical Evidence", *Journal of Economic Surveys* 15, nº 5, 2001, p. 589-611.

História da creche: Levitt, Stevem D.; Dubner, Stephen J.: *Freakonomics: O Lado Oculto e Inesperado de Tudo que nos Afeta*. Rio de Janeiro: Campus, 2007.

Brafman, Ori; Brafman, Rom: *Sway: The Irresistible Pull of Irrational Behavior*. Nova York: Doubleday, 2008, p. 131-35.

Nem tudo é preto no branco. Em certos cenários, o pagamento por desempenho pode ter efeito positivo sobre a autodeterminação e sobre o prazer com o trabalho. Eisenberger, Robert; Rhoades, Linda; Cameron, Judy: "Does Pay for Performance Increase or Decrease Perceived Self-determination and Intrinsic Motivation?", *Journal of Personality and Social Psychology* 77, nº 5, 1999, p. 1026-40.

Existem muitos exemplos de avalanche motivacional, e a literatura científica sobre esse assunto é ampla. Um exemplo: "Todos os anos, em determinado dia, estudantes vão de porta em porta coletando doações em dinheiro para instituições de pesquisa do câncer, ajuda a crianças com necessidades especiais etc. Os estudantes que fazem atividades desse tipo costumam receber mais aprovação social de pais, professores e demais pessoas. E é por esse motivo que elas fazem essas atividades de forma voluntária. Quando lhes foi oferecido 1% do dinheiro coletado, o valor coletado caiu 36%." Fehr, Ernst; Falk, Armin: "Psychological Foundations of Incentives", *European Economic Review* 46, maio/2002, p. 687-724.

TENDÊNCIA AO LERO-LERO

Exemplo de cortina de fumaça: Habermas, Jürgen: *Between Facts and Norms: Contributions to a Discourse Theory of Law and Democracy*. Cambridge: MIT Press, 1998, p. 490.

O FENÔMENO WILL ROGERS

A migração de estágio no diagnóstico de tumores vai além do descrito no capítulo. Como o estágio 1 agora abarca muito casos, os limites entre estágios foram ajustados. Os piores pacientes do estágio 1 agora são categorizados como estágio 2, os piores do estágio 2 agora são estágio 3, e os piores do estágio 3, passaram para o estágio 4. Cada um desses acréscimos aumenta a expectativa de vida de cada estágio. Resultado: nenhum paciente está vivendo mais. Aparentemente, o tratamento ajudou os pacientes, mas apenas o diagnóstico melhorou.

Feinstein, A. R., Sosin, D. M.; Wells, C. K.: "The Will Rogers Phenomenon — Stage Migration and New Diagnostic Techniques as a Source of Misleading Statistics for Survival in Cancer", *New England Journal of Medicine* 312, nº 25, junho de 1985, p. 1604-8.

Outros exemplos podem ser encontrados neste excelente livro: Dubben, Hans-Hermann; Beck-Bornholdt, Hans-Peter: *Der Hund, der Eier Legt: Erkennen von Fehlinformation Durch Querdenken*. Reinbek: Rororo Publisher, 2006, p. 34-235.

Notas e referências

VIÉS DE INFORMAÇÃO

"Para levar um tolo à falência, dê-lhe informação." Taleb, Nassim Nicholas: *The Bed of Procrustes: Philosophical and Practical Aphorisms*. Nova York: Random House, 2010, p. 4.

Exemplo das três doenças: Baron, Jonathan, Beattie, Jane; Hershey, John C.: "Heuristics and Biases in Diagnostic Reasoning: II. Congruence, Information, and Certainty", *Organizational Behavior and Human Decision Processes* 42, 1988, p. 88-110.

A JUSTIFICATIVA DO ESFORÇO

Segundo Aronson e Mills, a justificativa do esforço não passa da redução da dissonância cognitiva. Aronson, Elliot; Mills, Judson: "The Effect of Severity of Initiation on Liking for a Group", *Journal of Abnormal and Social Psychology* 59, 1959, p. 177-81.

Michael I. Norton: Norton, Michael I., Mochon, Daniel; Ariely, Dan: "The IKEA Effect: When Labor Leads to Love", *Journal of Consumer Psychology* 22, nº 3 (julho 2012): 453-60.

LEI DOS PEQUENOS NÚMEROS

Daniel Kahneman cita um bom exemplo em seu livro *Rápido e Devagar — Duas Formas de Pensar*. Rio de Janeiro: Objetiva, 2012. Minha história sobre os índices de furto é inspirada no exemplo de Kahneman.

EXPECTATIVAS

No texto principal, não abordamos a assimetria. Ações que excedem as expectativas sobem, em média, 1%. Ações que não atendem às expectativas caem, em média, 3,4%. Ver: Zweig, Jason: *Your Money and Your Brain*. Nova York: Simon; Schuster, 2007, p. 181.

Efeito Rosenthal: Rosenthal, Robert; Jacobson, Leonore: *Pygmalion in the Classroom*, ed. ampliada. Nova York: Irvington, 1968.

Feldman, Robert S.; Prohaska, Thomas: "The Student as Pygmalion: Effect of Student Expectation on the Teacher", *Journal of Educational Psychology* 71, nº 4, 1979, p. 485-93.

PURA LÓGICA

Artigo original sobre CRT: Frederick, Shane: "Cognitive Reflection and Decision Making", *Journal of Economic Perspectives* 19, nº 4, outono de 2005, p. 25-42.

Shenhav, Amitai; Rand, David G.; Greene, Joshua D: "Divine Intuition: Cognitive Style Influences Belief in God", *Journal of Experimental Psychology* 141, nº 3, agosto de 2012, p. 423-28.

O EFEITO FORER

Forer, Bertram R.: "The Fallacy of Personal Validation: a Classroom Demonstration of Gullibility", *Journal of Abnormal and Social Psychology* 44, nº 1, 1949, p. 118-23.

Também conhecido como "efeito Barnum". O mestre de cerimônias circense Phineas T. Barnum montou seu show em torno do lema: "um pouquinho para todo mundo".

A arte de pensar claramente

Johnson, Joel T.; Cain, Lorraine M.; Falke, Toni L.; Hayman, Jon; Perillo, Edward: "The 'Barnum Effect' Revisited: Cognitive and Motivational Factors in the Acceptance of Personality Descriptions", *Journal of Personality and Social Psychology* 49, nº 5, novembro de 1985, p. 1378-91.

Dickson, D. H.; Kelly, I. W.: "The 'Barnum Effect' in Personality Assessment: a Review of the Literature", *Psychological Reports* 57, 1985, p. 367-82.

O *Skeptic's Dictionary* [Dicionário do Cético] tem um bom verbete sobre o Efeito Forer: http://www.skepdic.com/forer.html.

ASNEIRA DE VOLUNTÁRIO

Nenhum assunto repercutiu mais do que este (os capítulos deste livro foram publicados inicialmente numa coluna de jornal). Um leitor comentou que seria ainda melhor se as casas de passarinho fossem fabricadas na China, em vez de encomendadas a algum carpinteiro vizinho. O leitor está certo, sem dúvida, desde que desconsideremos o dano ambiental provocado pelo transporte. O ponto principal é que a asneira de voluntário é nada mais que a lei das vantagens comparativas de David Ricardo.

Knox, Trevor M.: "The Volunteer's Folly and Socio-Economic Man: Some Thoughts on Altruism, Rationality, and Community", *Journal of Socio-Economics* 28, nº 4, 1999, p. 475-92.

HEURÍSTICA AFETIVA

Kahneman, Daniel: *Rápido e Devagar — Duas Formas de Pensar*. Rio de Janeiro: Objetiva, 2012.

Preparação dos afetos por meio de sorrisos ou expressões carrancudas antes de avaliar ideogramas chineses: Murphy, Sheila T.; Monahan, Jennifer L.; Zajonc, R. B.: "Additivity of Nonconscious Affect: Combined Effects of Priming and Exposure", *Journal of Personality and Social Psychology* 69, nº 4, outubro 1995, p. 589-602.

Ver também: Winkielman, Piotr; Zajonc, Robert B.; Schwarz, Norbert: "Subliminal Affective Priming Attributional Interventions", *Cognition and Emotion* 11, nº 4, 1997, p. 433-65.

Como o sol matinal afeta o mercado de ações: Hirshleifer, David; Shumway, Tyler: "Good Day Sunshine: Stock Returns and the Weather", *Journal of Finance* 58, nº 3, 2003, p. 1009-32.

ILUSÃO INTROSPECTIVA

Schulz, Kathryn: *Por que Erramos? — O Lado Positivo de Assumir o Erro*. São Paulo: Larousse do Brasil, 2011. Adaptei a história de Schulz sobre chá-verde, que se tornou a história do fabricante de suplementos vitamínicos.

Boa parte da ilusão introspectiva se resume ao "pensamento raso": Gilovich, Thomas; Epley, Nicholas; Hanko, Karlene: "Shallow Thoughts about the Self: The Automa-

Notas e referências

tic Components of Self-assessment". In D. Alicke, Mark; Dunning, David A.; Krueger, Joachim I.: *The Self in Social Judgment: Studies in Self and Identity*. Nova York: Psychology Press, 2005, p. 67-81.

Nisbett, Richard E.; Wilson, Timothy D.: "Telling More Than We Can Know: Verbal Reports on Mental Processes", *Psychological Review* 84, 1977, p. 231-59.

INCAPACIDADE DE FECHAR PORTAS

Ariely, Dan: *Previsivelmente Irracional — Como as Situações do Dia a Dia Influenciam as Nossas Decisões*. Rio de Janeiro: Campus, 2008, capítulo 9.

Mark Edmundson descreve a geração atual de estudantes: "Eles querem estudar, viajar, fazer amigos, fazer ainda mais amigos, ler tudo (muito rápido), engolir todos os filmes, escutar todas as bandas do momento, manter contato com todo mundo que conhecem. E também há outro aspecto que os distinguem: eles vivem para múltiplas possibilidades. São inimigos das conclusões. Por mais que queiram fazer, e de fato conseguem fazer, eles se esforçam para manter todas as opções abertas e nunca fechar possibilidades até o máximo possível." Edmundson, Mark: "Dwelling in Possibilities", *Chronicle of Higher Education*, 14/3/2008.

NEOMANIA

Taleb, Nassim Nicholas: *Antifragile: Things That Gain from Disorder*. Nova York: Random House, 2012, p. 322-28.

EFEITO SONOLENTO

Carl Hovland conduziu seus experimentos usando o filme de propaganda *Why We Fight*, disponível no YouTube.

Ver também: Gareth Cook, "TV's Sleeper Effect: Misinformation on Television Gains Power Over Time", Boston Globe, 30/10/2011.

Crenças adquiridas por meio da leitura de ficção são integradas ao conhecimento do mundo real. In: Appel, Markus; Richter, Tobias: "Persuasive Effects of Fictional Narratives Increase Over Time", *Media Psychology* 10, 2007, p. 113-34.

Kumkale, Tarcan G.; Albarracín, Dolore: "The Sleeper Effect in Persuasion: a Meta-analytic Review", Psychological Bulletin 130, nº 1, janeiro de 2004, p. 143-72.

Mazursky David; Schul, Yaacov: "The Effects of Advertisement Encoding on the Failure to Discount Information: Implications for the Sleeper Effect", *Journal of Consumer Research* 15, nº 1, 1988, p. 24-36.

Lariscy, Ruth Ann Weaver; Tinkham, Spencer F.: "The Sleeper Effect and Negative Political Advertising", *Journal of Advertising*, 28, nº 4, inverno de 1999, p. 13-30.

VIÉS DE COMPARAÇÃO SOCIAL

Garcia, Stephen M.; Song, Hyunjin; Tesser, Abraham: "Tainted Recommendations: The Social Comparison Bias", *Organizational Behavior and Human Decision Processes*, 113, nº 2, 2010, p. 97-101.

Players de nível B contratam players de nível C, e assim por diante. Assista a este excelente vídeo no YouTube: Guy Kawasaki, *The Art of the Start.*

A propósito, alguns autores elogiam um ao outro, com sucesso, como Niall Ferguson e Ian Morris. Eles rotineiramente concedem o título de "melhor historiador" um para o outro. Muito esperto. Trata-se de uma rara arte.

EFEITOS DE PRIMAZIA E RECENTIDADE

Efeito de primazia: isso foi pesquisado na década de 1940 pelo psicólogo Solomon Asch. O exemplo de Alan e Ben foi tirado dele. Asch, Solomon E.: "Forming Impressions of Personality," *Journal of Abnormal and Social Psychology*, 41, nº 3, julho de 1946, p. 258-90.

Exemplo de Alan e Ben. In: Kahneman, Daniel: *Rápido e Devagar — Duas Formas de Pensar.* Rio de Janeiro: Objetiva, 2012.

O último anúncio antes do início do filme é o mais caro por outro motivo: atingirá mais espectadores, pois todos já terão se sentado.

Existe uma miríade de pesquisas sobre efeitos de primazia e recentidade. Seguem dois arquivos: Glenberg, Arthur M. et al.: "A Two-process Account of Long Term Serial Position Effects", *Journal of Experimental Psychology: Human Learning and Memory* 6, nº 4, julho de 1980, p. 355-69. Além de: Howard, M. W.; Kahana, M.: "Contextual Variability and Serial Position Effects in Free Recall", *Journal of Experimental Psychology: Learning, Memory and Cognition*, 25, nº 4, julho de 1999, p. 923-41.

SÍNDROME DO "NÃO INVENTADO AQUI"

Katz, Ralph; Allen, Thomas J.: "Investigating the Not Invented Here (NIH) Syndrome: a Look at the Performance, Tenure and Communication Patterns of 50 R&D Project Groups", *R&D Management* 12, nº 1, 1982, p. 7-19.

Joel Spolsky escreveu um interessante artigo num blog contestando a síndrome do "Não Inventado Aqui". O post foi publicado com o título *In Defense of Not-Invented-Here Syndrome* (disponível em http://www.joelonsoftware.com, 14/10/2001). A teoria de Spolsky: equipes de nível internacional não deveriam depender de desenvolvimentos de outras equipes ou outras empresas. Ao desenvolver qualquer produto internamente, crie as partes principais sozinho, do início ao fim. Isso reduz a dependência e garante a maior qualidade.

O CISNE NEGRO

Taleb, Nassin Nicholas: *A Lógica do Cisne Negro — O impacto do altamente improvável.* Rio de Janeiro: Best Seller, 2008.

DEPENDÊNCIA DE DOMÍNIO

"Ao chegar ao hotel em Dubai, o empresário aguardou até que o mensageiro carregasse sua bagagem; mais tarde, vi-o levantando pesos na academia." Taleb, Nassim Nicho-

Notas e referências

las: *The Bed of Procrustes: Philosophical and Practical Aphorisms.* Nova York: Random House, 2010, p.75.

Outro aforismo brilhante de Taleb sobre o assunto: "O melhor exemplo da dependência de domínio das nossas mentes, tirado de minha última ida a Paris: no almoço num restaurante francês, meus amigos comeram salmão e dispensaram a pele; no jantar, num sushi bar, os mesmos amigos comeram a pele e dispensaram o salmão." Ibid., p. 76.

Casos de violência doméstica são de duas a quatro vezes mais comuns entre famílias de policiais do que entre a população em geral. Leia: Neidig, Peter H.; Russell, Harold E.; Seng, Albert F.: "Interspousal Aggression in Law Enforcement Families: a Preliminary Investigation", *Police Studies* 15, nº 1, 1992, p. 30-38.

Lott, L. D.: "Deadly Secrets: Violence in the Police Family", *FBI Law Enforcement Bulletin* 64, novembro de 1995, p. 12-16.

Exemplo de Markowitz: "Eu deveria ter computado a covariância histórica das categorias de ativos e estabelecido uma fronteira eficiente. Em vez disso, imaginei o remorso que eu teria se o mercado subisse e eu não tivesse investido em ações — ou se caísse, e eu estivesse até o pescoço em ações. Minha intenção era minimizar o arrependimento futuro, então dividi os investimentos [para o fundo de aposentadoria] metade em ações, metade em títulos." Markowitz, Harry. In Zweig, Jason: "How the Big Brains Invest at TIAA-CREF", *Money* 27, nº 1, janeiro de 1998, p. 114. Ver também: Zweig, Jason: *Your Money and Your Brain.* Nova York: Simon; Schuster, 2007, p. 4.

Exemplo de Bobbi Bensman: Zweig, *Your Money and Your Brain*, p. 127.

A especificidade de domínio está conectada à estrutura modular do cérebro. Se você é habilidoso com as mãos (como pianistas), isso não quer dizer que suas pernas sejam igualmente reativas (como as de jogadores de futebol). Embora essas duas regiões cerebrais estejam no córtex motor, elas não estão no mesmo lugar — não estão nem próximas uma da outra.

Citação de Barry Mazur: Barry C. Mazur, palestra na 1865th Stated Meeting, intitulada "The Problem of Thinking Too Much", 11/12/2002, disponível em http://www. amacad.org/publications/bulletin/ spring2003/diaconis.pdf.

EFEITO DO FALSO CONSENSO

Gilovich, Thomas; Griffin, Dale; Kahneman, Daniel (org.): *Heuristics and Biases: The Psychology of Intuitive Judgment.* Cambridge: Cambridge University Press, 2002, p. 642.

Exemplo da placa-sanduíche "Coma no restaurante do Joe": Ross, Lee; Greene, David; House, Pamela: "The 'False Consensus Effect': an Egocentric Bias in Social Perception and Attribution Processes", *Journal of Personality and Social Psychology* 13, nº 3, maio de 1977, p. 279-301.

Esse efeito se sobrepõe a outros erros mentais. Por exemplo, o viés de disponibilidade pode levar ao efeito do falso consenso. Quem delibera sobre uma questão lembra-se das conclusões com facilidade (elas estão disponíveis), mas presumimos equivocada-

308

mente que essas conclusões também estarão disponíveis de imediato para os outros. O viés de autoatribuição também influencia o efeito do falso consenso. Quem quer apresentar algum assunto de forma convincente costuma dizer a si mesmo que muitos (ou até mesmo a maioria) partilham seu ponto de vista e que suas ideias não serão ignoradas. Em filosofia, o efeito do falso consenso é considerado como "realismo ingênuo": as pessoas têm certeza de que suas posições são muito bem pensadas. Quem não tem a mesma opinião encontrará a luz se refletir e abrir a mente.

O efeito do falso consenso pode ser reduzido por meio de explicações que mostrem os dois lados da história. Bauman, Kathleen P.; Geher, Glenn: "We Think you Agree: The Detrimental Impact of the False Consensus Effect on Behavior", *Current Psychology* 21, nº 4, 2002, p. 293-318.

FALSIFICAÇÃO DA HISTÓRIA

Mais informações sobre Gregory Markus: Schulz, Kathryn: *Por que Erramos? — O Lado Positivo de Assumir o Erro*. São Paulo: Larousse do Brasil, 2011.

Markus, Gregory: "Stability and Change in Political Attitudes: Observe, Recall and Explain", *Political Behavior* 8, 1986, p. 21-44.

Memórias em lampejo: Ibid., p. 17-73.

Em 1902, Franz Von Liszt, professor de criminologia da Universidade de Berlim (sem parentesco com o compositor Franz Liszt), mostrou que as melhores testemunhas lembram-se de pelo menos um quarto dos fatos incorretamente. Ibid., p. 223.

VIÉS DE ENDOGRUPO E EXOGRUPO

"Na natureza, a vida envolve competição, e grupos certamente competem melhor do que indivíduos. A dimensão oculta é que indivíduos, em geral, não podem competir contra grupos. Dessa forma, há grupos por todo lugar, e todos os demais têm que participar de um, no mínimo por autoproteção." Baumeister, Roy F.: *The Cultural Animal: Human Nature, Meaning, and Social Life*. Oxford: Oxford University Press, 2005, p. 377-79.

O artigo clássico: Tajfel, Henri: "Experiments in Intergroup Discrimination". *Scientific American* 223, 1970, p. 96-102.

Sobre excesso de concordância em grupos: Schulz, Kathryn: *Por que Erramos? — O Lado Positivo de Assumir o Erro*. São Paulo: Larousse do Brasil, 2011.

Sobre "pseudoparentesco", ver Sapolsky, Robert: "Anthropology/Humans Can't Smell Trouble/"pseudokinship" and real War", SF Gate, 2/3/2003, disponível em http://www.sfgate.com/opinion/article/ANTHROPOLOGY-Humans-Can-t-Smell Trouble-2666430.php.

AVERSÃO À AMBIGUIDADE

A "incerteza knightiana" é assim denominada em homenagem a Frank Knight (1885 — 1972), economista da Universidade de Chicago que estabeleceu a distinção entre

Notas e referências

risco e incerteza: Knight, Frank H.: *Risk, Uncertainty, and Profit*. Boston: Houghton Mifflin Company, 1921.

O paradoxo de Ellsberg, na verdade, é um pouco mais complexo. Uma explicação detalhada está disponível na Wikipédia (http://en.wikipedia.org/ wiki/Ellsberg_paradox).

Sim, detestamos incertezas. Mas elas têm seus lados positivos. Digamos que você viva numa ditadura e queira escapar dos censores. Recorra à ambiguidade.

EFEITO DEFAULT

Sobre os seguros de carro: Baron, Jonathan: *Thinking and Deciding*. Cambridge: Cambridge University Press, 2000, p. 299.

Johnson, Eric J.; Goldstein, Daniel: "Do Defaults Save Lives?", *Science* 302, nº 5649, novembro de 2003, p. 1338-39.

Sunstein, Cass; Thaler, Richard: *Nudge — O Empurrão para a Escolha Certa*. Rio de Janeiro: Campus, 2008.

Sobre as dificuldades da renegociação de contratos: Kahneman, Daniel: *Rápido e Devagar — Duas Formas de Pensar*. Rio de Janeiro: Objetiva, 2012.

MEDO DO ARREPENDIMENTO

História de Paul e George: Kahneman, Daniel; Tversky, Amos: "Intuitive Prediction: Biases and Corrective Procedures". In: Kahneman, Daniel, Slovic, Paul; Tversky, Amos: *Judgment under Uncertainty: Heuristics and Biases*. Nova York: Cambridge University Press, 1982, p. 414-21.

Passageiro que não deveria estar no avião que caiu: Kahneman, Daniel: *Rápido e Devagar — Duas Formas de Pensar*. Rio de Janeiro: Objetiva, 2012.

Sobre a derrama dos corretores de ações: Statman Meir; Fisher, Kenneth L.: "Hedging Currencies with Hindsight and Regret", *Journal of Investing* 14, 2005, p. 15-19.

Ritov, Ilana; Jonathan Baron: "Outcome Knowledge, Regret, and Omission Bias", *Organizational Behavior and Human Decision Processes* 64, 1995, p. 119-27.

Outra situação de arrependimento: a caminho do aeroporto, você fica preso num engarrafamento e chega lá meia hora depois do horário de partida do avião. Você ficaria mais aborrecido (mais arrependido) se: (a) o voo tivesse decolado na hora certa; (b) se o voo tivesse atrasado e decolado há apenas cinco minutos. A maioria das pessoas responde (b). Esse exemplo foi extraído, mais uma vez, de Kahneman e Tversky, e eu o resumi um pouco. O texto original está em: Kahneman, Daniel; Tversky, Amos: "The Psychology of Preferences", *Scientific American* 246, 1982, p. 160-73.

Exemplo de medo de arrependimento: "'A Fear of Regret Has Always Been My Inspiration': Maurizio Cattelan on His Guggenheim Survey", *Blouin ArtInfo*, 2/11/2011.

Temos mais empatia por Anne Frank do que por uma menina parecida que tenha sido presa imediatamente e enviada a Auschwitz. Comparada a outros prisioneiros,

Anne Frank é uma exceção. Sem dúvida, o viés de disponibilidade também assume papel importante aqui. A história de Anne Frank ficou conhecida mundialmente por meio de seu diário. A maioria das demais prisões foi esquecida e, portanto, não continua disponível hoje.

EFEITO DE DESTAQUE

Baumeister, Roy F.: *The Cultural Animal: Human Nature, Meaning, and Social Life.* Oxford: Oxford University Press, 2005, p. 211.

De Bondt, Werner F. M.; Thaler, Richard H.: "Do Analysts Overreact?" In Gilovich, Thomas; Griffin, Dale; Kahneman, Daniel (org.), *Heuristics and Biases: The Psychology of Intuitive Judgment.* Cambridge: Cambridge University Press, 2002, p. 678-85.

Plous, Scott: *The Psychology of Judgment and Decision Making.* Nova York: McGraw-Hill, 1993, p. 125-27. Plous emprega o termo "vividez" [vividness] em vez de "destaque" [salience]. Os dois são semelhantes.

O efeito de destaque está relacionado ao viés de disponibilidade. Em ambos, informações mais acessíveis gozam de poder explanatório indevido ou levam a motivação acima da média.

EFEITO DO DINHEIRO DA BANCA

Sunstein, Cass; Thaler, Richard: *Nudge — O Empurrão para a Escolha Certa.* Rio de Janeiro: Campus, 2008.

Bernstein, Peter L.: *Desafio aos Deuses — A Fascinante História do Risco.* Rio de Janeiro: Campus, 1997.

Você acabou de ganhar: Heilman, Carrie M.; Nakamoto, Kent; Rao, Ambar G.: "Pleasant Surprises: Consumer Response to Unexpected In-Store Coupons", *Journal of Marketing Research* 39, nº 2, maio de 2002, p. 242-52.

Henderson, Pamela W; Peterson, Robert A.: "Mental Accounting and Categorization", *Organizational Behavior and Human Decision Processes* 51, nº 1, fevereiro de 1992, p. 92-117.

Governos podem se valer do efeito do dinheiro da casa. Como parte da reforma tributária de Bush em 2001, todos os contribuintes americanos receberam um crédito de US$ 600. As pessoas que enxergaram esse dinheiro como um presente do governo gastaram três vezes mais do que as que o interpretaram como sendo seu próprio dinheiro. Dessa forma, créditos em impostos podem ser usados para estimular a economia.

PROCRASTINAÇÃO

Zweig, Jason: *Your Money and Your Brain.* Nova York: Simon; Schuster, 2007, p. 253-54.

Sobre a efetividade de prazos autoimpostos: Ariely, Dan; Wertenbroch, Klaus: "Procrastination, Deadlines, and Performance: Self-Control by Precommitment", *Psychological Science* 13, nº 3, 1/5/2002, p. 219-24.

Notas e referências

INVEJA

A inveja é um dos sete pecados capitais da Igreja Católica. No livro do Gênesis, Caim mata o irmão, Abel, por inveja, porque Deus preferiu o sacrifício do segundo. É o primeiro assassinato relatado na Bíblia.

Um dos relatos de inveja mais floreados é o conto de fadas "Branca de Neve e os Sete Anões". Na história, a madrasta da Branca de Neve inveja a beleza da enteada. Primeiro, ela contrata um assassino para matá-la, mas ele não executa o plano. Branca de Neve foge para a floresta e encontra os sete anões. Como a terceirização não deu certo, a madrasta resolve botar mãos à massa. Ela envenena a bela enteada.

Munger: "A ideia de se importar se alguém está ganhando dinheiro mais rápido do que você é um dos pecados mortais. A inveja é um pecado estúpido, porque é o único que não é capaz de divertir você. Trata-se de muito sofrimento e nenhuma diversão. Por que você entraria nesse barco?" In Munger, Charles T.: *Poor Charlie's Almanack*, terceira edição ampliada. Virginia Beach: The Donning Company Publishers, 2006, p. 138.

É claro que nem toda inveja é maligna — há episódios inocentes, como um avô que inveja a juventude do neto. Isso não é ressentimento. O velho só quer voltar a ser jovem e despreocupado.

PERSONIFICAÇÃO

Small, Deborah A.; Loewenstein, George; Slovic, Paul: "Sympathy and Callousness: The Impact of Deliberative Thought on Donations to Identifiable and Statistical Victims", *Organizational Behavior and Human Decision Processes* 102, nº 2, 2007, p. 143-53.

"Se olhar para a multidão, jamais agirei. Se olhar para o indivíduo, agirei." Madre Teresa de Calcutá. In: ibid.

ILUSÃO DE ATENÇÃO

Chabris, Christopher; Simons, Daniel: *O Gorila Invisível — E Outros Equívocos da Intuição*. Rio de Janeiro: Rocco, 2011.

Sobre o uso do celular ao volante: Redelmeier, Donald D.; Tibishirani, Robert J.: "Association Between Cellular-Telephone Calls and Motor Vehicle Collisions", *New England Journal of Medicine* 336, 1997, p. 453-58.

Ver também: Strayer, David L.; Drews, Frank A.; Crouch, Dennis J.: "Comparing the Cell-Phone Driver and the Drunk Driver", *Human Factors* 48, 2006, p. 381-91.

E se, em vez de falar ao celular, você conversar com o carona? Pesquisadores da Universidade de Utah e outros não encontraram quaisquer efeitos negativos. Em primeiro lugar, conversas cara a cara são bem mais claras do que por telefone; ou seja, seu cérebro não precisa trabalhar tanto para decifrar as mensagens. Em segundo lugar, o carona sabe que, em situação de perigo, a conversa será interrompida. Isso significa que você não se sente compelido a continuar a conversa. Em terceiro lugar, o carona é mais um par de olhos alerta ao perigo. Ver: Drews, F. A.; Pasupathi, M.;

Strayer, D. L.: "Passenger and Cell Phone Conversations in Simulated Driving", *Journal of Experimental Psychology: Applied* 14, 2008, p. 392-400. Um bom resumo do artigo está disponível em Chabris, Christopher; Simons, Daniel: *O Gorila Invisível — E Outros Equívocos da Intuição*. Rio de Janeiro: Rocco, 2011.

DETURPAÇÃO ESTRATÉGICA

Flyvbjerg define a deturpação estratégica como "mentir com vistas a dar início a projetos". Flyvbjerg, Bent: *Megaprojects and Risk: An Anatomy of Ambition*. Cambridge: Cambridge University Press, 2003, p. 16.

Jones, L. R.; Euske, K. J.: "Strategic Misrepresentation in Budgeting", *Journal of Public Administration Research and Theory* 1, nº 4, outubro de 1991, p. 437-60.

Em namoros pela internet, homens tendem a deturpar bens pessoais, objetivos com o relacionamento, interesses e atributos pessoais, enquanto mulheres tendem a deturpar o peso: Hall, Jeffrey A. et al., "Strategic Misrepresentation in Online Dating", *Journal of Social and Personal Relationships* 27, nº 1, 2010, p. 117-35.

PENSAR DEMAIS

Wilson, Timothy D.; Schooler, Jonathan W.: "Thinking Too Much: Introspection Can Reduce the Quality of Preferences and Decisions", *Journal of Personality and Social Psychology* 60, nº 2, fevereiro de 1991, p. 181-92.

Conhecido por jogadores de xadrez como Síndrome de Kotov: o enxadrista vislumbra muitas jogadas, não consegue tomar uma decisão e, pressionado pelo tempo, comete um erro de principiante.

FALÁCIA DO PLANEJAMENTO

Buehler, Roger; Griffin, Dale; Ross, Michael: "Inside the Planning Fallacy: The Causes and Consequences of Optimistic Time Predictions". In Gilovich, Thomas; Griffin, Dale; Kahneman, Daniel (org.), *Heuristics and Biases: The Psychology of Intuitive Judgment*. Cambridge: Cambridge University Press, 2002, p. 250-70.

O discurso de Gary Klein não é exatamente como mencionado no capítulo. É assim que ele o indica: "Um *pre-mortem* começa depois que a equipe recebe o briefing do projeto. O líder dá início ao exercício, informando a todos que o projeto foi um fracasso retumbante. Ao longo dos minutos seguintes, cada um que estiver na sala escreve todos os motivos imagináveis para o fracasso — e, em especial, os problemas que, normalmente, ninguém mencionaria por receio de ferir suscetibilidades." Ver Klein, Gary: "Performing a Project Premortem", *Harvard Business Review*, http://hbr.org/2007/09/performing-a-project-premortem/ar/1. Acessado em 17/12/2012.

Samuel Johnson escreveu que pessoas que se casam representam o "triunfo da esperança sobre a experiência", como consta na obra de James Boswell, *Life of Samuel Johnson*. Londres: Impresso por Henry Baldwin para Charles Dilly, In the Poultry, 1791. Quando se trata de fazer planos, somos todos noivas e noivos contumazes.

Notas e referências

Lei de Hofstadter: "Sempre vai demorar mais do que você esperava, mesmo que você tenha considerado a lei de Hofstadter." Hofstadter, Douglas: *Gödel, Escher, Bach — An Eternal Golden Braid*, ed. de 20º aniversário. Nova York: Basic Books, 1999, p. 152.

A falácia do planejamento está relacionada ao efeito do excesso de autoconfiança. Com este, acreditamos que nossa capacidade é maior do que realmente é, enquanto aquela nos leva a superestimar nossas habilidades, nossos prazos e orçamentos. Em ambos os casos, estamos certos de que a taxa de erro dos nossos prognósticos (seja em termos de alcançar um objetivo ou prever o cronograma) é menor do que realmente é. Em outras palavras, sabemos que cometemos erros ao estimar durações. Mas temos certeza que isso não acontecerá, ou acontecerá raramente.

Ótimo exemplo de *pre-mortem*: Kahneman, Daniel: *Rápido e Devagar — Duas Formas de Pensar*. Rio de Janeiro: Objetiva, 2012.

Bent Flyvbjerg, especialista em planejamento dinamarquês, pesquisou megaprojetos mais do que qualquer outro acadêmico. Sua conclusão: "A tendência prevalente de menosprezar dados distributivos talvez seja a maior fonte de erros nas previsões." In: ibid.

Falácia de planejamento no meio militar: "Nenhum plano de batalha sobrevive ao contato com o inimigo." Frase atribuída a Helmuth von Moltke, estrategista militar alemão.

Ver também: Baumeister, Roy F.: *The Cultural Animal: Human Nature, Meaning, and Social Life*. Oxford: Oxford University Press, 2005, p. 241-44.

Ótima maneira de evitar a falácia de planejamento, mesmo que você não tenha acesso às bases de dados de projetos similares: "Peça a pessoas de fora que revisem suas ideias e façam suas previsões sobre o projeto. Não uma previsão de quanto tempo elas levariam para executar suas ideias (já que também provavelmente subestimariam prazos e custos), mas de quanto você (ou sua equipe) levaria." Chabris, Christopher; Simons, Daniel: *O Gorila Invisível — E Outros Equívocos da Intuição*. Rio de Janeiro: Rocco, 2011.

DEFORMAÇÃO PROFISSIONAL

"É preciso ter modelos de uma grande gama de disciplinas." Munger, Charles T.: *Poor Charlie's Almanack*, terceira edição ampliada. Virginia Beach: The Donning Company Publishers, 2006, p. 167.

O EFEITO ZEIGARNIK

Baumeister, Roy; Tierney, John: *Força de Vontade — A Redescoberta do Poder Humano*. São Paulo: Lafonte, 2012.

Se foi um cachecol ou outro objeto que ficou esquecido no restaurante, não sabemos. Também não sabemos se foi Bluma Zeigarnik que voltou ao lugar. Para que o capítulo ficasse mais fluido, supus que a história tenha corrido assim.

ILUSÃO DE HABILIDADE

Kahneman, Daniel: *Rápido e Devagar — Duas Formas de Pensar*. Rio de Janeiro: Objetiva, 2012.

Warren Buffett: "A conclusão que tiro de minhas próprias experiências e de muitas observações sobre outras empresas é que um bom histórico gerencial (medido pelo retorno econômico) se deve mais ao barco de negócios em que se está do que à eficiência das remadas (embora inteligência e trabalho duro ajudem consideravelmente, é claro, em qualquer empresa, boa ou ruim). Alguns anos atrás, escrevi: 'Quando uma gerência com reputação brilhante assume uma empresa com reputação economicamente ruim, o que se mantém intacta é a reputação da empresa.' Desde então, meu ponto de vista não mudou." Warren Buffett, carta aos acionistas da Berkshire Hathaway, 1985.

EFEITO DE PRESENÇA

Campanha antitabagismo: Zhao, Guangzhi; Pechmann, Cornelia: "Regulatory Focus, Feature Positive Effect, and Message Framing", *Advances in Consumer Research* 33, nº1, 2006, p. 100.

Revisão das pesquisas sobre efeito de presença: Kardes, Frank R.; Sanbonmatsu, David M.; Herr, Paul M.: "Consumer Expertise and the Feature-Positive Effect: Implications for Judgment and Inference", *Advances in Consumer Research* 17, 1990, p. 351-54.

ESCOLHAS A DEDO

"Os efeitos prejudiciais do fumo são mais ou menos equivalentes à combinação dos efeitos benéficos de cada intervenção médica desenvolvida desde a guerra. Quem fuma, em outras palavras, tem hoje a mesma expectativa de vida de não fumantes sem acesso aos cuidados de saúde desenvolvidos na segunda metade do século passado. Acabar com o fumo seria mais benéfico do que curar todos os tipos de câncer possíveis." Burch, Druin: *Taking the Medicine: A Short History of Medicine's Beautiful Idea and Our Difficulty Swallowing It*. Londres: Chatto; Windus, 2009, p. 238.

Escolhendo a dedo na religião: as pessoas aproveitam o que lhes convém da Bíblia e ignoram o restante da doutrina. Se quiséssemos seguir a Bíblia literalmente, teríamos que apedrejar filhos desobedientes e esposas infiéis (Deuteronômio 21 e 22) e matar todos os homossexuais (Levítico 20:13).

Escolhendo a dedo nos prognósticos: prognósticos que se mostram corretos são anunciados de forma triunfal. Os errados vão para debaixo do tapete. Ver capítulo sobre a ilusão de prognóstico.

Taleb, Nassim Nicholas: *Antifragile: Things That Gain from Disorder*. Nova York: Random House, 2012, p. 200.

FALÁCIA DA CAUSA ÚNICA

Matthews, Chris. In: Chabris, Christopher; Simons, Daniel: *O Gorila Invisível — E Outros Equívocos da Intuição*. Rio de Janeiro: Rocco, 2011. Citações destacadas pelos autores.

Notas e referências

Tolstói, L.: *Guerra e Paz*. Trad. João Gaspar Simões. Porto Alegre: L&PM, 2007.

Excelente artigo sobre a falácia da causa única: Tooby, John: "Nexus Causality, Moral Warfare, and Misattribution Arbitrage". In Brockman, John: *This Will Make You Smarter*. Nova York: Harper, 2012, p. 34-35.

ERRO DA INTENÇÃO DE TRATAMENTO

Dubben, Hans-Hermann; Beck-Bornholdt, Hans-Peter: *Der Hund, der Eier Legt: Erkennen von Fehlinformation Durch Querdenken*. Reinbek: Rororo Publisher, 2006, p. 238-39.

Para uma descrição completa do erro da intenção de tratamento, ver: Lachin, John M.: "Statistical Considerations in the Intent-to-Treat Principle", *Controlled Clinical Trials* 21, nº 5, outubro de 2000, p. 526.

EPÍLOGO

Via negativa: "Charlie costuma se concentrar primeiro no que evitar — ou seja, no que NÃO fazer — antes de considerar os passos afirmativos que dará em dada situação. 'Tudo que quero saber é onde vou morrer, para que eu nunca vá lá' é um de seus gracejos favoritos." In: Munger, Charles T.: *Poor Charlie's Almanack*, terceira edição ampliada. Virginia Beach: The Donning Company Publishers, 2006, p. 63.

Via negativa: "Parte de (ter senso incomum) é poder ignorar a loucura, em vez de reconhecer a sabedoria." Ibid., p. 134.

2ª EDIÇÃO [2014] 11 reimpressões

ESTA OBRA FOI COMPOSTA PELA ABREU'S SYSTEM EM ADOBE GARAMOND
E IMPRESSA EM OFSETE PELA LIS GRÁFICA SOBRE PAPEL PÓLEN DA
SUZANO S.A. PARA A EDITORA SCHWARCZ EM ABRIL DE 2024

A marca FSC® é a garantia de que a madeira utilizada na fabricação do papel deste livro provém de florestas que foram gerenciadas de maneira ambientalmente correta, socialmente justa e economicamente viável, além de outras fontes de origem controlada.